DEJA DE SER TÚ

Joe Dispenza

Deja de ser tú

La mente crea la realidad

URANO

Argentina – Chile – Colombia – España
Estados Unidos – México – Perú – Uruguay

Título original: *Breaking the Habit of Being Yourself*
Editor original: Hay House, California
Traducción: Núria Martí Pérez

1ª. edición México: Septiembre 2013
15ª. reimpresión: Septiembre 2021

El autor de este libro no ofrece asesoramiento médico ni recomienda el uso de ninguna técnica como tratamiento de problemas físicos o médicos sin el consejo de un profesional de la medicina, ya sea directa o indirectamente. Sólo pretende ofrecer información de naturaleza general para ayudar en la búsqueda del bienestar emocional y espiritual. En el caso de utilizar los lectores cualquier información de este libro, ya que están en todo su derecho de hacerlo, ni el autor ni los editores se responsabilizan de las acciones de dichas personas.

Las ilustraciones listadas a continuación se publican con la autorización de los titulares de los derechos de reproducción: *Ilustraciones 1E, 3C, 7C: Imágenes de personas,* © Izabela Zvirinska – Fotolia.com * *Imagen 3B:* Silueta masculina © styleuneed – Fotolia.com * *Imágenes 3B, 5B, 5C, 6A:* Cerebro humano, © Alila –Fotolia.com * *Imagen 5B:* Neuronas y núcleos, © ktsdesign – Fotolia.com * *Imagen 6A:* Cerebro humano, © Pavel Eltsov – Fotolia.com * *Imágenes 7A, 7B, 7D, 7E:* Manos, © lom123 – Fotolia.com * *Imagen 8D:* pistola retro láser, © LHF Graphics – Fotolia.com * *Imagen 8D:* bombilla, © get4net – Fotolia.com * *Imagen 8K:* Cerebro, © Oguz Aral

Copyright © 2012 by Joe Dispenza
Originally published in 2012 by Hay House
All Rights Reserved
© 2012 de la traducción *by* Núria Martí Pérez
© 2012 *by* Ediciones Urano, S.A.U.
Plaza de los Reyes Magos, 8, piso 1.º C y D – 28007 Madrid
www.edicionesurano.com
Ediciones Urano México, S.A. de C.V.
Ave. Insurgentes Sur 1722, 3er piso. Col. Florida
Ciudad de México, 01030. México
www.edicionesuranomexico.com

ISBN: 978-607-9344-08-5
E-ISBN: 978-84-9944-292-1

Impreso por: Litográfica Ingramex, S.A. de C.V.
Centeno 162-1. Col. Granjas Esmeralda. CDMX, 09810

Impreso en México – *Printed in Mexico*

Para Robi

Índice

Prólogo

Tu cerebro participa en todo cuanto haces, incluyendo lo que piensas, lo que sientes, lo que realizas y lo bien que te llevas con los demás. Es el órgano de la personalidad, el carácter, la inteligencia y de cada decisión que tomas. Los más de veinte años que llevo examinando imágenes del cerebro de decenas de miles de pacientes de todo el mundo me han enseñado que cuando el cerebro nos funciona bien *nosotros* también funcionamos bien y que cuando experimenta alteraciones lo más probable es que tengamos problemas en nuestra vida.

Cuando nuestro cerebro no sufre desarreglos, somos más felices, nos sentimos más saludables, más ricos, más sabios y también tomamos mejores decisiones, lo cual nos ayuda a triunfar más en la vida y a vivir más años. Pero cuando el cerebro no está sano por cualquier razón —como una lesión en la cabeza o un trauma emocional del pasado—, estamos más tristes y más enfermos, y somos más pobres, menos sabios y menos exitosos.

Es fácil entender que los traumas dañen el cerebro, pero los investigadores también han descubierto que los pensamientos negativos y la mala programación del pasado también lo afectan.

Por ejemplo, yo crecí con un hermano mayor empeñado en zurrarme. La tensión y el miedo que sentía constantemente me produjeron mucha angustia, unas pautas mentales marcadas por la ansiedad y estar siempre en guardia, porque no sabía cuándo me iba a pasar algo malo. El temor en el que yo vivía me causó una hiperactividad en los centros del miedo del cerebro durante mucho tiempo, hasta que pude resolver este problema más tarde en la vida.

En *Deja de ser tú*, mi colega el doctor Joe Dispenza te guía para que alcances un nuevo estado mental al optimizar tanto el *hardware* como el *software* de tu cerebro. Este nuevo libro se basa en unos sólidos conocimientos científicos y su autor sigue hablando con el mismo afecto y sabiduría que expresa en la película premiada *¿¡Y tú qué sabes!?* y en su primer libro, *Desarrolla tu cerebro*.

Aunque yo considere el cerebro como un ordenador, con el *hardware* y el *software*, el *hardware* (el funcionamiento físico del cerebro) no está separado del *software* o de la constante programación y reestructuración que se da a lo largo de nuestra vida. Ambos se influyen mutuamente de forma dramática.

La mayoría de las personas hemos padecido alguna clase de trauma en nuestra vida y vivimos a diario con las cicatrices que nos dejó. Eliminar las experiencias que se han convertido en una parte de la estructura del cerebro puede ser increíblemente curativo. Por supuesto, adquirir hábitos saludables para el cerebro, como seguir una dieta adecuada, hacer ejercicio y tomar determinados nutrientes para el cerebro, es esencial para que este órgano nos funcione bien. Pero los pensamientos que tienes a cada momento también pueden ser sumamente sanadores para el cerebro... o muy malos para ti. Lo mismo ocurre con las experiencias del pasado grabadas en él.

El estudio que estamos llevando a cabo en la Amen Clinics se llama «Escaneo del cerebro por SPECT». La SPECT o tomografía computarizada por emisión de fotón simple es una técnica de la medicina nuclear que permite observar la circulación sanguínea y los patrones de actividad. Es distinta de las imágenes de la tomografía computarizada (TC) o de la resonancia magnética (RM), que examinan la anatomía cerebral, ya que la SPECT observa el funcionamiento del cerebro. El estudio que estamos realizando con la SPECT, en este momento disponemos de más de 70.000 imágenes, nos ha proporcionado datos muy importantes sobre el cerebro, como:

- Las lesiones cerebrales pueden arruinarnos la vida.
- El alcohol no es sano, lo demuestran las lesiones graves que se aprecian en las imágenes de SPECT.
- Algunos medicamentos que solemos tomar, como los ansiolíticos comunes, no son buenos para el cerebro.
- Enfermedades como el Alzheimer empiezan en el cerebro décadas antes de manifestarse los síntomas.

Las imágenes obtenidas por medio de la SPECT también nos han enseñado que como sociedad necesitamos sentir mucho más amor y respeto por el cerebro, y que dejar que nuestros hijos hagan deportes de contacto, como el fútbol americano y el hockey, no es una buena idea.

Una de las lecciones más excitantes que he aprendido es que podemos cambiar nuestro cerebro literalmente y, por lo tanto, cambiar nuestra vida, al adquirir hábitos saludables para él, como por ejemplo corregir nuestras creencias negativas y utilizar herramientas meditativas como las que describe el doctor Dispenza.

En una serie de estudios que hemos publicado, la práctica de la meditación, como la que el doctor Dispenza aconseja, aumentó considerablemente la circulación sanguínea en la corteza prefrontal, la parte más pensante del cerebro humano. Después de meditar a diario durante ocho semanas, a los sujetos del estudio la corteza prefrontal en reposo se les fortaleció y la memoria también les mejoró. Hay muchas formas de curar y optimizar el cerebro.

Espero que tú también desees, como yo, desarrollar «un cerebro más envidiable» que te funcione mejor. La investigación que estamos llevando a cabo con el estudio de las imágenes obtenidas mediante el escaneo del cerebro me cambió la vida. Al poco tiempo de haber empezado el proyecto SPECT en 1991, decidí observar mi propio cerebro. En aquella época tenía 37 años. Al ver su aspecto tóxico y lleno de bultitos, supe que no estaba sano. Apenas he bebido y nunca he fumado ni consumido ninguna droga ilegal. ¿Por qué tenía entonces tan mal aspecto mi cerebro? Antes de saber lo que es importante para la salud del cerebro, tenía muchos *malos* hábitos. Comía mucha comida basura, bebía refrescos carbonatados, no dormía más de cuatro a cinco horas diarias y acarreaba heridas emocionales del pasado sin analizar. No hacía ejercicio, me sentía siempre estresado y pesaba quince kilos de más. Lo que no sabía es que todo esto no era bueno para mi cerebro..., en absoluto.

En la última imagen, mi cerebro se ve *mucho más* joven que veinte años atrás. Se ha rejuvenecido literalmente, y tu cerebro también puede rejuvenecerse tanto como el mío cuando decidas cuidarlo bien. Cuando vi la primera imagen de mi cerebro, quise que mejorara. Este libro también te ayudará a mejorar el tuyo.

Espero que disfrutes con su lectura tanto como yo.

DANIEL G. AMEN, M. D.,
autor de *Cambia tu cerebro, cambia tu vida*

Introducción

El hábito clave que puedes suprimir
es el de ser tú

Cuando pienso en los libros publicados sobre cómo crear la vida que deseamos, me doy cuenta de que muchas personas seguimos buscando métodos respaldados por sólidos conocimientos científicos que funcionan de verdad. Pero las últimas investigaciones sobre el cerebro y el cuerpo, la mente y la conciencia —que constituyen un salto cuántico con relación a nuestros conocimientos de física— señalan mayores posibilidades sobre cómo alcanzar lo que de manera innata conocemos como nuestro auténtico potencial.

En mi calidad de quiropráctico que dirige una concurrida clínica integral de salud y de educador en el campo de la neurociencia, la función cerebral, la biología y la química del cerebro, he tenido el privilegio de estar al frente de algunas de estas investigaciones, no solamente estudiando los campos que acabo de citar, sino observando los efectos de esta nueva ciencia, en cuanto la aplican personas corrientes como tú y como yo. Ha llegado el momento de que las posibilidades de esta nueva ciencia se hagan realidad.

Por esta razón he podido apreciar algunos cambios asombrosos en la salud y la calidad de vida que los pacientes experimentaron al cambiar su mente. Durante los últimos años he tenido la oportunidad de entrevistar a muchas personas que habían superado graves enfermedades terminales o crónicas. El modelo imperante de medicina catalogó estas recuperaciones de «remisiones espontáneas».

Pero tras examinar extensamente los viajes interiores de esos sujetos, descubrí que la mente había desempeñado un papel muy importante en ello... y que sus cambios físicos no habían sido tan espontáneos después de todo. Este hallazgo me motivó a seguir con mis estudios de posgrado sobre las imágenes del cerebro, la neuroplasticidad, la epigenética y la psiconeuroinmunología. Simplemente concluí que era posible descubrir y, luego reproducir, lo que había estado ocurriendo en el cerebro y en el cuerpo de esas personas. En este libro quiero compartir algunas de las cosas que aprendí y mostrarte, al analizar la interrelación entre mente y materia, cómo aplicar estos principios no sólo a tu cuerpo, sino a cualquier aspecto de tu vida.

Ve más allá de lo que sabes... para saber cómo hacerlo

Muchos lectores de mi primer libro, *Desarrolla tu cerebro: la ciencia de cambiar tu mente*, me hicieron la misma sincera y franca pregunta (junto con una positiva valoración) que la persona que me escribió lo siguiente: «Su libro me ha encantado, lo he leído dos veces. Me ha parecido muy científico, completo e inspirador, pero ¿podría decirme *cómo* desarrollo mi cerebro?»

Para responder a esta pregunta empecé a impartir una serie de talleres sobre los pasos prácticos que cualquier persona podía dar para hacer cambios en la mente y el cuerpo que produjeran resultados duraderos. Por consiguiente, he visto curaciones inexplicables, la desaparición de heridas mentales y emocionales del pasado, la resolución de problemas «imposibles», la creación de nuevas oportunidades y la experiencia de una salud envidiable, por nombrar algunos casos. (En estas páginas conocerás a algunas de estas personas.)

No es necesario leer mi primer libro para asimilar el material de éste. Pero si ya conoces su contenido, he escrito *Deja de ser tú* para que sirva de compañero práctico de *Desarrolla tu cerebro*. Si bien mi principal objetivo es que este nuevo libro sea sencillo y fácil de leer, también toco algunos aspectos científicos para ayudarte a entender el concepto que desarrollo. Mi propósito ha sido crear un modelo práctico y realista de transformación personal que te ayude a comprender cómo puedes cambiar.

Deja de ser tú es producto de una de mis pasiones: un sincero esfuerzo por desmitificar ciertos tópicos místicos para que todo el mundo entienda que tenemos a nuestro alcance todo cuanto necesitamos para hacer un cambio importante en nuestra vida. Es un momento en el que además de querer «saber», queremos «saber cómo» hacerlo. ¿*Cómo* podemos aplicar y personalizar tanto los conceptos científicos que están apareciendo como la antiquísima sabiduría para llevar una vida más enriquecida? Cuando tú y yo nos damos cuenta de lo que la ciencia está descubriendo sobre la naturaleza de la realidad y aplicamos estos principios a nuestra vida cotidiana, nos estamos convirtiendo en místicos y científicos en nuestra vida.

Por consiguiente, te invito a experimentar con todo lo que aprendas en este libro y a observar objetivamente los resultados. Me refiero a que si te esfuerzas por cambiar el mundo interior de tus pensamientos y sentimientos, tu entorno exterior también empezará a cambiar, demostrándote que tu mente ha afectado tu mundo «exterior» ¿Por qué si no ibas a hacerlo?

Si tomas la información intelectual aprendida como *filosofía* e *integras* estos conocimientos en tu vida aplicándolos lo suficiente hasta *dominarlos,* pasarás de ser un filósofo a ser un principiante y luego un experto. Sigue leyendo..., existen sólidas evidencias científicas de que esto es posible.

Pero te pido que mantengas la mente abierta para ir asimilando los conceptos que presentaré paso a paso en este libro. Toda esta información es para que hagas algo con ella, de lo contrario no sería más que una buena conversación mantenida durante la cena, ¿verdad? En cuanto te abras a cómo son las cosas realmente y dejes las ideas condicionadas con las que estás acostumbrado a interpretar la realidad, verás los frutos de tus esfuerzos. Es lo que te deseo.

La información de estas páginas es para inspirarte a comprobar que eres un creador divino.

No debemos esperar nunca que la ciencia nos dé permiso para hacer algo inusual, de lo contrario estaremos convirtiéndola en otra religión más. Seamos lo bastante valientes como para contemplar nuestra vida, hacer algo «inaudito» y repetirlo una y otra vez. De este modo llegaremos a alcanzar un mayor poder personal.

El verdadero empoderamiento llega cuando empezamos a analizar a fondo nuestras creencias. Tal vez descubramos que sus raíces se hunden en condicionamientos religiosos, culturales, sociales, educativos, familiares, mediáticos e incluso genéticos (los últimos están causados por experiencias sensoriales de nuestra vida actual y por las de las incalculables generaciones que nos precedieron). Compararé luego estas antiguas ideas con algunos de los paradigmas nuevos que quizá nos sean más útiles.

Los tiempos están cambiando. Conforme vamos despertando a una mejor realidad, formamos parte de un mar de cambios mucho mayor. Nuestros sistemas y modelos actuales de la realidad se están desmoronando y es hora de que surja algo nuevo. En general, nuestros modelos en cuanto a la política, la economía, la religión, la ciencia, la educación, la medicina y nuestra relación con el medioambiente nos están mostrando un paisaje distinto del de diez años atrás.

Dejar lo viejo y acoger lo nuevo parece fácil, pero como señalé en *Desarrolla tu cerebro*, la mayor parte de lo que hemos aprendido y experimentado se ha incorporado a nuestro «yo» biológico y ya se ha convertido en nuestra segunda piel. Pero también sabemos que lo que hoy es cierto podría no serlo mañana. Al igual que hemos empezado a cuestionarnos que los átomos estén hechos de materia sólida, la realidad y nuestra interacción con ella es una progresión de ideas y creencias.

También sabemos que dejar la vida a la que nos hemos acostumbrado y pasar tan campantes a otra nueva es como un salmón nadando a contracorriente: exige esfuerzo y francamente resulta incómodo. Y por si esto fuera poco, los que se aferran a lo que creen saber nos reciben ridiculizándonos, marginándonos, atacándonos y menospreciándonos.

¿Quién con unas inclinaciones tan poco convencionales está dispuesto a afrontar tales adversidades en nombre de algún concepto que no puede percibir con los sentidos por más que crea en él? ¿Cuántas veces en la historia personas tachadas de herejes e insensatas que sufrieron el menosprecio de los demás acabaron convirtiéndose en genios, santos o maestros?

¿*Te* atreves a ser original?

El cambio como elección y no como reacción

Por lo visto, está en la naturaleza humana evitar cambiar hasta que las cosas se ponen tan feas y nos sentimos tan mal que ya no podemos seguir como de costumbre. Esto es cierto tanto a nivel individual como social. Tenemos que sufrir una crisis, un trauma, una pérdida, una enfermedad o una tragedia para ponernos a analizar quién somos, qué estamos haciendo, cómo estamos viviendo, qué estamos sintiendo y en qué creemos o qué sabemos para cambiar de verdad. A menudo tiene que darse la peor situación posible para que empecemos a hacer cambios positivos para nuestra salud, relaciones, profesión, familia y futuro. Pero mi mensaje es: ¿*Por qué esperar a que esto ocurra?*

Podemos aprender y cambiar en un estado de dolor y sufrimiento, o evolucionar en un estado de felicidad e inspiración. La mayoría hacemos lo primero. Para elegir lo segundo debemos concienciarnos de que el cambio seguramente conllevará una cierta incomodidad, algunos inconvenientes, una alteración en nuestra rutina habitual y una etapa de desconocimiento.

La mayoría de nosotros ya conocemos la incómoda sensación de ser novatos en algo. De pequeños pasamos por varias etapas hasta aprender a leer con fluidez. Cuando aprendíamos a tocar el violín o la batería, nuestros padres desearon con la cabeza hecha un bombo podernos mandar a una habitación insonorizada. Me compadezco del pobre paciente al que para extraerle sangre le toque un estudiante de medicina que pese a tener los conocimientos requeridos aún le falte práctica.

Asimilar conocimientos (*saber*) y adquirir luego la experiencia práctica aplicando lo aprendido hasta que la habilidad se convierta en tu segunda naturaleza (*saber cómo*) es seguramente el proceso que seguiste para adquirir la mayoría de facultades que ahora forman parte de ti (*el conocimiento*). Del mismo modo, aprender a cambiar tu vida conlleva unos conocimientos y la aplicación de esos conocimientos. Por esta razón el libro está dividido en tres partes fundamentales.

En la primera y la segunda parte, voy explicando las ideas que presento para que adquieras un modelo de conocimiento más profundo y amplio y lo personalices. Aunque a veces parezca que repito demasiado algunas ideas, lo hago para que recuerdes algo que no quiero que olvides. La repetición refuerza los circuitos de tu cerebro y crea más conexiones neurales para que en tus peores momentos del día no renuncies a tu grandeza. Los sólidos conocimientos básicos que habrás adquirido cuando llegues a la tercera parte del libro te permitirán experimentar por ti mismo que lo que has aprendido es «verdad».

Primera parte:
La ciencia de tu ser

Esta parte se inicia con un resumen de los paradigmas filosóficos y científicos relativos a las últimas investigaciones sobre la naturaleza de la realidad, quién eres, por qué cambiar nos cuesta tanto a muchas personas y lo que es posible realizar como ser humano. Es muy amena, te lo prometo.

El **capítulo 1, Tu yo cuántico,** es una introducción a la física cuántica, pero no te asustes, la presento porque es importante que empieces a aceptar el concepto de que tu mente (subjetiva) tiene un efecto sobre tu (mundo) objetivo. En la física cuántica, el efecto observador afirma que allí donde pones la atención pones la energía. Por lo tanto, afectas al mundo material (que por cierto está hecho en su mayor parte de energía). Si consideras esta idea, aunque sea sólo por un instante, empezarás a centrarte en lo que quieres, en lugar de en lo que no quieres. E incluso es posible que te descubras pensando: *Si un átomo se compo-*

ne de un 99.99999 por ciento de energía y de un 00,00001 por ciento de materia física,[1] ¡yo soy más nada que algo! ¿Por qué pongo entonces mi atención en el pequeño porcentaje del mundo físico cuando soy mucho más lo otro? ¿Es definir mi realidad presente a través de lo que percibo con los sentidos mi mayor limitación?

Del capítulo 2 al 4 describo qué significa cambiar, ir más allá del entorno, el cuerpo y el tiempo.

Seguramente has contemplado la idea de que tus pensamientos crean tu vida. Pero en el **capítulo 2, Ve más allá del entorno,** analizo que si dejas que el mundo exterior controle lo que piensas y sientes, éste te está creando unos circuitos en el cerebro que te hacen pensar «como» todo lo que conoces. Por eso creas más de lo mismo, la arquitectura neurológica de tu cerebro refleja los problemas, las condiciones personales y las circunstancias de tu vida. Así que para cambiar debes ir *más allá* de lo físico de tu vida.

En el **capítulo 3, Ve más allá del cuerpo,** sigo hablando de cómo vivimos dejándonos llevar sin darnos cuenta por una serie de conductas, pensamientos y reacciones emocionales memorizadas que funcionan como programas informáticos instalados en el subconsciente. Por esta razón los «pensamientos positivos» no bastan, ya que la mayor parte de quien somos reside a nivel subconsciente como negatividad en el cuerpo. Pero no te preocupes, al terminar el libro ya habrás aprendido a entrar en el sistema operativo del subconsciente y a hacer cambios permanentes donde residen estos programas.

En el **capítulo 4, Ve más allá del tiempo,** analizo cómo vivimos anticipando situaciones futuras o rememorando repetidamente recuerdos (o ambas cosas) hasta que el cuerpo empieza a creer que vivimos en el pasado en vez de en el presente. Las investigaciones más recientes respaldan la idea de que tenemos una capacidad natural para cambiar el cerebro y el cuerpo con los pensamientos, o sea, que biológicamente el cuerpo cree que ya ha ocurrido alguna situación futura. Como podemos hacer que un pensamiento sea más real que ninguna otra cosa, podemos cambiar quien somos, desde las neuronas hasta los genes, si adquirimos los conocimientos necesarios. Cuando aprendes a usar tu atención y a vivir en el presente, cruzas la puerta que lleva al campo cuántico, donde existen todas las posibilidades.

El **capítulo 5, Supervivencia frente a creación,** ilustra la diferencia entre vivir en un estado de supervivencia y vivir en un estado de creación. Lo primero conlleva vivir estresado y funcionar como un materialista, creyendo que el mundo exterior es más real que el mundo interior. Cuando estás presionado por la respuesta de lucha o huida del sistema nervioso, con un cóctel de sustancias químicas tóxicas circulando por tu cuerpo, estás programado para preocuparte sólo por el cuerpo, las cosas o las personas de tu entorno, y estás obsesionado con el tiempo. El cerebro y el cuerpo han perdido el equilibrio. Llevas una vida previsible. En cambio, cuando te encuentras en el armónico estado de creación, eres sin cuerpo, sin espacio, sin tiempo, pierdes la noción de ti. Te conviertes en conciencia pura, libre de las cadenas de la identidad que necesita la realidad exterior para recordar quién cree ser.

Segunda parte:
Tu cerebro y la meditación

En el **capítulo 6, Los tres cerebros: de pensar a actuar y a ser,** aceptas el concepto de que tus tres «cerebros» te permiten pasar de pensar a actuar y a ser. Es más, cuando no pones tu atención en el entorno, tu cuerpo y el tiempo, sino en alguna otra cosa, puedes pasar fácilmente de pensar a ser sin tener que *hacer* nada. En este estado mental, el cerebro no distingue lo que está sucediendo en el mundo exterior de la realidad de lo que está pasando en el mundo interior de tu mente. Por esta razón, si repites mentalmente una experiencia que deseas vivir en el futuro, sentirás las emociones que te produce antes de que se materialice en tu vida. Ahora estás entrando en un nuevo estado del ser, porque la mente y el cuerpo funcionan como uno. Cuando empiezas a sentir como si una posible realidad futura ya estuviera sucediendo en el momento en que te centras en ella, estás cambiando tus hábitos y actitudes automáticos y otros programas subconscientes negativos.

En el **capítulo 7, El vacío**, describo cómo liberarte de las emociones que has memorizado —y convertido en parte de tu personalidad— y cómo cerrar el vacío entre quien eres en tu mundo interior privado y quien aparentas ser en el mundo exterior social. Todos llegamos a un punto en el que dejamos de aprender y vemos que no hay nada del mundo exterior que pueda hacer desaparecer esos sentimientos del pasado. Si prevés el sentimiento de cada posible vivencia de tu vida, no habrá espacio para que ocurra algo nuevo, porque estarás contemplando tu vida encarando el pasado en lugar del futuro. Es la coyuntura en la que el alma se libera o se hunde en la inconsciencia. Aprenderás a liberar tu energía en forma de emociones y, por lo tanto, a cerrar el vacío entre quien aparentas ser y quien eres. Y en último lugar, te volverás transparente. Cuando quien aparentas ser es quien eres realmente, es cuando eres libre de verdad.

La segunda parte concluye con el **capítulo 8, La meditación, desmitificando lo místico y las ondas de tu futuro**, en el que mi objetivo es desmitificar la meditación para que sepas lo que estás haciendo y por qué lo haces. Incluye un resumen de la tecnología de las ondas cerebrales para mostrarte que el campo electromagnético emitido por tu cerebro cuando está centrado es muy distinto del que irradia cuando está excitado por los factores estresantes de tu vida. Aprenderás que el verdadero objetivo de la meditación es ir más allá de la mente analítica y entrar en el subconsciente para hacer cambios reales y permanentes. Si te levantas de la sesión de meditación siendo la misma persona que la que se sentó, es que no ha ocurrido nada a ningún nivel. Pero si cuando meditas conectas con algo superior, podrás crear y luego memorizar una coherencia tan colosal entre tus pensamientos y tus sentimientos que no habrá nada en tu realidad exterior —ninguna cosa, persona o condición en ningún lugar o momento— que pueda alterar este nivel de energía. Controlarás el entorno, el cuerpo y el tiempo.

Tercera parte:
Avanza hacia tu nuevo destino

Toda la información de la primera y la segunda parte te ha aportado los conocimientos necesarios para poder demostrarla (aplicarla) en la tercera parte, que te explica «cómo» llevarlo a cabo, de esta manera experimentarás por ti mismo lo que has aprendido. La tercera parte consiste en practicar esta disciplina: en ejecutarla al ser consciente en la vida cotidiana. Es un proceso de meditación descrito paso a paso para que puedas aplicar las teorías que te he presentado.

A propósito, ¿te has sentido un poco agobiado al leer que este proceso tiene varios pasos? Si es así, no es lo que tú crees. Sí, tendrás que aprender una *serie* de acciones, pero al cabo de poco no te parecerán más que uno o dos pasos sencillos. Después de todo, seguramente ejecutas una serie de acciones cuando te preparas para conducir (por ejemplo, ajustas el asiento, te abrochas el cinturón, compruebas la posición de los espejos retrovisores, enciendes el motor y los faros, echas un vistazo a tu alrededor, presionas la palanca del intermitente, accionas el freno de mano para desbloquearlo, pones la primera o la marcha atrás, pisas el acelerador...). Desde que aprendiste a conducir las has estado realizando con desenvoltura de manera automática. Te aseguro que después de aprender los pasos de la tercera parte también te ocurrirá lo mismo con ellos.

Tal vez te preguntes: *¿Por qué necesito leer la primera y la segunda parte? Podría pasar directamente a la tercera.* Lo sé, yo seguramente pensaría lo mismo. Decidí ofrecerte la información relevante en las dos primeras partes del libro para que no quedara ningún punto sin tratar que pudiera dar lugar a conjeturas, dogmatismos o especulaciones. Cuando empieces a realizar los pasos de la meditación, sabrás exactamente qué es lo que estás haciendo y por qué lo haces. Cuando entiendas los *qués* y los *porqués*, más cosas *sabrás* y por lo tanto mejor *sabrás cómo* hacerlo cuando llegue el momento. Por eso tu experiencia práctica de cambiar tu mente será más poderosa y deliberada.

Al seguir los pasos de la tercera parte tiendes más a aceptar tu capacidad innata para cambiar las llamadas situaciones irresolubles de tu vida. Incluso puede que te permitas contemplar posibles realidades que antes de conocer estos conceptos nuevos nunca te planteaste; *¡quizás empieces a hacer algo poco común!* Es lo primero que deseo que consigas cuando termines este libro.

Si te resistes a la tentación de pasar directamente a la tercera parte, te prometo que lo que aprenderás en ella cuando la leas te dará mucha fuerza. He visto la utilidad de este método en todo el mundo en la serie de tres talleres que imparto. Cuando los participantes adquieren los conocimientos adecuados de tal modo que los entienden a la perfección y tienen la oportunidad de aplicar lo aprendido con unas instrucciones eficaces, ven, como por arte de magia, los frutos de sus esfuerzos en forma de cambios que son como respuestas del universo en su vida.

La tercera parte presenta las habilidades meditativas que te permitirán cambiar algo en tu cuerpo y tu mente y producir un efecto en el exterior. En cuanto adviertes que lo que has hecho dentro de ti ha producido un resultado fuera, vuelves a hacerlo. Al manifestarse una nueva experiencia en tu vida, la energía que te produce en forma de emoción elevada, como fuerza interior, maravilla o una gratitud inmensa, te empuja a volver a hacerlo una y otra vez. Ahora te estás encaminando a una verdadera evolución.

Cada paso de la meditación descrito en la tercera parte tiene que ver con alguna información importante presentada en la primera o la segunda. Como a estas alturas ya sabes el significado de todo cuanto estás haciendo, no te queda ninguna ambigüedad que pueda destruir tu visión.

Como cualquier otra habilidad, al principio te costará concentrarte mientras aprendes a meditar para que tu cerebro evolucione. Es posible que debas refrenar tu conducta habitual y centrarte en lo que estás haciendo sin distraerte con otros estímulos para que tus acciones sean coherentes con tu intención.

Como te ocurrió cuando aprendías a cocinar comida tailandesa, a jugar al golf, a bailar salsa o a manejar el cambio de marchas, tendrás que practicar la aptitud nueva y ejercitar la mente y el cuerpo para memorizarla.

Recuerda que la mayoría de instrucciones están divididas en pequeños pasos para que la mente y el cuerpo trabajen unidos. En cuanto «le cojas el tranquillo», los pasos se unirán en un fluido proceso. El enfoque metódico y lineal que aplicarás fluirá a la perfección en una demostración holística, natural y unificada. Es cuando te vuelves un experto. A veces el esfuerzo que exige se te hará pesado. Pero si persistes en ello, poniéndole voluntad y energía, con el tiempo gozarás de los resultados.

Cuando *sabes* que sabes «cómo» hacer algo, ya vas camino de dominarlo. Me causa una gran alegría decir que muchas personas de todo el mundo ya están aplicando los conocimientos de este libro para hacer cambios demostrables en su vida. Deseo de todo corazón que tú también suprimas el hábito de ser tú y crees la nueva vida que deseas.

Pongámonos manos a la obra.

PRIMERA PARTE

LA CIENCIA DE TU SER

1

Tu yo cuántico

En el pasado los físicos dividieron el mundo en materia y pensamiento y más tarde, en materia y energía. Cada uno de estos pares se consideraba totalmente distinto el uno del otro, ¡pero no lo son! Esta dualidad mente/materia conformó nuestra visión del mundo según la cual la realidad estaba básicamente predeterminada y podíamos hacer muy poco para cambiar las cosas con nuestras acciones y menos aún con nuestros pensamientos.

Pero hoy día consideramos que formamos parte de un inmenso campo invisible de energía que contiene todas las realidades posibles y que responde a nuestros pensamientos y sentimientos. Al igual que los científicos están estudiando la relación entre pensamiento y materia, nosotros estamos deseosos de hacer lo mismo en nuestra vida. Por eso nos preguntamos: *¿Puedo crear con mi mente mi propia realidad?* De ser así, ¿es una habilidad que puedo aprender y usar para convertirme en quien quiero ser y crear la vida que quiero vivir?

Afrontémoslo, ninguno de nosotros es perfecto. Tanto si queremos cambiar o no en el sentido físico, emocional o espiritual, todos abrigamos el mismo deseo: queremos vivir como una versión idealizada de quien pensamos y creemos poder ser. Cuando plantados frente al espejo contemplamos nuestros michelines, no sólo vemos reflejado en él esta versión nuestra algo regordeta, sino que también vemos, dependiendo del humor con que nos hayamos levantado ese día, una versión de nosotros en mejor forma física u otra más obesa y maciza. ¿Cuál de nuestras imágenes es la real?

Cuando acostados en la cama repasamos por la noche los acontecimientos del día y nuestros esfuerzos para ser más tolerantes y menos reactivos, no estamos viendo tan sólo el padre o la madre que le ha gritado a su hijo por no hacer sin rechistar y deprisa lo que le pedía. Nos vemos como una persona angelical a la que le han agotado la paciencia o como un ogro horrendo que destruye la autoestima de un niño. ¿Cuál de estas imágenes es la real?

La respuesta es: *ambas lo son.* Y no sólo lo son estos dos extremos, sino también un espectro infinito de imágenes que abarca desde las positivas hasta las negativas. ¿Cómo puede ser? Para que entiendas mejor por qué ninguna de estas versiones tuyas es más o menos real que las otras, tendré que destruir la idea más común de la naturaleza de la realidad y reemplazarla por otra.

Si bien parece una tarea hercúlea y en ciertos sentidos lo es, también sé que este libro seguramente te ha atraído porque no has conseguido hacer ningún cambio físico, emocional o espiritual en tu vida que haya sido duradero, no has logrado ser la persona que deseabas. Y tu fracaso tiene más que ver con tus ideas de por qué tu vida es como es que con cualquier otra cosa, como por ejemplo la falta de voluntad, de tiempo, de valor o imaginación.

Para poder cambiar debes modificar la imagen que tienes de ti y del mundo, para abrirte a nuevos conocimientos y experiencias.

Esto es lo que la lectura de este libro hará por ti.

Tus fallos del pasado vienen de un error: no te has comprometido a vivir asumiendo la verdad de que *tus pensamientos tienen consecuencias tan importantes que crean tu propia realidad.*

Todos podemos crear nuestro propio destino, todos cosechamos los beneficios de nuestros esfuerzos constructivos. No tenemos por qué conformarnos con nuestra realidad actual, podemos crear otra nueva cuando queramos. Todos tenemos esta capacidad, porque para bien o para mal, nuestros pensamientos influyen en nuestra vida.

Estoy seguro de que ya lo habías oído antes, pero me pregunto si la mayoría de nosotros hacemos nuestra esta afirmación. Ya que si aceptáramos realmente que lo que pensamos crea unos efectos tangibles en nuestra vida, no permitiríamos que nos viniera a la cabeza ningún pensamiento negativo. Y nos fijaríamos en aquello que queremos, en lugar de estar siempre obsesionados con nuestros problemas.

Piensa en ello: si supieras que este principio es cierto, ¿acaso dejarías pasar un solo día sin crear el destino que deseas?

Para cambiar tu vida, cambia tus ideas sobre la naturaleza de la realidad

Espero que este libro cambie tu idea de cómo funciona el mundo, te convenza de que eres más poderoso de lo que crees y te inspire a demostrar que lo que piensas y crees ejerce un profundo efecto en el mundo que te rodea.

Hasta que no veas tu realidad actual de otro modo, cualquier cambio que hagas en tu vida será superficial y efímero. Si deseas obtener los resultados deseados de forma duradera, debes cambiar tu idea de por qué ocurren las cosas. Para lograrlo tendrás que abrirte a una nueva interpretación de lo que es real y cierto.

Para ayudarte a adquirir esta mentalidad nueva y empezar a crear la vida que deseas, hablaré un poco de cosmología (el estudio de la estructura y la dinámica del universo). Pero no te asustes, echaremos una ojeada al tema de la naturaleza de la realidad y cómo algunas de las ideas que teníamos sobre ella han ido evolucionando hasta llegar a la que es nuestra visión actual. Es necesario para que pueda explicarte (con brevedad y claridad) cómo es posible que tus pensamientos moldeen tu destino.

Este capítulo pondrá a prueba tu deseo de abandonar las ideas que te han ido inculcando durante años de manera consciente o inconsciente. En cuanto adquieras una nueva idea de las fuerzas y los elementos básicos de los que se compone la realidad, la antigua idea de que en este mundo lo lineal y lo metódico es la norma ya no tendrá cabida en ti. Prepárate para cambiar algunas ideas que abrigas.

Cuando empieces a aceptar esta nueva visión del mundo, cambiará incluso tu condición de ser humano. Espero que no sigas siendo la misma persona que eras al comenzar a leer este libro.

Es evidente que te estoy planteando un reto, pero quiero que sepas que te entiendo perfectamente, yo también tuve que desprenderme de lo que creía que era cierto y lanzarme a lo desconocido. Para que te resulte más fácil cambiar tu idea de la naturaleza de las cosas, veamos cómo la antigua creencia de que mente y materia no son lo mismo ha condicionado nuestra visión del mundo.

¿Siempre es materia y nunca mente?
¿Siempre es mente y nunca materia?

Conectar el mundo físico exterior de lo observable con el mundo mental interior de los pensamientos siempre ha sido un gran reto para científicos y filósofos. Muchos seguimos creyendo, incluso hoy día, que la mente tiene efectos muy pequeños, o imperceptibles, en el mundo de la materia. Aunque coincidamos seguramente en que el mundo de la materia crea consecuencias que nos afectan mentalmente, dudamos de que la mente pueda producir cualquier cambio físico que afecte los aspectos sólidos de nuestra vida. Mente y materia parecen dos cosas distintas; es decir, a no ser que cambiemos nuestra comprensión de cómo lo físico y lo sólido coexisten.

Este cambio ya se ha producido, y para ver de dónde surgió no es necesario retroceder demasiado en el tiempo. Desde la época que los historiadores consideran como los tiempos modernos, la humanidad ha creído que la naturaleza del universo era ordenada y, por lo tanto, previsible y explicable. Veamos, por ejemplo, a René Descartes, un matemático y filósofo del siglo XVII que creó muchos conceptos que en la actualidad siguen siendo muy importantes para las matemáticas y otros campos (al menos eso creo, ¿te suena de algo «Pienso, luego existo»?), pero que, sin embargo, lanzó una teoría que nos ha hecho en realidad más mal que bien. Descartes fue el defensor del modelo mecanicista del universo: la idea de que el universo está regido por leyes previsibles.

En lo que respecta al pensamiento humano, Descartes se enfrentó con un auténtico reto: la mente humana poseía demasiadas variables como para encajar en alguna ley física. Al no poder unir su conocimiento del mundo físico con el de la mente, aunque tuviera que tener ambos en cuenta, Descartes recurrió a un ingenioso juego mental (un juego de palabras). Dijo que, como la mente no estaba sujeta a las leyes del mundo físico objetivo, estaba fuera del alcance de la investigación científica. El estudio de la materia era competencia de la ciencia (la materia, y no la mente). En cambio, la mente, al ser el instrumento de Dios, era a la religión a la que le competía estudiarla (la mente, y no la materia).

Descartes inició un sistema de creencias que imponía una dualidad entre los conceptos de mente y materia. Durante siglos esta división se consideró un conocimiento aceptado de la naturaleza de la realidad.

Los experimentos y las teorías de Isaac Newton ayudaron a perpetuar las ideas cartesianas. El matemático y científico inglés no sólo consolidó el concepto del universo como una máquina, sino que creó una serie de leyes que afirmaban que los seres humanos podíamos determinar, calcular y predecir con precisión las formas ordenadas con las que el mundo físico funcionaba.

Según el modelo físico newtoniano «clásico», todo se consideraba sólido. Por ejemplo, la energía se interpretaba como una fuerza que movía los objetos o cambiaba el estado físico de la materia. Pero, como verás, la energía es mucho más que una fuerza exterior ejercida sobre la materia. La energía es el entramado mismo de lo material y responde a la mente.

Por extensión, la labor científica de Descartes y Newton estableció un modo de pensar según el cual la realidad estaba gobernada por principios mecanicistas, la humanidad apenas podía influir en los resultados. Toda la realidad estaba predeterminada. Dada esta visión, no es extraño que los seres humanos empezaran a dudar sobre la idea de que sus acciones importaran y ni se plantearan que sus *pensamientos* fueran importantes o que el libre albedrío desempeñara un papel en el universo. ¿Acaso muchos de nosotros no seguimos suponiendo (de manera consciente o inconsciente) que los seres humanos somos a menudo poco más que víctimas?

Como estas apreciadas ideas de Descartes y Newton prevalecieron durante siglos, fue necesario un pensamiento revolucionario para contrarrestarlas.

Einstein: no sólo se agitan las aguas, sino también el universo

Cerca de doscientos años después de Newton, Albert Einstein creó su famosa ecuación $E = mc^2$, que evidenció que la energía y la materia están tan inextricablemente ligadas que son lo mismo. Su labor científica demostró que la materia y la energía son totalmente intercambiables. Esta teoría contradecía el pensamiento de Newton y Descartes y marcaba el comienzo de una nueva comprensión del funcionamiento del universo.

Einstein no destruyó nuestra antigua idea de la naturaleza de la realidad. Pero socavó sus fundamentos, con lo que algunas de las estrechas y rígidas formas de pensar acabaron desmoronándose. Sus teorías desencadenaron una investigación sobre la extraña conducta de la luz. Los científicos observaron que la luz algunas veces se comportaba como una onda (cuando, por ejemplo, doblaba una esquina) y otras como una partícula. ¿Cómo era posible que la luz fuera onda y partícula a la vez? Según la visión de Descartes y de Newton, esto era imposible, un fenómeno tenía que ser una cosa o la otra.

Se hizo patente rápidamente que el modelo dualista cartesiano/newtoniano era imperfecto a nivel básico: el subatómico. (*Subatómico* se refiere a las partes —electrones, protones, neutrones, etc.— de los átomos, los elementos básicos que integran la materia.) Los componentes esenciales de nuestro llamado mundo físico son tanto ondas (energía) *como* partículas (materia física), dependiendo de la mente del observador (profundizaré en este tema más adelante). Para entender cómo funciona el mundo, tenemos que analizar sus componentes más diminutos.

El nuevo campo científico llamado *física cuántica* surgió de estos experimentos en particular.

La tierra que nos sostiene... no es tan sólida

Este cambio alteró por completo la imagen del mundo donde creíamos vivir y nos llevó a la proverbial situación de «descubrirnos colgando del vacío» cuando creíamos estar con los pies bien plantados en la tierra. ¿Cómo ocurrió? Acuérdate de los antiguos modelos del átomo fabricados con palillos y bolitas de poliestireno. Antes de la aparición de la física cuántica, se creía que el átomo se componía de un núcleo relativamen-

EL ÁTOMO CLÁSICO

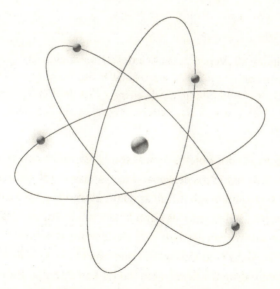

Figura 1A. Versión clásica newtoniana de un átomo de la «vieja escuela». Se centra sobre todo en lo material.

EL ÁTOMO CUÁNTICO

Nube de electrones

Núcleo

Figura 1B. Versión cuántica de la «nueva escuela» de un átomo con una nube de electrones. El átomo se compone de un 99,99999 por ciento de energía y de un 00,00001 por ciento de materia. Materialmente, eso es casi nada.

te sólido formado por objetos menos sólidos situados dentro o alrededor de él. Como los científicos pensaban que podrían medir (calcular la masa) y contar las partículas subatómicas de un átomo con un instrumento lo bastante potente, el átomo les parecía tan sólido como vacas pastando. Creían que los átomos estaban hechos de materia sólida.

Pero el modelo cuántico reveló que no era así. Los átomos se componen principalmente de espacio vacío, son energía. Piensa en lo siguiente: en tu vida todo lo físico no se compone de materia, sino de campos energéticos o de patrones de frecuencia de información. La materia es más «nada» (energía) que «algo» (partículas).

EL VERDADERO ÁTOMO CUÁNTICO

Figura 1C. Éste es el modelo más realista de un átomo. Materialmente es «nada», pero potencialmente lo es todo.

Otro enigma: las partículas subatómicas y los objetos de mayor tamaño no están sujetos a las mismas leyes

Pero esto solo no bastaba para explicar la naturaleza de la realidad. Einstein y otros científicos tenían otro enigma que resolver: la materia no parecía comportarse siempre de la misma forma. Cuando los físicos empezaron a observar y medir el diminuto mundo del átomo, descubrieron que a nivel subatómico los elementos básicos del átomo, a diferencia de los objetos de mayor tamaño, no se regían por las leyes de la física clásica.

Los hechos relacionados con el comportamiento de los objetos «de mayor tamaño» eran previsibles, reproductibles y constantes. Cuando aquella manzana legendaria cayó del árbol y se dirigió hacia el centro de la Tierra hasta chocar contra la cabeza de Newton, su masa se fue acelerando con una fuerza constante. Pero los electrones, como partículas, se comportaban de manera imprevisible e inusual. Cuando interactuaban con el núcleo del átomo y se dirigían a su centro, ganaban y perdían energía, aparecían y desaparecían, y surgían por todas partes sin respetar los límites del tiempo y el espacio.

¿Acaso el mundo de lo pequeño se regía por unas leyes muy distintas a las del mundo de lo grande? Si las partículas subatómicas, como los electrones, eran el componente básico de todo lo existente en la naturaleza, ¿cómo era posible que estuvieran sujetas a unas leyes distintas a las de las cosas que creaban?

De la materia a la energía: las partículas son el no va más en el arte de esfumarse

Los científicos pueden medir, a nivel de los electrones, características que dependen de la energía, como las longitudes de onda, el potencial eléctrico y otras, pero estas partículas tienen una masa tan infinitesimalmente pequeña y una existencia tan efímera que son casi inexistentes.

Por eso el mundo subatómico es único. Posee tanto cualidades físicas como cualidades energéticas. De hecho, la materia a nivel subatómico existe como un fenómeno momentáneo. Es tan fugaz que está constantemente apareciendo y desapareciendo, aparece en las tres dimensiones y desaparece en la nada —en el campo cuántico, en el sin espacio y sin tiempo—, transformándose de partícula (materia) en onda (energía) y viceversa. Pero ¿adónde va cuando se esfuma?

COLAPSO DE LA FUNCIÓN DE ONDA

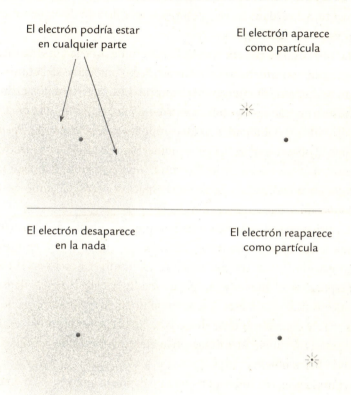

Figura 1D. El electrón existe como una onda de probabilidad en un instante y al siguiente aparece como partícula sólida, después desaparece en la nada y reaparece en otro lugar.

La creación de la realidad: la energía responde a la atención

Volvamos al modelo de la vieja escuela de la estructura del átomo fabricado con palillos y bolitas de poliestireno. En aquel tiempo se creía que los electrones orbitaban alrededor del núcleo como los planetas orbitan alrededor del Sol. Pero si fuera así, podríamos señalar dónde se encuentran, ¿verdad? La respuesta es sí, por decirlo de alguna manera, pero no por la razón que se creía.

Lo que los físicos cuánticos descubrieron es que la persona que está observando (o midiendo) las infinitesimales partículas del átomo *afecta* la conducta de la energía y la materia. Los experimentos cuánticos demostraron que los electrones existen como una infinidad de posibilidades o de probabilidades en un campo invisible de energía. Pero sólo cuando el observador se fija en cualquier localización de un electrón, es cuando aparece ese electrón. En suma, una partícula no puede manifestarse en la realidad, es decir, en el espacio-tiempo tal como nosotros lo conocemos, hasta que es observada.[1]

La física cuántica llama a este fenómeno «colapso de la función de onda» o «efecto observador». Ahora sabemos que en el momento en que el observador busca un electrón hay un punto concreto en el tiempo y el espacio en el que todas las posibilidades del electrón se colapsan en un suceso físico. Con este descubrimiento, mente y materia ya no pueden seguir considerándose dos cosas distintas; están intrínsecamente ligadas, porque la mente subjetiva ejerce cambios perceptibles en el mundo físico objetivo.

¿Empiezas a entender por qué este capítulo se llama «Tu yo cuántico»? A nivel subatómico, la energía responde a tu atención y se convierte en materia. ¿Cómo cambiaría tu vida si aprendieras a *dirigir* el efecto observador y a colapsar infinitas ondas de probabilidad en la realidad que eliges? ¿Serías un mejor observador de la vida que deseas vivir?

Al observador le están esperando una infinidad de posibles realidades

Piensa en lo siguiente: todo cuanto existe en el universo físico está hecho de partículas subatómicas como los electrones. Por naturaleza, estas partículas, cuando existen como puro potencial, están en estado de onda mientras no son observadas. Potencialmente son «todo» y «nada» hasta que las observan. Existen *por todas partes* y *en ningún lugar* hasta que son observadas. Por lo tanto, todo lo que existe en nuestra realidad física existe como puro potencial.

Si las partículas subatómicas pueden existir de forma simultánea en una infinidad de posibles lugares, somos en potencia capaces de colapsar en una infinidad de posibles realidades. Es decir, si puedes imaginar un acontecimiento futuro en tu vida basándote en cualquiera de tus deseos, esta realidad ya existe como posibilidad en el campo cuántico, esperando a que la observes. Si tu mente puede influir en la aparición de un electrón, en teoría también puede influir en la aparición de *cualquier* posibilidad.

Significa que el campo cuántico contiene una realidad en la que estás sano y eres rico y feliz, y que ya posees todas las cualidades y capacidades de tu yo ideal en el que piensas. Sigue leyendo y verás que por medio de la atención, la aplicación sincera de los nuevos conocimientos y el repetido esfuerzo diario podrás usar tu mente, como el observador, para colapsar las partículas cuánticas y organizar una infinidad de ondas subatómicas de probabilidad en una situación física deseada llamada *experiencia* vital.

Tu mente moldea la energía de las posibilidades infinitas como si se tratara de arcilla. Y si la materia está hecha de energía, tiene sentido que la conciencia («mente», en este caso, como Newton y Descartes la llamaban) y la energía («materia», según el modelo cuántico) estén tan íntimamente ligadas que sean lo mismo. Mente y materia están entretejidas. Tu conciencia (mente) afecta la energía (materia) porque tu conciencia *es* energía y la energía *tiene* conciencia. Eres lo bastante poderoso como para influir en la materia porque a nivel básico eres energía con conciencia. Eres materia consciente.

En el modelo cuántico, el universo físico es un campo de información inmaterial, interconectado y unificado, que en potencia lo es todo pero físicamente no es nada. El universo cuántico está esperando a que un observador consciente (tú o yo) llegue e influya en la energía en forma de materia potencial con su mente y su conciencia (que son en sí mismas energía) para que las ondas de probabilidades energéticas se manifiesten en materia física. Al igual que la onda de posibilidad del electrón se manifiesta como partícula en un hecho momentáneo en concreto, nosotros, los observadores, podemos hacer que una partícula o grupos de partículas se manifiesten en experiencias físicas en forma de acontecimientos en nuestra vida.

Esto es crucial para entender cómo puedes producir un efecto o hacer un cambio en tu vida. Cuando aprendes a mejorar tu capacidad de observación para afectar tu destino, ya estás en camino de vivir la versión ideal de tu vida al convertirte en la versión idealizada de *ti*.

En el campo cuántico estamos conectados a todo

Como todo cuanto existe en el universo, nosotros también estamos conectados a un mar de información que se encuentra en una dimensión más allá del tiempo y el espacio. En el campo cuántico, no necesitamos estar en contacto con ningún elemento físico, o ni siquiera cerca de él, para afectarlo o para que nos afecte. El cuerpo físico se compone de patrones energéticos organizados o de información que forman una unidad con todo cuanto existe en el campo cuántico.

Tú, como todo el mundo, emites un patrón energético característico o una impronta. En realidad, toda la materia está emitiendo siempre un determinado patrón energético. Y esta energía acarrea una información. Tus cambiantes estados mentales modifican de manera consciente o inconsciente esta impronta a cada instante porque no eres sólo un cuerpo físico, sino también una conciencia valiéndose de un cuerpo y un cerebro para expresar distintos estados mentales.

Otra forma de ver la interconexión entre los seres humanos y el campo cuántico es por medio del concepto del *entramado cuántico* o la *conexión no local cuántica*. Básicamente, en cuanto dos partículas se vinculan de algún modo, siempre estarán unidas más allá del espacio y el tiempo. Por eso, todo lo que se haga con una se hará con la otra, aunque estén separadas en el espacio. Y como los seres humanos también estamos hechos de partículas, estamos implícitamente conectados más allá del espacio y el tiempo. Lo que hacemos a los demás, nos lo hacemos a nosotros mismos.

Piensa en las implicaciones de este concepto. Si puedes asimilarlo, tendrás que aceptar que ese «yo» tuyo que existe en un probable futuro ya está conectado a tu «yo» actual, en una dimensión más allá del tiempo y el espacio. Si sigues leyendo, al terminar el libro esta idea ¡te parecerá de lo más normal!

Una extraña ciencia: ¿podemos influir en el pasado?

Como todos estamos interconectados más allá del espacio y el tiempo, ¿nuestros pensamientos y sentimientos pueden influir en las situaciones del pasado y en las que deseamos del futuro?

En julio de 2000, el médico israelí Leonard Leibovici realizó una prueba controlada aleatoria de doble ciego con 3.393 pacientes hospitalizados, divididos en un grupo de control y un grupo de «intercesión». Quería comprobar si la oración tenía un efecto en la enfermedad de estas personas.[2] Los experimentos llevados a cabo con la oración son importantes ejemplos de cómo la mente afecta a la materia desde lejos. Pero sigue leyendo, porque no todo es siempre lo que parece.

Leibovici seleccionó a pacientes hospitalizados aquejados de sepsis (una infección). Después los dividió al azar en dos grupos. Uno sería objeto de oraciones y el otro no. Comparó los resultados basándose en tres factores: la duración de la fiebre, la duración de la estancia en el hospital y el número de muertes provocadas por la infección.

A los pacientes objeto de oraciones la fiebre les duró menos y fueron dados de alta más pronto. La diferencia en la mortalidad de ambos grupos no fue demasiado importante, aunque en el grupo objeto de oraciones el porcentaje de muertes fue menor.

Es una poderosa demostración de los beneficios de la oración y de cómo podemos transmitir con nuestros pensamientos y sentimientos una intención al campo cuántico. No obstante, hay otro elemento de esta historia que debes conocer. ¿No te parece extraño que en julio de 2000 un hospital tuviera más de tres mil casos de pacientes hospitalizados por esta infección? ¿Dejaban mucho que desear las condiciones de limpieza o proliferó en él alguna clase de contagio?

Pero los investigadores descubrieron que las personas que rezaron no habían estado rezando por los pacientes infectados en el año 2000, sino que, sin saberlo, rezaron por las personas que habían estado en el hospital desde 1990 hasta 1996, ¡de cuatro a diez años antes del experimento! *Los pacientes objeto de las oraciones mejoraron en la década de 1990 por el experimento realizado varios años más tarde.* Lo explicaré de otro modo: a los pacientes que fueron objeto de las oraciones en el año 2000, les mejoró visiblemente la salud, pero *estos cambios ocurrieron varios años antes.*

Un análisis estadístico de este experimento reveló que estos efectos no fueron en absoluto una casualidad, lo que demostró que nuestras intenciones, pensamientos y sentimientos, e incluso nuestras plegarias, no sólo afectan nuestro presente o futuro, sino también nuestro pasado.

Este hecho nos lleva a una pregunta: si rezaras (o te centraras en una intención) para que tu vida mejorara, ¿podrías afectar el pasado, el presente *y* el futuro?

La ley cuántica dice que todas las posibilidades existen simultáneamente. Nuestros pensamientos y sentimientos afectan todos los aspectos de nuestra vida, más allá del espacio y el tiempo.

Nuestro estado del ser o estado mental: cuando mente y cuerpo son uno

En este libro me referiré de manera intercambiable a tener y crear un *estado del ser* o un *estado mental*. Por ejemplo, se podría decir que lo que piensas y sientes crea un estado del ser. Ten en cuenta que cuando uso los términos *estado del ser* y *estado mental,* tu cuerpo físico forma parte de este estado. En realidad, como verás más adelante, mucha gente existe en un estado en el que el cuerpo se ha «convertido» en la mente, cuando se rigen sólo por el cuerpo y lo que éste siente. Cuando hablo del observador causando un efecto, no es sólo el cerebro el que está influyendo en la materia, sino también el cuerpo. Es tu estado del ser (cuando mente y cuerpo son uno), como observador, el que afecta el mundo exterior.

Pensamientos + sentimientos producen resultados en los tubos de ensayo

Nos comunicamos con el campo cuántico sobre todo por medio de los pensamientos y sentimientos. Como nuestros pensamientos son en sí mismos energía —como ya sabes, los impulsos eléctricos del cerebro se pueden medir con un electroencefalograma—, son uno de los principales medios con los que enviamos señales al campo.

Antes de explicar con más detalle cómo funciona, me gustaría compartir contigo un estudio sorprendente que demuestra cómo nuestros pensamientos y sentimientos influyen en la materia.

Glen Rein, biólogo celular, creó una serie de experimentos para comprobar la capacidad de los sanadores de afectar los sistemas biológicos. Como el ADN es más estable que sustancias como las células o los cultivos bacteriológicos, decidió que los sanadores sostuvieran tubos de ensayo que contenían ADN.[3]

Este estudio tuvo lugar en el Centro de Investigación HeartMath de California. Los científicos del centro habían estado realizando investigaciones extraordinarias sobre la fisiología de las emociones, las interacciones entre el corazón y el cerebro, y muchas otras más. Habían descubierto, junto con otros investigadores, que existe una relación entre los estados emocionales y el ritmo cardíaco. Cuando tenemos emociones negativas (como la ira y el miedo), el ritmo cardíaco se vuelve desacompasado y desorganizado. En cambio, emociones positivas (como el amor y la dicha) generan patrones sumamente regulares y organizados a los que los investigadores del HeartMath llaman *coherencia cardíaca*.

En el experimento del doctor Rein, se estudió primero a un grupo de diez sujetos habituados a aplicar las técnicas del HeartMath en las que uno se concentra en el corazón para aumentar la coherencia cardíaca. Los participantes, valiéndose de estas técnicas, generaron sentimientos intensos y elevados como el amor y el agradecimiento, y después durante dos minutos sostuvieron tubos de ensayo con muestras de ADN suspendidas en agua desionizada. Pero al analizar las muestras, no se apreció estadísticamente ningún cambio importante en ellas.

Un segundo grupo de participantes entrenados hizo lo mismo, pero en vez de generar sólo emociones positivas (*un sentimiento*) de amor y agradecimiento, las combinaron con la intención (*un pensamiento*) de enrollar y desenrollar las hebras del ADN. Este grupo produjo estadísticamente cambios importantes en la configuración (forma) de las muestras de ADN. En algunos casos el ADN se enrolló y desenrolló ¡hasta un 25 por ciento!

El tercer grupo de sujetos entrenados mantuvo la clara intención de cambiar el ADN, pero les dijeron que no entraran en un estado emocional positivo. Es decir, sólo utilizaron el pensamiento (la intención) para afectar la materia. ¿El resultado? Las muestras de ADN no acusaron ningún cambio.

El estado emocional positivo del primer grupo de participantes no modificó el ADN. El otro grupo, que generó una intención sin acompañarla de una emoción, tampoco lo alteró. *Los únicos que lograron producir el efecto deseado fueron los participantes que pensaron en un objetivo claro y lo acompañaron con una emoción elevada.*

Un pensamiento en forma de intención necesita un elemento energizador, un catalizador: y esta energía es una emoción elevada. El corazón y la mente actuando como uno. Los sentimientos y los pensamientos unidos en un estado del ser. Si un estado del ser puede enrollar y desenrollar hebras de ADN en dos minutos, ¿qué nos está mostrando sobre nuestra capacidad de crear una realidad?

El experimento del HeartMath demuestra que el campo cuántico no responde simplemente a nuestros deseos: nuestras peticiones emocionales. Ni tampoco a nuestras intenciones: nuestros pensamientos. Sólo nos responde cuando estos dos factores son afines o coherentes, es decir, cuando emiten la misma señal. Cuando combinamos una emoción elevada con un corazón abierto, y una intención consciente con un pensamiento claro, hacemos que el campo nos responda de forma asombrosa.

El campo cuántico no responde a lo que queremos, sino a quién estamos siendo.

Los pensamientos y sentimientos: enviando nuestra señal electromagnética al campo cuántico

Dado que cada potencial en el universo es por naturaleza una onda de probabilidad que irradia un campo electromagnético y se compone de energía, es lógico que nuestros pensamientos y sentimientos no sean una excepción.

El modelo según el cual los pensamientos se ven como la carga eléctrica y los sentimientos como la carga magnética en el campo cuántico me parece muy útil.[4] Nuestros pensamientos envían una señal eléctrica al campo. Y nuestros sentimientos atraen magnéticamente situaciones en la vida. Al unirse, lo que pensamos y lo que sentimos produce un estado del ser que genera una huella electromagnética que a su vez influye en cada átomo de nuestro mundo. Este hecho hace que nos preguntemos: *¿Qué estoy transmitiendo (de manera consciente o inconsciente) en la vida cotidiana?*

Todas las experiencias existen en potencia como improntas electromagnéticas en el campo cuántico. Hay una infinidad de posibles huellas electromagnéticas —de genialidad, riqueza, libertad, salud— que

POSIBILIDADES ELECTROMAGNÉTICAS
en el CAMPO CUÁNTICO

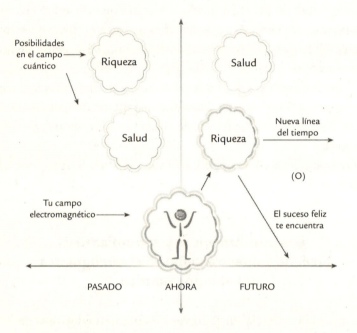

Figura 1E. En el campo cuántico existen todas las posibles experiencias como un mar de infinitas posibilidades. Cuando cambias tu huella electromagnética para que coincida con la que ya existe en el campo, tu cuerpo es atraído por esta situación, avanzas en una nueva línea del tiempo, o la situación te encuentra a ti en tu nueva realidad.

ya existen como un patrón de frecuencia de energía. Si al cambiar tu estado del ser crearas un nuevo campo electromagnético que coincidiera con este potencial en el campo cuántico de la información, ¿es posible que te toparas con esta situación al ser atraído por ella o que la situación te encontrara a ti?

Para experimentar un cambio,
observa un nuevo resultado con una nueva mente

Es muy sencillo, nuestra rutina cotidiana y los pensamientos y sentimientos de siempre perpetúan el mismo estado del ser, el cual crea las mismas conductas y la misma realidad. Si queremos cambiar algún aspecto de nuestra realidad, tenemos que pensar, sentir y actuar de nuevas formas, tenemos que «ser» distintos en cuanto a cómo respondemos a las experiencias. Tenemos que «convertirnos» en otra persona y crear el nuevo estado mental necesario para observar un nuevo resultado con esta nueva mente.

Desde un punto de vista cuántico, debemos crear un estado distinto del ser como observador y generar una nueva huella electromagnética. Así haremos que la realidad que queremos materializar coincida con la que existe en el campo como una posibilidad electromagnética. En cuanto coincide quien estamos siendo (lo que estamos transmitiendo) con la posibilidad electromagnética en el campo cuántico, esta realidad potencial nos atraerá o nos encontrará a *nosotros*.

Sé que es frustrante cuando nuestra vida parece ser una serie interminable de pequeñas variaciones con los mismos resultados negativos. Pero mientras sigas siendo el mismo de siempre, mientras tu huella electromagnética siga siendo la misma, no puedes esperar obtener un nuevo resultado. Cambiar tu vida es cambiar tu energía, para poder hacer un cambio básico en tu mente y en tus emociones.

Si deseas obtener un nuevo resultado, debes suprimir el hábito de ser el mismo de siempre y reinventarte.

El cambio requiere coherencia:
alinea tus pensamientos y sentimientos

¿En qué se parece tu estado del ser con un rayo láser? Esta comparación ilustra otra cosa que necesitas saber si quieres que tu vida cambie.

Un rayo láser es el ejemplo de una señal muy coherente. Cuando los

PATRONES DE ONDA

Ondas coherentes

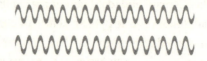

Ondas incoherentes

Figura 1F. Cuando las ondas están
en fase y son rítmicas, son más potentes
que cuando están desfasadas.

físicos hablan de una señal coherente, se refieren a una señal con ondas
«en fase»: los valles (puntos más bajos) y montes (puntos más altos) son
paralelos. Cuando estas ondas son coherentes, son mucho más potentes.

Las ondas de una señal están alineadas o desalineadas, son coherentes o incoherentes. Con tus pensamientos y sentimientos ocurre lo mismo. ¿Cuántas veces has intentado crear algo, creyendo en tu mente que
lo lograrías, mientras el corazón te decía lo contrario? ¿Qué resultado
produjo aquella señal incoherente/desfasada que estabas enviando? ¿Por
qué no se manifestó nada en tu vida? Como acabas de ver en el estudio
del HeartMath, la creación cuántica sólo funciona cuando tus pensamientos están alineados con tus sentimientos.

Las ondas de una señal son mucho más potentes cuando son coherentes, y lo mismo ocurre cuando tus pensamientos están alineados con

tus sentimientos. Cuando tus pensamientos claros y centrados en tu objetivo van acompañados de una apasionada implicación emocional, transmites una señal electromagnética más potente que te atrae hacia una posible realidad que coincide con la que tú deseas.

En mis talleres suelo hablar con frecuencia de mi abuela, una mujer a la que yo adoraba. Era una italiana chapada a la antigua, su sentimiento católico de culpa era tan fuerte como su costumbre de hacer salsa de tomate para acompañar la pasta. Estaba siempre rezando para que se cumplieran sus deseos y pensaba en cambiar de vida, pero el sentimiento de culpa que le habían inculcado en la infancia distorsionaba la señal que enviaba. Sólo conseguía manifestar más razones para sentirse culpable.

Si tus intenciones y deseos no han producido lo que tú querías, seguramente significa que has estado enviando un mensaje incoherente y confuso al campo. A lo mejor quieres la abundancia, *tienes* pensamientos «de ser rico», pero si te *sientes* pobre, no vas a atraer la abundancia en tu vida. ¿Por qué no? Porque los pensamientos son el lenguaje del cerebro, y los sentimientos el lenguaje del cuerpo. Estás pensando una cosa y sintiendo otra totalmente distinta. Y cuando la mente va en contra del cuerpo (o viceversa), el campo no responde de forma coherente.

Pero cuando la mente y el cuerpo actúan unidos, cuando nuestros pensamientos son afines a nuestros sentimientos, cuando nos encontramos en un nuevo estado del ser, estamos enviando una señal coherente a la «antena» de lo invisible.

Por qué los resultados cuánticos deben sorprendernos

Hay otro elemento que debemos tener en cuenta. Para poder cambiar nuestra realidad, los resultados que atraemos deben sorprendernos, incluso dejarnos pasmados, en su forma de manifestarse. No debemos intentar predecir nunca cómo nuestras nuevas creaciones se manifestarán, deben llegar inesperadamente, despertarnos del sueño de la realidad rutinaria a la que nos hemos acostumbrado. Estas manifestaciones tienen que dejarnos convencidos de que nuestra conciencia ha entrado en contacto con el campo cuántico de inteligencia, para inspirarnos a volver a hacerlo. El proceso creativo tiene esta parte tan agradable.

¿Por qué habrías de querer tener una sorpresa cuántica? Porque si puedes prever un acontecimiento, ya no es una novedad, sino algo rutinario y automático, y esta experiencia ya la has vivido de sobra. Si puedes predecirlo, significa que tu yo de siempre ha creado el mismo resultado de siempre. De hecho, si intentas controlar cómo ocurrirá un resultado, te estás conduciendo como un «newtoniano». La física (clásica) newtoniana consistía en intentar anticipar y predecir los acontecimientos, era una cuestión de causa y efecto.

¿Qué significa «conducirse como un newtoniano» cuando lo aplicas a tu capacidad de crear? Quiere decir que el mundo *exterior* está controlando tu mundo *interior* (pensamientos/sentimientos). Esto es la causa y el efecto.

En su lugar, si cambias tu mundo interior —el modo de pensar y sentir—, verás que el mundo exterior cambia gracias a tus esfuerzos. Intenta crear una experiencia nueva y desconocida en tu vida. Y cuando te ocurra de manera inesperada, te llevarás una grata sorpresa. Significará que te acabas de convertir en un creador cuántico. Que has pasado de la «causa y efecto» a «causar un efecto».

Mantén una clara intención de lo que quieres, pero deja que el imprevisible campo cuántico se ocupe de los detalles del «cómo» se manifestará. Deja que organice un acontecimiento en tu vida del modo más apropiado para ti. En el caso de esperar algo, espera sólo lo inesperado. Entrégate, confía en el campo cuántico y no intentes decidir cómo la situación deseada acaecerá en tu vida.

Éste es el mayor obstáculo que la mayoría de personas debemos superar, porque los seres humanos siempre queremos controlar una realidad futura intentando recrear cómo ocurrió una realidad pasada.

La creación cuántica:
antes de alcanzar un resultado, agradécelo

Acabo de hablar de alinear los pensamientos con los sentimientos para crear el resultado deseado, sin preocuparnos de los detalles de cómo se manifestará la situación. Es todo un acto de fe que debemos hacer si queremos cambiar una vida rutinaria y previsible por una vida feliz con experiencias nuevas y sorpresas cuánticas.

Pero todos necesitamos hacer otro acto de fe para crear lo que deseamos.

¿En qué circunstancias te sientes agradecido? Tal vez respondas: *Doy gracias por la familia, la casa bonita, los amigos y el trabajo que tengo.* Lo que todo esto tiene en común es que *ya* está en tu vida.

Por lo general, nos sentimos agradecidos por algo que ha ocurrido o que ya está presente en nuestra vida. A ti y a mí nos han hecho creer que necesitamos una razón para ser felices, un motivo para sentirnos agradecidos, y una causa para sentir amor. Que la realidad exterior es lo que nos hace sentir distintos por dentro, es el modelo newtoniano.

Pero el nuevo modelo de realidad nos reta, como creadores cuánticos, a cambiar algo en nuestro interior —en la mente y el cuerpo, en los pensamientos y sentimientos—, *antes* de experimentar la evidencia física con nuestros sentidos.

¿Puedes agradecer una situación deseada antes de que ocurra en tu vida y sentir las emociones elevadas que te produce? ¿Puedes imaginarte esa realidad tan plenamente que empieces a estar ahora *en* esa vida futura?

En términos de la creación cuántica, ¿puedes sentirte agradecido por algo que existe como una posible situación en el campo cuántico, pero que aún no ha ocurrido en tu realidad? Si es así, estás pasando de la causa y el efecto (querer que algo del exterior te produzca un cambio *interior*), a causar un efecto (cambiar algo de tu interior para producir un efecto en el *exterior*).

Cuando te encuentras en un estado de gratitud, le transmites al campo la señal de que esta situación *ya ha ocurrido.* La gratitud no es tan

sólo un proceso mental intelectual. Debes sentir como si lo que deseas
ya existiera en tu realidad en este instante. Tu cuerpo (que sólo entiende los sentimientos) debe estar convencido de estar experimentando el
resultado emocional de la situación futura.

La inteligencia universal
y el campo cuántico

Espero que a estas alturas ya estés de acuerdo con algunos conceptos básicos del modelo cuántico: que toda realidad física no es más que energía que existe en una inmensa red interconectada más allá del espacio
y el tiempo. Esta red, el campo cuántico, contiene todas las posibilidades, y nosotros podemos hacer que se materialicen por medio de nuestros pensamientos (conciencia), observación, sentimientos y estado
del ser.

Pero ¿la realidad no es más que fuerzas electromagnéticas indife-
rentes actuando y respondiéndose las unas a las otras? ¿Es el espíritu
que nos anima simplemente una función biológica aleatoria? He mantenido conversaciones con personas que así lo creían. Al final la discu-
sión nos llevó a un diálogo parecido a éste:

> *¿De dónde viene la inteligencia que hace que nuestro corazón siga
> latiendo?*
> Forma parte del sistema nervioso autónomo.

> *¿Dónde se encuentra este sistema?*
> En el cerebro. El sistema límbico del cerebro forma parte del sis-
> tema nervioso autónomo.

> *Y en el cerebro, ¿hay unos tejidos que sean responsables de que el
> corazón siga latiendo?*
> Sí.

¿De qué están hechos estos tejidos?
De células.

¿De qué están hechas estas células?
De moléculas.

¿De qué están hechas estas moléculas?
De átomos.

¿Y de qué están hechos estos átomos?
De partículas subatómicas.

*¿Y de qué se componen principalmente estas partículas subató-
micas?*
De energía.

Cuando llegamos a la conclusión de que nuestro vehículo fisiológico está hecho de lo mismo que el resto del universo y estas personas se
topan con la idea de que lo que anima al cuerpo es una forma de energía (el mismo 99,99999 por ciento de «nada» del que se compone el universo físico) se encogen de hombros y se alejan sin más, o bien aceptan
la idea de que en toda la realidad física hay un principio unificador.

¿No te parece irónico que centremos toda nuestra atención en el
00,00001 por ciento de realidad física? ¿Estamos pasando algo por alto?

Si esta nada se compone de ondas de energía que acarrean información y esta fuerza organiza nuestras estructuras físicas y su funcionamiento, en este caso tiene sentido referirse al campo cuántico como
una inteligencia invisible. Y dado que la energía es la base de cualquier
realidad física, la inteligencia que acabo de describirte se ha organizado
a sí misma en materia.

Considera la conversación anterior como una plantilla de cómo esta
inteligencia ha construido la realidad. El campo cuántico es energía potencial invisible capaz de organizarse a partir de ella en partículas subatómicas, átomos, moléculas y, por último, en *cualquier* cosa del univer-

so. Desde una perspectiva fisiológica, organiza las moléculas en células, tejidos, órganos, sistemas y por último en el cuerpo como un todo. Es decir, esta energía potencial se origina como frecuencia de patrones de onda hasta aparecer como sólida.

Esta inteligencia universal es la que da vida al campo cuántico y a todo cuanto hay en él, como a ti y a mí. Esta fuerza es la mente universal que anima cada aspecto del universo material. Esta inteligencia es la que hace que el corazón nos siga latiendo y el estómago digiriendo la comida, y la que supervisa la cantidad incalculable de reacciones químicas por segundo que se dan en cada célula. Esta conciencia es también la que anima a los árboles a producir frutos y a las lejanas galaxias a formarse y desintegrarse.

Como existe en cualquier momento y lugar, y actúa en nuestro interior y en el exterior, esta inteligencia es tanto personal como universal.

Al ser una extensión de esta inteligencia, podemos emularla

Ten presente que esta inteligencia universal posee una conciencia o consciencia, la misma que la que nos convierte a nosotros en individuos. Aunque esta fuerza sea universal y objetiva, tiene una conciencia: es consciente de sí misma y posee la capacidad de moverse y actuar en el universo material.

También es plenamente consciente a todos los niveles, no sólo de sí misma, sino también de ti y de mí. Como esta conciencia se da cuenta de todo, nos observa y nos presta atención. Conoce nuestros pensamientos, sueños, conductas y deseos. «Observa» todo cuanto tiene forma física.

¿Cómo podría una conciencia que ha creado toda la vida, que invierte la energía y la voluntad en regular sistemáticamente cada función de nuestro organismo para mantenernos vivos, que ha expresado un interés tan profundo y duradero en nosotros, no ser sino puro amor?

He hablado de dos aspectos de la conciencia: la conciencia/inteligencia objetiva del campo cuántico, y la conciencia subjetiva individual que nos permite ser autoconscientes y tener libre albedrío. Cuando emulamos las propiedades de esta conciencia universal, nos estamos convirtiendo en creadores. Cuando vibramos con esta inteligencia amorosa, nos volvemos como ella. Esta inteligencia organizará entonces una situación, una respuesta energética, que coincida con la señal que nuestra mente subjetiva envía al campo cuántico. Cuando nuestra voluntad coincide con la suya, cuando nuestra mente coincide con la suya, cuando nuestro amor por la vida coincide con el suyo, estamos expresando esta conciencia universal. Nos *convertimos* en el poder superior que trasciende el pasado, sana el presente y nos abre las puertas al futuro.

Recibimos lo que enviamos

La orquestación de los acontecimientos funciona en nuestra vida de la siguiente manera: si hemos sufrido y en la mente y el cuerpo conservamos este sufrimiento y lo expresamos con nuestros pensamientos y sentimientos, estamos enviando esta huella energética al campo cuántico. La inteligencia universal nos responde enviando a nuestra vida otro evento que reproducirá la misma respuesta intelectual y emocional.

Nuestros pensamientos envían la señal (*Estoy sufriendo*), y nuestras emociones (*Estoy sufriendo*) atraen en nuestra vida una situación que coincide con esta frecuencia emocional, es decir, una buena razón para sufrir. En realidad, los seres humanos estamos pidiendo constantemente a la inteligencia universal que nos demuestre su existencia y ella nos está enviando la respuesta en el mundo exterior todo el tiempo. Tal es nuestro poder.

La pregunta esencial de este libro es: *¿Por qué no enviamos una señal que produzca un resultado positivo?* ¿Cómo podemos cambiar para que la señal que enviamos coincida con lo que queremos crear en nuestra vida? ¿Cambiaremos cuando nos comprometamos plenamente a creer que al elegir el pensamiento/señal que enviamos produciremos un efecto perceptible e inesperado?

Esta inteligencia objetiva no nos castiga *por* nuestros pecados (es decir, por nuestros pensamientos, sentimientos y acciones), sino *por medio de* ellos. Cuando enviamos al campo una señal basada en pensamientos y sentimientos (como el sufrimiento) generados por alguna experiencia desagradable del pasado, no es extraño que el campo cuántico nos responda de la misma manera negativa.

¿Cuántas veces has pronunciado estas palabras u otras parecidas?: «No me lo puedo creer, ¿por qué siempre me pasa esto a mí?»

Basándote en tus nuevos conocimientos de la naturaleza de la realidad, ¿ves ahora que esta afirmación refleja que estás aceptando el modelo newtoniano/cartesiano en el que eres víctima de la causa y el efecto? ¿Ves que eres totalmente capaz de causar un efecto? ¿Ves que, en vez de responder de este modo, podrías preguntarte cómo puedes pensar, sentir y actuar de distinta forma para producir el efecto/resultado deseado?

Nuestra misión es pasar a un estado de conciencia que nos permita conectar con la inteligencia universal, contactar directamente con el campo de posibilidades y enviar la señal clara de que esperamos cambiar de verdad y ver los resultados que deseamos —en forma de respuesta del campo cuántico— en nuestra vida.

Pide una respuesta cuántica

Cuando crees algo, pídele una señal a la conciencia cuántica con la que has contactado. Atrévete a pedirle que en tu vida ocurran sincronicidades en cuanto a los resultados que deseas. Así estás siendo lo bastante audaz como para querer *saber* que esta conciencia es real y que es consciente de tus esfuerzos. En cuanto lo aceptas, puedes crear en un estado de felicidad e inspiración.

Este principio nos pide que aplicando lo que creemos saber, nos entreguemos a lo desconocido y luego observemos los efectos en nuestra vida en forma de respuesta. Y ésta es la mejor forma de aprender. Cuando recibimos señales positivas (cuando vemos que las circunstancias exteriores de nuestra vida cambian favorablemente), sabemos que lo que hemos hecho en nuestro interior ha funcionado. Por supuesto, recordaremos lo que hicimos para poder repetirlo.

Cuando empieces a ver una respuesta del campo cuántico en tu vida, sé como un científico descubriendo algo. ¿Por qué no observar cualquier cambio para ver que el universo te ayuda en tus esfuerzos y te demuestra lo poderoso que eres?

¿Cómo puedes conectar con este estado de conciencia?

La física cuántica es un «sinsentido»

La física newtoniana postulaba que siempre se dan series lineales de interacciones previsibles y repetibles. Como por ejemplo: si A + B = C, en tal caso C + D + E = F. Pero en el extraño mundo del modelo cuántico de la realidad, todo está intercomunicándose en un campo de información entretejido holísticamente que se encuentra en una dimensión superior más allá del espacio y el tiempo tal como nosotros los conocemos. ¡Caramba!

La física cuántica es tan difícil de entender entre otras razones porque durante años hemos tenido la costumbre de pensar basándonos en nuestros sentidos. Pero si evaluamos y confirmamos la realidad con nuestros sentidos, nos quedaremos atrapados en el paradigma newtoniano.

En su lugar, el modelo cuántico nos exige comprender la realidad sin basarnos en los sentidos (la física cuántica es un sinsentido). Cuando creamos una realidad futura con el modelo cuántico, nuestros sentidos son los últimos en enterarse de lo que la mente ha creado. Lo último que captamos es la respuesta sensorial. ¿Por qué?

El cuanto es una realidad multidimensional que existe más allá de nuestros sentidos, en el reino de lo sin cuerpo, sin espacio, sin tiempo. Para entrar en esta esfera y crear algo desde este paradigma, debes olvidarte del cuerpo durante un rato. También debes dejar de fijarte en el mundo exterior, en todas las cosas con las que te identificas en tu vida. Tu pareja, tus hijos, tus bienes y tus problemas forman parte de esta identidad tuya, a través de todo ello te identificas con el mundo exterior. Y en último lugar, debes olvidarte del tiempo lineal. Es decir, en cuanto observes una posible experiencia futura, tienes que estar tan presente que tu mente ya no piense en los recuerdos del pasado ni en las expectativas de tu «rutina» futura.

¿No te parece irónico que para influir en tu realidad (entorno), sanar tu cuerpo o cambiar una situación del futuro (tiempo), tengas que dejar de aferrarte al mundo exterior (sin espacio), perder la conciencia corpórea (sin cuerpo)... y desconectar del tiempo (sin tiempo) para convertirte en conciencia pura?

Si lo logras, podrás controlar el entorno, el cuerpo y el tiempo. (Yo los llamo cariñosamente los *Tres Grandes*.) Y como el mundo subatómico del campo cuántico está hecho de conciencia, sólo puedes entrar en él con una conciencia pura. No puedes cruzar la puerta del campo cuántico como «alguien», debes entrar como «nadie».

Tu cerebro tiene la capacidad innata de aprender esta habilidad (sigue leyendo). Cuando comprendas que estás plenamente equipado para hacerlo, dejes atrás este mundo y entres en una nueva realidad más allá del espacio y el tiempo, te sentirás inspirado a aplicarla en tu vida.

Trascendiendo el espacio y el tiempo

¿Qué significa trascender el espacio y el tiempo? El espacio y el tiempo son construcciones mentales que los humanos hemos creado para explicar fenómenos físicos que implican el lugar ocupado por los cuerpos y nuestra sensación de lo temporal. Cuando hablamos de un vaso que está encima de la mesa, nos referimos a él en términos del lugar (que ocupa en el espacio) y del tiempo que lleva ocupándolo. Los seres humanos estamos obsesionados con estos dos conceptos: dónde estamos, cuánto tiempo llevamos estando ahí, cuánto tiempo lo seguiremos estando, adónde iremos después. Aunque no percibamos el tiempo, lo sentimos discurrir al igual que notamos el lugar que ocupamos en el espacio: «sentimos» los segundos, los minutos y las horas transcurriendo, al igual que sentimos nuestro cuerpo recostado en la silla y nuestros pies apoyados en el suelo.

En el campo cuántico, las posibilidades infinitas para materializar una realidad existen más allá del tiempo y el espacio porque una realidad *potencial* aún no existe. Si no existe, no ocupa un lugar en el espacio ni una posición en el tiempo. Cualquier cosa sin una existencia material —si sus ondas de posibilidad no se han colapsado en una realidad de partícula— existe más allá del espacio y el tiempo.

Como el campo cuántico no es más que probabilidades inmateriales, está más allá del espacio y el tiempo. Pero en cuanto observamos una de estas posibilidades infinitas y la materializamos en nuestra realidad, adquiere estas dos características.

Para entrar en el campo, entra en un estado parecido

¡Fenomenal! Tenemos el poder de materializar una realidad elegida seleccionándola del campo cuántico. Pero es necesario entrar de algún modo en él. Siempre estamos conectados al campo cuántico, pero ¿cómo podemos hacer que nos responda? Si estamos siempre irradiando energía y enviando, por lo tanto, información al campo y recibiendo la suya, ¿cómo podemos comunicarnos mejor con él?

En los siguientes capítulos me extenderé más en cómo entrar en el campo cuántico. Por ahora lo único que necesitas saber es que para entrar en el campo, que existe más allá del espacio y el tiempo, debes entrar en un estado parecido al suyo.

¿Has tenido alguna vez experiencias en las que el tiempo y el espacio parecían desaparecer? Piensa en cuando conduces ensimismado en tus preocupaciones. En esta situación te olvidas del cuerpo (dejas de ser consciente de cómo te sientes en el espacio), te olvidas del entorno (el mundo exterior desaparece) y pierdes la noción del tiempo (no tienes idea del tiempo que llevas «en trance»).

En momentos como ésos te encontrabas en el umbral de la puerta que te permite entrar en el campo cuántico y trabajar con la inteligencia universal. En realidad, ya has hecho que tu pensamiento sea más real que ninguna otra cosa.

Más adelante te enseñaré cómo entrar en este estado de conciencia regularmente, para acceder al campo y comunicarte de manera más directa con la inteligencia universal que todo lo anima.

Cambia tu mente, cambia tu vida

En este capítulo he hablado de la teoría según la cual mente y materia son dos cosas distintas, y del modelo cuántico, que afirma que son lo mismo. La mente es materia, y la materia es mente.

Todas las veces que intentaste cambiar en el pasado fracasaste quizá porque tu forma de pensar era limitada. Seguramente creías que lo que necesitabas era que las circunstancias exteriores cambiaran. *Si no tuviera tantos compromisos, perdería los kilos que me sobran y entonces sería feliz.* Todos hemos manifestado alguna variación de este tema. Si pasara esto, ocurriría aquello. Causa y efecto.

¿Y si lograras cambiar tu mente, tus pensamientos y tus sentimientos, y tu forma de ser, más allá de los límites del espacio y el tiempo? ¿Y si pudieras cambiar *adelantándote* al tiempo y viendo los efectos de estos cambios «interiores» en el mundo «exterior»?

Puedes lograrlo.

Lo que ha cambiado mi vida de manera profunda y positiva, y la de muchas otras personas, es entender que cambiar nuestra mente —y tener, por lo tanto, nuevas experiencias y obtener nuevas percepciones— no es más que una cuestión de dejar el hábito de ser el mismo de siempre. Cuando trasciendes tus sentidos, cuando entiendes que no estás limitado por las cadenas de tu pasado —cuando llevas una vida más allá del cuerpo, el entorno y el tiempo—, todo es posible. La inteligencia universal que anima todo cuanto existe te sorprenderá y deleitará. Lo único que desea es ofrecerte lo que tú quieres.

Es decir, cuando cambias tu mente, cambia tu vida.

Y un niño pequeño los conducirá

Antes de seguir, me gustaría compartir una historia que ilustra lo poderoso y eficaz que es estar en contacto con la inteligencia superior para cambiar una parte esencial de tu vida.

Mis hijos, que ahora ya son jóvenes adultos, han usado una meditación parecida al proceso que describo en la tercera parte del libro. La práctica de estas técnicas les ha hecho vivir aventuras asombrosas. Desde que eran pequeños acordamos que se esforzarían en crear cosas materiales o situaciones que desearan vivir. Pero la regla era que yo no interferiría ni les ayudaría a producir el resultado. Tendrían que crear las realidades deseadas valiéndose de la mente e interactuando con el campo cuántico.

Mi hija veinteañera estudia bellas artes en la universidad. Una primavera le pregunté qué quería manifestar para las siguientes vacaciones de verano. ¡Tenía una larga lista! En lugar de buscar un trabajo para el verano cerca de donde vive, como los estudiantes suelen hacer, quería trabajar en Italia, aprender y vivir nuevas experiencias, visitar al menos seis ciudades italianas, y pasar una semana en Florencia, donde vivían algunas de sus amigas. Quería trabajar las seis primeras semanas del verano, ganar un buen sueldo y pasar el resto de las vacaciones en casa.

Le aconsejé que visualizara con claridad lo que quería y le recordé que la inteligencia universal organizaría el modo en que se hiciese realidad su sueño estival. Ella se ocuparía del «qué» y la conciencia superior se encargaría del «cómo».

Como mi hija tiene ya práctica en el arte de imaginar y sentir la experiencia deseada antes de que ocurra, me limité a recordarle que, además de establecer cada día la intención de cómo quería que fuera aquel verano —las personas que vería, los acontecimientos que sucederían, los lugares que visitaría—, sintiera esas experiencias. Le pedí que creara la visión en su mente hasta que fuera tan clara y real que sus pensamientos se volvieran la propia experiencia y las sinapsis de su cerebro hicieran las conexiones para registrar aquella información como si fuera una realidad.

Si seguía «siendo» la chica que soñaba en el dormitorio de la universidad con ir a Italia, seguiría siendo la misma de siempre viviendo la misma realidad. Por eso aunque fuera aún marzo, debía empezar a «ser» aquella joven que había estado en Italia la mitad del verano.

«¡No hay ningún problema!», exclamó mi hija. En el pasado había creado otras experiencias deseadas, como salir en un videoclip musical y comprarse todo lo que le apeteciera sin tener que preocuparse por el dinero. Ambas cosas se habían materializado en su vida a la perfección.

A continuación le recordé: «Después de crear mentalmente la experiencia, no te levantes siendo la misma de siempre. Levántate como si acabaras de vivir el verano más fabuloso de toda tu vida».

«Lo he pillado», me respondió. Comprendió que le estaba recordando que cambiara a diario a un nuevo estado del ser. Y después de cada creación mental, debía vivir ese día sintiéndose profundamente agradecida por haber tenido aquella experiencia.

Mi hija me llamó al cabo de varias semanas. «Papá, la universidad da un curso de verano de historia del arte en Italia. El curso y los gastos cuestan siete mil dólares, pero me lo dejan por cuatro mil. ¿Podrías ayudarme a pagarlo?»

Yo siempre ayudo a mi hija, pero esta situación no era lo que ella se había fijado en un principio como objetivo. Estaba intentando controlar el resultado de ese posible destino en vez de dejar que el campo cuántico organizara los acontecimientos. Le aconsejé que se olvidara del viaje a Italia y que pensara, sintiera, hablara y soñara «en italiano» hasta vivir plenamente la experiencia.

Varias semanas más tarde me volvió a llamar entusiasmada. Mientras estaba en la biblioteca charlando con su profesora de historia del arte, se habían puesto a conversar en italiano, las dos lo hablan con fluidez. Su profesora le dijo de pronto: «Por cierto, un colega al que conozco necesita alguien para enseñar italiano básico a varios estudiantes americanos que estudiarán este verano en Italia».

Por supuesto, la contrataron para el trabajo. Y lo mejor de todo es que además de pagarle por las clases de italiano (con todos los gastos cubiertos), pudo estar en seis ciudades de Italia durante seis semanas, se pasó la última semana en Florencia y volvió a casa la segunda mitad del verano. Había hecho realidad el trabajo de sus sueños y cada aspecto de su visión original.

No fue el caso típico de una joven buscando esta oportunidad con determinación, empeñada en encontrar un plan: navegando por Internet, persiguiendo a los profesores y todo lo demás. En lugar de seguir la causa y el efecto, mi hija cambió su estado del ser hasta el punto de *causar el efecto*. Estaba viviendo según la ley cuántica.

A medida que se conectaba electromagnéticamente con el destino deseado que existía en el cuanto, su cuerpo fue atraído hacia la situación futura. La experiencia la encontró a ella. El resultado fue imprevisible, llegó de la forma más inesperada, fue una sincronización, y sin duda procedía de los esfuerzos interiores de mi hija.

Piensa en ello un momento. ¿Qué oportunidades están esperando encontrarte? ¿Quién estás siendo en este momento... y en cualquier otro? ¿Tu estado del ser actual atraerá todo lo que deseas?

¿Puedes cambiar tu estado del ser? Y en cuanto habites una nueva mente, ¿puedes contemplar un nuevo destino? Encontrarás las respuestas en el resto del libro.

2

Ve más allá del entorno

A estas alturas confío en que empieces a aceptar la idea de que la mente subjetiva produce un efecto en el mundo objetivo. Incluso puede que estés dispuesto a aceptar que un observador puede afectar el mundo subatómico e influir en una situación colapsando un simple electrón de una onda de energía en una partícula. En este momento probablemente también creas que los experimentos científicos de la mecánica cuántica de los que he hablado, demuestran que la conciencia controla directamente el mundo infinitesimal de los átomos porque estos elementos están hechos sobre todo de conciencia y energía. Lo cual es la física cuántica en acción, ¿verdad?

Pero tal vez sigas dudando del concepto de que la mente produce efectos reales y perceptibles en tu vida. Quizá te preguntes: *¿Cómo puede mi mente influir en situaciones importantes para cambiar mi vida? ¿Cómo puedo yo colapsar electrones en un acontecimiento llamado la nueva experiencia futura que deseo vivir?* No me sorprendería si también dudaras de tu capacidad para crear experiencias reales en el más amplio mundo de la realidad.

Mi objetivo es que entiendas, y veas en la acción, la base científica que respalda que tus pensamientos crean tu realidad. Si tienes alguna duda, me gustaría que te plantearas la posibilidad de que tu modo de pensar afecta directamente tu vida.

Si tienes los mismos pensamientos y sentimientos, seguirás creando la misma realidad de siempre

Si puedes aceptar este paradigma como una posibilidad, por lógica tendrás que aceptar que lo siguiente es posible: para crear en tu mundo personal algo distinto de aquello a lo que estás acostumbrado, debes cambiar tu rutina diaria de pensar y sentir.

De lo contrario, si piensas y sientes siempre igual que el día anterior y el otro que lo precede, seguirás creando las mismas circunstancias en tu vida, y te generarán las mismas emociones de siempre, lo cual te condicionará a pensar «de acuerdo con» esas emociones.

Esta situación se parece a la típica imagen de un hámster dando vueltas en una rueda. Mientras piensas constantemente en tus problemas (a sabiendas o sin darte cuenta), sólo estás creando más dificultades de la misma clase. Tal vez *piensas* tanto en ellos porque fueron tus pensamientos los que los han creado. Quizá te *parecen* tan reales porque siempre te producen esos sentimientos tan conocidos que generaron tus problemas. Si insistes en pensar y sentir de acuerdo con las circunstancias de tu vida, estás consolidando esa *realidad* en concreto.

Por esta razón en los siguientes capítulos quiero que te centres en lo que necesitas comprender para cambiar.

Para cambiar, ve más allá del entorno, el cuerpo y el tiempo

La mayoría de la gente se centra en la vida en tres cosas: su entorno, su cuerpo y el tiempo. Además de centrarse en estos tres elementos, piensan de acuerdo con ellos. Pero para dejar el hábito de ser el mismo de siempre, debes pensar *mucho más allá* de las circunstancias de tu vida, trascender los sentimientos que has estado memorizando en tu cuerpo y vivir en una nueva línea del tiempo.

Si deseas cambiar, ten presente un yo idealizado, un modelo al que emular que sea distinto y mejor del «yo» que hoy existe en tu entorno, tu cuerpo y el tiempo. Todos los grandes personajes de la historia supieron hacerlo y en cuanto domines los conceptos y las técnicas que describo más adelante, tú también podrás alcanzar la grandeza en tu vida.

En este capítulo hablaré de cómo puedes ir más allá de tu entorno y en los dos capítulos siguientes describiré las bases para ir más allá de tu cuerpo y del tiempo.

Tus recuerdos moldean
tu mundo interior

Antes de hablar sobre cómo cambiar el hábito de ser el mismo de siempre, me gustaría que usaras el sentido común. ¿Cómo adquiriste el hábito de pensar y sentir de la misma manera una y otra vez?

Sólo puedo responder a esta pregunta hablando del cerebro, el punto de partida de nuestros pensamientos y sentimientos. Las teorías neurocientíficas actuales afirman que el cerebro está organizado para reflejar todo cuanto *conocemos* de nuestro entorno. Toda la información a la que hemos sido expuestos en nuestra vida, en forma de conocimientos y experiencias, está almacenada en las conexiones sinápticas del cerebro.

Nuestras relaciones con los *demás*, la variedad de *cosas* que poseemos y conocemos, los *lugares* visitados y en los que hemos vivido en distintos momentos de la vida y la infinidad de experiencias vividas a lo largo de los años han ido configurando la estructura de nuestro cerebro. Incluso la inmensa serie de acciones y conductas que hemos memorizado y realizado repetidamente a lo largo de la vida están grabadas en los intrincados pliegues de nuestra materia gris.

Todas las *experiencias* personales que hemos tenido con la *gente* y las *cosas* en distintos *lugares* y *momentos* se reflejan literalmente en las redes de *neuronas* (células nerviosas) del cerebro.

¿Cómo llamamos colectivamente a estos «recuerdos» de las experiencias que hemos tenido con las personas y las cosas en distintos lugares y momentos de nuestra vida? Nuestro *entorno exterior*. Para la mayoría de personas, nuestro cerebro equivale a nuestro entorno, es donde está almacenado nuestro pasado, el reflejo de la vida que hemos llevado.

Durante el estado de vigilia, mientras interactuamos rutinariamente con los diversos estímulos del mundo, nuestro entorno exterior activa diversos circuitos cerebrales. Debido a esta respuesta casi automática, empezamos a pensar (y reaccionar) de acuerdo con nuestro entorno. A medida que el entorno nos produce pensamientos, las redes neurales habituales activan esas experiencias del pasado almacenadas en el cerebro. Pensamos automáticamente de la misma manera de siempre debido a nuestros recuerdos del pasado.

Como tus pensamientos determinan tu realidad, si sigues teniendo los mismos pensamientos de siempre (que son producto y reflejo de tu entorno), seguirás creando la misma realidad día tras día. Tus pensamientos y sentimientos coinciden exactamente con tu vida exterior porque es tu realidad exterior —con todos sus problemas, condiciones y circunstancias— la que está influyendo en cómo piensas y te sientes en tu realidad interior.

Tus recuerdos habituales te «recuerdan» que vuelvas a reproducir las mismas experiencias de siempre

Cada día, mientras ves a las mismas personas (tu jefe, por ejemplo, y tu pareja y tus hijos), haces lo mismo de siempre (vas en coche a trabajar, realizas las tareas diarias y la actividad física usual), vas a los mismos lugares (tu cafetería preferida, el supermercado que frecuentas y tu lugar de trabajo) y contemplas los mismos objetos (tu coche, tu casa, tu cepillo de dientes, incluso tu propio cuerpo), tus recuerdos habituales relativos al mundo que conoces te «recuerdan» que vuelvas a reproducir las mismas experiencias.

Podría decirse que es el entorno el que nos controla la mente. Como la definición neurocientífica de *mente* es el cerebro en acción, reproduces repetidamente el mismo nivel de mente al «recordarte» a ti mismo quién crees ser con relación al mundo exterior. Lo que te rodea define tu identidad, porque te identificas con todos los elementos de los que se compone tu mundo exterior. Y como observas la realidad con una mente igual a ello, colapsas las ondas de posibilidades infinitas del campo cuántico en eventos que reflejan la mente que usas para experimentar tu vida. Creas más de lo mismo.

Tal vez pienses que tu entorno y tus pensamientos no se parecen tanto como afirmo y que no estás reproduciendo la misma realidad de siempre. Pero si consideras que en tu cerebro está almacenado todo tu pasado y que tu mente es producto de tu conciencia, en cierto sentido *siempre estás pensando en el pasado*. Al responder con la misma configuración cerebral que coincide con lo que recuerdas, estás creando un nivel de mente idéntico al del pasado, porque tu cerebro está activando automáticamente los circuitos existentes para reflejar todo lo conocido y experimentado y que, por lo tanto, puedes prever. Según la ley cuántica (que por cierto sigue actuando en ti), tu pasado se está convirtiendo ahora en tu futuro.

Reflexiona sobre ello: cuando piensas basándote en tus recuerdos del pasado, solamente puedes crear experiencias pasadas. Como todo lo que «conoces» en tu vida hace que tu cerebro piense y sienta de la misma manera de siempre, creando los resultados acostumbrados, sigues reafirmando tu vida tal como la conoces. Y como tu cerebro es igual que tu entorno, cada mañana tus sentidos te conectan a la misma realidad e inician el mismo flujo de conciencia.

Toda la información sensorial que tu cerebro procesa del mundo exterior (procedente de la vista, el olfato, el oído, las sensaciones y el sabor) hace que tu cerebro piense de acuerdo con tu realidad cotidiana. Abres los ojos y sabes que la persona que duerme a tu lado es tu pareja por las experiencias que habéis vivido. Oyes unos ladridos en tu casa y sabes que es tu perro pidiéndote que lo saques a pasear. Te duele la espalda y recuerdas que es el mismo dolor que sentiste ayer. Asocias el mundo exterior que conoces con quien crees ser, al recordarte a ti mismo en esta dimensión, en este tiempo y lugar en concreto.

Tus rutinas: conectando con tu yo pasado

¿Qué es lo que la mayoría de las personas hacemos cada mañana después de haber conectado con nuestra realidad a través de los recuerdos sensoriales de quién somos, dónde estamos, etc.? Pues nos mantenemos conectados a este yo pasado siguiendo una rutina constante, actuando automáticamente.

Por ejemplo, seguramente te despiertas acostado sobre el mismo lado de la cama de siempre, te pones el albornoz del modo acostumbrado, te miras en el espejo para recordar quién eres y te duchas siguiendo una rutina automática. Después te arreglas para lucir el aspecto que todo el mundo espera de ti y te cepillas los dientes de la forma acostumbrada. Te tomas el café en tu taza favorita y comes los cereales de siempre para desayunar. Te pones la chaqueta que siempre llevas y te la abrochas sin darte cuenta.

Después, siguiendo tu rutina habitual, conduces de manera automática. Al llegar a tu lugar de trabajo, haces lo mismo de siempre que tan bien has memorizado. Ves a las mismas personas, que te desencadenan las mismas reacciones emocionales, lo cual te hace tener los mismos pensamientos de siempre sobre estas personas, tu trabajo y tu vida.

Más tarde, te apresuras a volver a casa para tener tiempo de cenar, ver tu programa favorito en la tele y acostarte para seguir al día siguiente la misma rutina. ¿Ha cambiado tu cerebro a lo largo del día?

¿Por qué esperas en el fondo que te ocurra algo distinto en la vida si cada día tienes los mismos pensamientos, actúas de la misma manera y sientes las mismas emociones? ¿Acaso no es esto la definición de insensatez? Todos hemos caído en alguna época u otra en este limitado estilo de vida. Pero ahora entiendes por qué te ha sucedido.

En el ejemplo anterior, se puede decir que estás reproduciendo el mismo nivel de mente, cada día. Y si el mundo cuántico demuestra que el entorno es una prolongación de tu mente (y que mente y materia son lo mismo), en este caso mientras tu mente siga siendo la misma de siempre, tu vida tampoco cambiará.

Si tu entorno continúa siendo el de siempre y reaccionas pensando de la misma manera, según el modelo cuántico de la realidad, seguirás creando lo mismo. Piensa en ello: como la información que recibes sigue siendo la misma, el resultado es el mismo. Por esta razón no puedes crear algo *nuevo.*

Configurado para los tiempos difíciles

Hay otra posible consecuencia que debo mencionar si persistes en activar las mismas estructuras neurales al llevar cada día la misma vida de siempre. Cada vez que respondes a la realidad que conoces volviendo a crear la misma mente (es decir, activando las mismas células nerviosas para que el cerebro funcione del mismo modo de siempre), haces que la «configuración» de tu cerebro coincida con las condiciones habituales de tu realidad personal, sean buenas o malas.

En neurociencia existe un principio llamado *ley de Hebb.* Afirma básicamente que «las células nerviosas que se activan juntas se conectan juntas». La regla de Hebb demuestra que si activas repetidamente las mismas células nerviosas, cada vez que se activen les resultará más fácil hacerlo al unísono de nuevo. Y estas neuronas acaban desarrollando una relación duradera.[1]

Cuando uso la palabra *configurado,* me refiero a que las agrupaciones de neuronas se han activado tantas veces de la misma manera que se han organizado en determinadas estructuras unidas por conexiones duraderas. Cuanto más se activan estas redes de neuronas, más se conectan en rutas estáticas de actividad. Con el paso del tiempo, sea cual sea el pensamiento, la conducta o el sentimiento que se repita, se volverá automático, un hábito inconsciente. Cuando el entorno influye en tu mente hasta este punto, *tu hábitat se convierte en tu hábito.*

Si sigues teniendo los mismos pensamientos, haciendo lo mismo de siempre y sintiendo las mismas emociones, tu cerebro se configura con una estructura limitada que es un fiel reflejo de tu realidad limitada. Por eso te resultará más fácil y natural reproducir la misma mente a cada momento.

Este inocente ciclo de respuesta hace que tu cerebro, y después tu mente, consoliden incluso aún más la realidad de tu mundo exterior. Cuanto más activas los mismos circuitos al reaccionar a tu vida exterior, más se parece la configuración de tu cerebro a tu mundo personal. Hablando en términos neuroquímicos, te apegas a las condiciones de tu vida. Y con el paso del tiempo, empiezas a pensar «de la misma forma de siempre», porque tu cerebro activa una serie limitada de circuitos que crean una huella mental en concreto. A esta huella se le llama tu *personalidad*.

Cómo adquieres el hábito de ser el mismo de siempre

Debido a esta habituación neural, las dos realidades, la de la mente interior y la del mundo exterior, parecen volverse casi inseparables. Por ejemplo, si no dejas de pensar en tus problemas, tu mente y tu vida se fusionan. Coloreas el mundo objetivo con las percepciones de tu mente subjetiva y estás moldeando siempre la realidad. Te pierdes en la ilusión de un sueño.

Esta situación se podría llamar rutina y todos caemos en ella, pero no sólo son tus acciones las que se vuelven repetitivas, sino también tus actitudes y tus sentimientos. En cierto modo, has adquirido el hábito de ser el mismo de siempre, eres esclavo de tu entorno. Tu forma de pensar va a la par con las condiciones de tu vida, y, por lo tanto, como observador cuántico, estás creando una mente que solamente refuerza estas circunstancias en tu realidad. Todo cuanto estás haciendo es reaccionar a tu mundo exterior, conocido y que no cambia.

Te has convertido literalmente en el efecto de las circunstancias exteriores de tu vida. Has dejado de controlar tu destino. A diferencia del personaje encarnado por Bill Murray en *Atrapado en el tiempo,* no luchas ni siquiera contra la monotonía en la que tú y tu vida habéis caído. Y lo peor de todo es que no eres la víctima de una fuerza misteriosa e invisible que te ha metido en ese bucle repetitivo, sino que eres tú quien lo ha creado.

esa espiral

La buena noticia es que como tú lo has creado también puedes decidir salir de él.

El modelo cuántico de la realidad nos dice que para cambiar nuestra vida debemos cambiar nuestra forma de pensar, actuar y sentir. Debes cambiar tu estado del ser. Como nuestros pensamientos, sentimientos y conducta son, en esencia, nuestra personalidad, es *ésta* la que crea nuestra *realidad personal*. Así que para crear una nueva realidad personal, una nueva vida, debemos crear una nueva personalidad, convertirnos en otra persona.

Para poder cambiar, debes pensar y actuar más allá de tus circunstancias presentes, más allá de tu entorno.

La grandeza es aferrarte a un sueño, al margen de tu entorno

Antes de empezar a examinar cómo puedes pensar más allá de tu entorno y dejar el hábito de ser el mismo de siempre, quiero recordarte algo.

Es posible pensar trascendiendo tu realidad presente, y los libros de historia están llenos de nombres de personas que lo han hecho, de hombres y mujeres como Martin Luther King, Jr., William Wallace, Marie Curie, Mahatma Gandhi, Thomas Edison y Juana de Arco. Cada uno de ellos abrigaba en su mente una realidad futura que existía como posibilidad en el campo cuántico. Esta visión estaba viva en un mundo interior de posibilidades más allá de los sentidos, y con el paso del tiempo todos hicieron realidad sus ideas.

Todos tienen en común que atesoraban un sueño, una visión o un objetivo mucho mayor que ellos. Todos creían en un destino que era tan real en su mente que empezaron a vivir como si este sueño ya estuviera sucediendo. No podían verlo, oírlo, saborearlo, olerlo ni sentirlo, pero estaban tan poseídos por él que actuaron de acuerdo con esta posible realidad del futuro. Es decir, actuaron como si su visión interior fuera ya una realidad.

Por ejemplo, el régimen colonial al que estaba sometida la India a principios del siglo xx era desmoralizador para los hindúes. A pesar de ello, Gandhi creía en una realidad que aún no estaba presente en la vida de su pueblo. Fomentó con entusiasmo los conceptos de igualdad, libertad y no violencia con una férrea convicción.

Si bien Gandhi propugnaba la libertad para todos, la realidad era muy distinta, ya que existía la tiranía del control británico. En aquellos tiempos las creencias imperantes iban en contra de las esperanzas y las aspiraciones gandhianas. Pero aunque la experiencia de la libertad no fuera una realidad cuando Gandhi empezó a intentar cambiar la India, no dejó que las adversidades del exterior le hicieran renunciar a su ideal.

Durante mucho tiempo las respuestas del mundo exterior no le demostraron que estuviera influyendo en el mundo. Pero raras veces dejó que las condiciones de su entorno controlaran su forma de ser. Creía en un futuro que, aunque no pudiera ver o sentir aún con los sentidos, estaba tan vivo en su mente que no podía vivir de otro modo. Aceptó una nueva vida futura mientras vivía físicamente la que entonces era su vida presente. Sabía que su forma de pensar, actuar y sentir cambiaría las condiciones actuales de su entorno. Y al final la realidad empezó a cambiar gracias a sus esfuerzos.

Cuando nuestra conducta coincide con nuestras intenciones, cuando nuestras acciones están de acuerdo con nuestros pensamientos, cuando la mente y el cuerpo actúan juntos, cuando nuestras palabras son coherentes con nuestras acciones, detrás de nosotros hay un poder inmenso.

Las grandes figuras de la historia:
Por qué sus sueños eran «absurdos y poco realistas»

Los personajes más grandes de la historia se comprometieron de forma inquebrantable a lograr un destino futuro sin necesitar ver una respuesta inmediata del entorno. No les importaba que no hubiesen recibido ninguna señal sensorial o prueba física del cambio que deseaban. Se recordaban a diario la realidad en la que se habían concentrado. Sus mentes estaban más allá de su entorno presente porque éste ya no controlaría más sus pensamientos. Vivían adelantados a su tiempo.

Otro elemento fundamental que compartían estas personas famosas era que en su mente tenían muy claro lo que querían que sucediera. (Recuerda que debes dejar que la mente superior se ocupe del *cómo* ocurrirá, y ellos por lo visto ya lo sabían.)

Algunas personas de su época debieron tacharles de poco realistas. De hecho, lo *eran* totalmente, al igual que sus sueños. El acontecimiento que deseaban con sus pensamientos, acciones y emociones no era realista, porque esta realidad aún no había ocurrido. Los ignorantes y los cínicos también debieron afirmar que su visión era absurda y aquellos negativistas tenían razón: la visión de una realidad futura era «absurda» porque existía en una realidad más allá de los sentidos.

Otro ejemplo es Juana de Arco, a quien tachaban de imprudente, incluso de loca. Sus ideas iban en contra de las ideas de su tiempo y suponían una amenaza para el sistema político. Pero en cuanto su visión se hizo realidad, la consideraron una mujer de lo más virtuosa.

La grandeza consiste en aferrarte a un sueño, independientemente del entorno donde vivas. Más adelante veremos que trascender el entorno está íntimamente ligado a trascender el cuerpo y el tiempo. En el caso de Gandhi, no se dejó influir por lo que estaba acaeciendo en el mundo exterior (entorno), no le preocupaba el cómo se sentía o lo que pudiera sucederle (cuerpo), ni cuánto tardaría en alcanzar su sueño de libertad (tiempo). Simplemente sabía que tarde o temprano todos estos elementos cederían a sus intenciones.

¿Es posible que las ideas de todas estas grandes figuras de la historia estuvieran desarrollándose en el laboratorio de su mente hasta tal punto que para su cerebro era como si la vivencia ya hubiera ocurrido? ¿Puedes tú también cambiar quién eres solamente con tus pensamientos?

El repaso mental:
cómo los pensamientos se convierten
en la experiencia

La neurociencia ha demostrado que cambiamos nuestro cerebro —y por lo tanto de conductas, actitudes y creencias— al pensar de distinta manera (es decir, sin que cambie nada de nuestro entorno). Por medio del repaso *mental* (imaginar repetidamente que realizamos una acción), los circuitos del cerebro se reorganizan para reflejar nuestros objetivos. Podemos hacer que nuestros pensamientos sean tan reales que el cerebro cambia como si la situación ya fuera una realidad física. Tú también puedes cambiarlo para adelantarte a cualquier experiencia del mundo exterior.

Por ejemplo, en *Desarrolla tu cerebro* yo hablaba de cómo los participantes de un estudio que ensayaron *mentalmente* ejercicios de una sola mano en el piano durante dos horas diarias a lo largo de cinco días (sin tocar nunca físicamente el teclado del piano) experimentaron casi los mismos cambios en el cerebro que los que ejecutaron los mismos movimientos con los dedos en el teclado del piano durante el mismo espacio de tiempo.[2] Las imágenes del cerebro revelaron que todos los participantes activaron y aumentaron los grupos de neuronas en la misma región cerebral. En el cerebro de los sujetos que practicaron mentalmente las escalas y los acordes se formó casi la misma cantidad de circuitos neurales que en el de los que los practicaron físicamente en el piano.

Este estudio demuestra dos puntos importantes. Nuestro cerebro, además de cambiar al pensar de distinta forma, cuando nos concentramos y volcamos en algo, no distingue el mundo interior mental de lo vivido en el mundo exterior. Aquello que pensamos se convierte en nuestra experiencia.

Esta idea es esencial para triunfar o fracasar en tus intentos de reemplazar algunos viejos hábitos (eliminar viejas conexiones neurales) con otros nuevos (generar nuevas redes neurales). Veamos con más detenimiento cómo las personas que practicaron mentalmente los ejercicios musicales los aprendieron sin tocar una sola tecla del piano.

Tanto si adquirimos una habilidad física como una mental, todos empleamos cuatro procedimientos para cambiar nuestro cerebro: adquirir los conocimientos necesarios, recibir las instrucciones prácticas, prestar atención y la repetición.

El *aprendizaje* consiste en crear conexiones sinápticas. Las *instrucciones* ayudan al cuerpo a adquirir una nueva experiencia que enriquece al cerebro. Cuando además *prestamos atención* y *repetimos* la nueva habilidad adquirida una y otra vez, nuestro cerebro cambia.

Las personas que tocaron físicamente las escalas y los acordes en el piano experimentaron un aumento de nuevos circuitos neurales en el cerebro porque siguieron esta fórmula.

Los participantes que repitieron mentalmente los ejercicios también la siguieron, con la diferencia de que no los realizaron físicamente. Pero en su mente visualizaron sin ningún problema que tocaban el piano.

Recuerda que después de que estos sujetos repasaran mentalmente los ejercicios de forma repetida, su cerebro mostró los mismos cambios neurológicos que los registrados en los de los participantes que tocaron el piano. Se les formaron nuevas redes de neuronas (redes neurales), lo cual demostró que habían practicado las escalas y los acordes sin tener esa experiencia física. Se podría decir que su cerebro «existía en el futuro» adelantándose a la situación física de tocar el piano.

Debido a nuestro desarrollado lóbulo frontal y a la capacidad exclusivamente humana de hacer que nuestros pensamientos sean más reales que ninguna otra cosa, el cerebro anterior es capaz de «bajar el volumen» del entorno exterior para procesar con determinación un único pensamiento. Esta clase de procesamiento interior nos permite involucrarnos tanto en nuestras imágenes mentales que el cerebro modifica sus redes neurales sin haber vivido la situación en la vida real. Cuando somos capaces de cambiar nuestra mente al margen del entorno y mantenemos tenazmente un ideal con sostenida concentración, el cerebro se *adelanta* al mundo físico.

Eso es el repaso mental, una herramienta importante para cambiar el hábito de ser el mismo de siempre. Si pensamos repetidamente en algo excluyendo todo lo demás, llega un momento en que el pensamiento se convierte en la experiencia. Y cuando esto ocurre, la configuración neuronal se renueva para reflejar el pensamiento como la propia experiencia. Es el momento en que nuestros pensamientos nos cambian el cerebro y, por lo tanto, la mente.

Entender que el cambio neurológico se puede dar sin necesidad de interactuar físicamente con el entorno es básico para cambiar el hábito de ser el mismo de siempre. Considera las implicaciones más amplias del experimento de los ejercicios musicales realizados con los dedos. Si aplicamos el mismo proceso de la repetición mental a cualquier cosa que queramos hacer, podemos cambiar nuestro cerebro antes de que ocurra la experiencia deseada en el mundo físico.

Si puedes influir en tu cerebro para que cambie *antes* de vivir la situación deseada, crearás en él los circuitos neurales necesarios y éstos te permitirán actuar de acuerdo con tu deseo antes de que se materialice en tu vida. Al practicar mentalmente repetidas veces una forma mejor de pensar, obrar o ser, «instalarás» la configuración neuronal adecuada para prepararte fisiológicamente para la nueva situación deseada.

Pero esto no es todo. La configuración del cerebro, según la analogía empleada en este libro, se refiere a sus estructuras físicas, su anatomía e incluso a sus neuronas. Si sigues instalando, reforzando y mejorando la configuración neurológica del cerebro, esta repetición acaba creando una red neuronal: un nuevo programa informático. Y este programa (por ejemplo, una conducta, una actitud o un estado emocional), al igual que el *software* de un ordenador, funciona de manera automática.

Has cultivado el cerebro para prepararte para la nueva experiencia que deseas en la vida y tu mente ya dispone de todo cuanto necesita para afrontar este reto. Cuando la mente cambia, el cerebro cambia, y cuando el cerebro cambia, la mente cambia.

Y cuando llegue el momento de demostrar una visión que va en contra de las condiciones del mundo exterior, seguramente ya estarás preparado para pensar y actuar con una convicción inquebrantable, a toda prueba. Cuanto con más claridad visualices en tu mente cómo deseas actuar en el futuro, más fácil te resultará dejar de ser el mismo de siempre.

¿Crees en un futuro que no puedes ver o sentir aún con los sentidos y, sin embargo, has pensado lo bastante en él de forma que tu cerebro cambie como si la experiencia ya hubiera ocurrido, adelantándose al evento físico en tu entorno exterior? Si es así, tu cerebro ya no es un registro del pasado, sino que se ha convertido en un mapa del futuro.

Sabiendo ahora que puedes cambiar tu cerebro al pensar de otra forma, ¿crees que puedes cambiar tu cuerpo para que «parezca» que ha vivido también la experiencia adelantándose a la situación real deseada? ¿Es tu mente tan poderosa? Sigue leyendo.

3

Ve más allá del cuerpo

Cuando piensas, tus pensamientos no caen en el vacío. Cada vez que tienes un pensamiento se da una reacción bioquímica en el cerebro, generas sustancias químicas. Y como verás más adelante, el cerebro le envía al cuerpo unas señales químicas que actúan a modo de mensajeras de los pensamientos. Cuando el cuerpo recibe estos mensajes químicos del cerebro, responde al instante activando una serie de reacciones que coinciden con lo que el cerebro está pensando. Acto seguido el cuerpo le envía al cerebro un mensaje confirmándole que ahora se *siente* exactamente como el cerebro está *pensando*.

Para entender este proceso —cómo piensas de acuerdo con tu cuerpo y cómo puedes cambiar tu mente—, debes ver en primer lugar el papel que el cerebro y la química del mismo tienen en tu vida. En las últimas décadas se ha descubierto que el cerebro y el resto del cuerpo interactúan mediante potentes señales electroquímicas. Entre nuestros oídos existe una gran fábrica química que se ocupa de una infinidad de funciones fisiológicas. Pero no te preocupes, solamente hablaré de las bases de la química cerebral y de unos pocos términos, que es todo cuanto necesitas saber.

Todas las células tienen en su superficie receptores que captan la información procedente del exterior de sus límites. Cuando las sustancias químicas, la frecuencia y la carga eléctrica entre un punto receptor y una señal recibida del exterior concuerdan, la célula «se activa» para realizar determinadas tareas.

ACTIVIDADES CELULARES

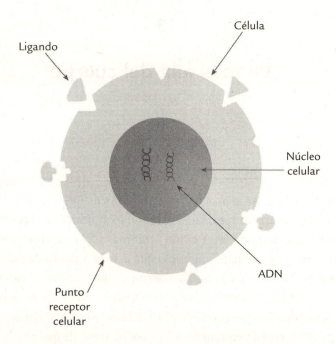

Figura 3A. Célula con receptores que reciben
una información vital del exterior. La señal puede
influir en la célula para que realice una gran
cantidad de funciones biológicas.

Los *neurotransmisores*, los *neuropéptidos* y las *hormonas* son las sustancias químicas de la «causa y efecto» para la actividad cerebral y el funcionamiento del cuerpo. Estas tres clases distintas de sustancias químicas, llamadas *ligandos* (la palabra *ligare* significa «unir» en latín), conectan a las células, las hacen interactuar entre sí o influyen en ellas en cuestión de milisegundos.

• Los **neurotransmisores** son mensajeros químicos que envían señales entre las células nerviosas para que el cerebro y el sistema nervioso se puedan comunicar. Existen distintas clases de neu-

rotransmisores y cada uno se ocupa de una actividad en particular. Algunos estimulan el cerebro, otros lo calman y otros nos
hacen dormir o despertar. Le pueden pedir a una neurona que se
desligue de su conexión o que la fortalezca. Incluso pueden cambiar el mensaje enviado a una neurona, reescribiéndolo para
transmitir otro distinto a todas las células nerviosas conectadas.

- Los **neuropéptidos**, la segunda clase de ligandos, son los componentes de la mayoría de estos mensajeros. La mayor parte se
produce en una estructura del cerebro llamada hipotálamo (los
últimos estudios revelan que el sistema inmunitario también
los crea). Estas sustancias químicas se transmiten a través de la
glándula pituitaria y luego son liberadas en el cuerpo como mensajeros químicos con unas instrucciones en concreto.

- Mientras los neuropéptidos viajan por el torrente sanguíneo, se
adhieren a las células de distintos tejidos (principalmente las
glándulas) y después se transforman en la tercera clase de ligandos, las **hormonas**, que nos influyen para que nos sintamos de
una forma en particular. Los neuropéptidos y las hormonas son
las sustancias químicas responsables de nuestros sentimientos.

Para el propósito que nos ocupa, considera los neurotransmisores
como mensajeros químicos procedentes sobre todo del cerebro y de la
mente, los neuropéptidos como señaladores químicos que tienden un
puente entre el cerebro y el cuerpo para hacernos sentir de acorde a
nuestros pensamientos, y las hormonas como sustancias químicas relacionadas con los sentimientos en el cuerpo.

Por ejemplo, cuando tienes una fantasía sexual, entran en juego
estos tres factores. Primero, mientras empiezas a tener varios pensamientos, tu cerebro moviliza unos neurotransmisores que activan una
red neuronal, y ésta a su vez crea imágenes en tu mente. Estas sustancias químicas estimulan la liberación en el torrente sanguíneo de unos
neuropéptidos en concreto. En cuanto llegan a las glándulas sexuales,
estos péptidos se adhieren a las células de estos tejidos, activan el sistema hormonal y —¡sorpresa!— empieza a suceder lo que tú ya sabes.

RESUMEN del PAPEL de los
LIGANDOS en el CEREBRO y el CUERPO

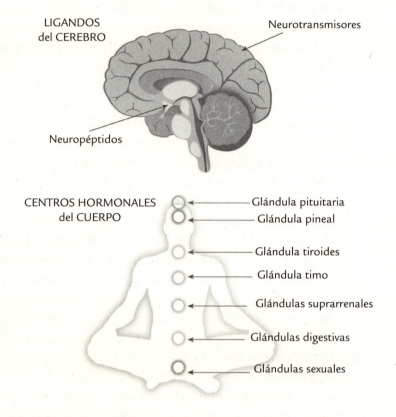

Figura 3B. Los neurotransmisores son diversos mensajeros químicos entre las neuronas. Los neuropéptidos son mensajeros químicos que indican a las distintas glándulas del cuerpo que produzcan hormonas.

Has hecho que tu fantasía fuera tan real en tu mente que tu cuerpo comienza a prepararse para una experiencia sexual (adelantándose al acontecimiento). Como puedes ver, la relación entre mente y cuerpo es poderosísima.

De igual modo, si piensas que tienes que pedirle explicaciones a tu hijo adolescente por la abolladura que has descubierto en el coche, los neurotransmisores iniciarán en tu cerebro un proceso mental que te producirá un estado mental particular. Los neuropéptidos le enviarán químicamente al cuerpo una señal en concreto y empezarás a sentirte algo irritado. Cuando los péptidos lleguen a las glándulas suprarrenales, les harán liberar adrenalina y cortisol, dos clases de hormonas, y ahora sí que te sentirás enojado de verdad. Químicamente, tu cuerpo está listo para la batalla.

El bucle de los pensamientos y sentimientos

Cuando tienes distintos pensamientos, los circuitos del cerebro se activan en sus correspondientes secuencias, estructuras y combinaciones, que a su vez producen estados mentales afines a estos pensamientos. En cuanto se activan estas redes de neuronas en particular, el cerebro produce sustancias químicas con una huella que coincide con estos pensamientos para que te sientas de forma parecida a lo que estás pensando.

Por lo tanto, cuando tienes pensamientos positivos de agradecimiento, amor o alegría, produces sustancias químicas que te hacen sentir de maravilla, lleno de amor o alegría. Lo mismo sucede con los pensamientos negativos, temerosos o impacientes. En cuestión de segundos empiezas a sentirte negativo, preocupado o impaciente.

Entre el cerebro y el cuerpo se da una sincronicidad a cada momento. En realidad, cuando nos empezamos a sentir de acuerdo con lo que pensamos —porque el cerebro mantiene una comunicación constante con el cuerpo—, comenzamos a pensar de acuerdo con lo que sentimos. El cerebro está controlando continuamente cómo se siente el cuerpo. Basándose en la respuesta química que recibe, genera más pensamientos que producen las correspondientes sustancias químicas que coinciden con el modo en que el cuerpo se siente, para que primero empecemos a *sentirnos* de acuerdo con lo que *pensamos* y luego a *pensar* de acuerdo con lo que *sentimos*.

A lo largo del libro hablaré más a fondo de esta idea, pero por el momento considera que los pensamientos están relacionados sobre todo

CICLO de PENSAMIENTOS
y SENTIMIENTOS

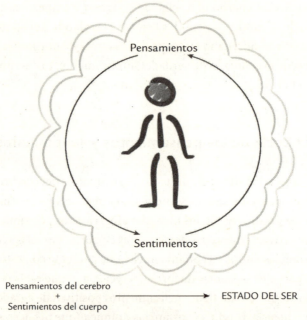

Pensamientos del cerebro
+
Sentimientos del cuerpo ———————→ ESTADO DEL SER

Figura 3C. Relación neuroquímica entre el cerebro
y el cuerpo. Cuando tienes pensamientos,
el cerebro produce sustancias químicas que te hacen sentir
exactamente como lo que estás pensando. En cuanto te
sientes de acuerdo con lo que piensas, empiezas a pensar
de acuerdo con lo que sientes. Este continuo ciclo crea
un círculo de reacciones llamado «estado del ser».

con la mente (y el cerebro), y los sentimientos con el cuerpo. Cuando
los sentimientos del *cuerpo* coinciden con los pensamientos de un estado *mental* en concreto, mente y cuerpo actúan como una unidad.
Y como recordarás, cuando funcionan al unísono, lo que crean es un
«estado del ser». Se podría decir que el proceso de estar continuamente pensando y sintiendo, y sintiendo y pensando crea un estado del ser
que a su vez produce efectos en nuestra realidad.

Un estado del ser significa que nos hemos acostumbrado a un estado mental-emocional, a un modo de pensar y de sentir, que se ha convertido en una parte de nuestra identidad. Describimos quién somos basándonos en cómo pensamos (y sentimos) o existimos en el momento presente. *Estoy enojado; estoy sufriendo; estoy inspirado; soy un inseguro; soy negativo...*

Pero pensar y sentir igual que siempre durante años, y pensar de acuerdo con esos sentimientos (el hámster en la rueda), crea un estado *memorizado* del ser en el que afirmamos tajantemente, como si ya no pudiéramos cambiar: *Yo soy*. Significa que ahora ya nos *definimos como este estado del ser*. Nuestros pensamientos y sentimientos se han fusionado.

Por ejemplo, decimos: *siempre he sido un vago; soy una persona ansiosa; soy un inseguro; tengo una baja autoestima; soy irascible e impaciente; no soy demasiado listo*, etc. Y estos sentimientos memorizados consolidan nuestros rasgos de personalidad.

Advertencia: cuando los sentimientos se convierten en nuestra forma de pensar, o si no podemos superar el modo en que nos sentimos, nunca cambiamos. *Cambiar es pensar más allá de cómo nos sentimos.* Cambiar es actuar trascendiendo los sentimientos usuales que hemos memorizado.

Como ejemplo práctico, pongamos que, mientras vas en coche por la mañana al trabajo, te pones a pensar en el encontronazo que tuviste hace unos días con un compañero de trabajo. Mientras piensas en esta persona y en la desagradable experiencia, tu cerebro libera unas sustancias químicas que se ponen a circular por el cuerpo. Enseguida empiezas a sentirte de acuerdo con lo que estás pensando. Seguramente te enojarás.

El cuerpo le envía entonces un mensaje al cerebro, diciéndole: *Ajá, me estoy mosqueando*. El cerebro, que se está comunicando continuamente con el cuerpo y controla las órdenes químicas interiores que recibe de éste, es influido por este cambio emocional repentino. Y empiezas a pensar de otro modo. (En cuanto comienzas a *sentirte* de acuerdo con lo que *piensas, piensas* de acuerdo con lo que *sientes*.) De manera inconsciente, refuerzas el mismo sentimiento de siempre al seguir teniendo pensamientos de enojo y frustración. Ahora tus sentimientos controlan tus pensamientos. Tu cuerpo dirige tu mente.

Mientras el ciclo continúa, tus pensamientos de enojo producen más señales químicas en el cuerpo que a su vez activan las sustancias químicas de las glándulas suprarrenales vinculadas a los sentimientos de enojo. Ahora te sientes encolerizado y agresivo. La tez se te enrojece, se te hace un nudo en el estómago, la cabeza te martillea y los músculos se te tensan. Estos fuertes sentimientos te inundan el cuerpo y cambian su fisiología, y este cóctel de sustancias químicas activa una serie de circuitos en el cerebro, haciéndote pensar de acuerdo con estas emociones.

Ahora en tu fuero interno le cantas las cuarenta a tu compañero de trabajo. Indignado, le sueltas una letanía de situaciones anteriores que son la razón de tu enojo, y estrujándote los sesos redactas mentalmente un correo electrónico a tu jefe con todas las quejas que siempre le quisiste soltar. En tu mente ya se lo has enviado incluso antes de llegar al trabajo. Bajas del coche aturdido y furioso, casi con ganas de matar a alguien. Saludas a los demás caminando y hablando como una persona enfurecida..., y todo por un simple pensamiento que has tenido. En este momento te parece imposible superar lo que sientes, por eso te cuesta tanto cambiar.

El resultado de esta comunicación cíclica entre el cerebro y el cuerpo es que sueles reaccionar de manera previsible en esta clase de situaciones. Los mismos pensamientos y sentimientos de siempre crean unas determinadas pautas mentales y emocionales, te comportas de manera automática sin darte cuenta al haber caído en esta rutina. Así es como funciona tu «yo» químico.

¿Es la mente la que controla el cuerpo? ¿O es el cuerpo el que controla la mente?

¿Por qué nos cuesta tanto cambiar?

Imagínate que a tu madre le encantase sufrir y después de una larga observación, inconscientemente supieras que esta forma de compor-

tarse le hubiera permitido salirse siempre con la suya. Pongamos también que en la vida hayas tenido algunas experiencias muy duras que te
han hecho sufrir. Estos recuerdos siguen provocándote una reacción
emocional relacionada con una persona en concreto de un lugar y una
época de tu vida. Has estado pensando en el pasado lo suficiente y estos
recuerdos afloran a tu mente incluso de manera automática. Imagínate ahora que durante más de veinte años has estado pensando y sintiendo, sintiendo y pensando en el sufrimiento.

Ahora, para sufrir, ya no necesitas pensar en el episodio del pasado.
Te resulta imposible pensar o actuar de distinta manera a lo que siempre
estás sintiendo. Has acabado memorizando el sufrimiento con tus pensamientos y sentimientos recurrentes: el relacionado con aquel episodio
y con otros de tu vida. Tus pensamientos sobre ti y tu vida están condicionados por los sentimientos de victimización y autocompasión. Los
mismos pensamientos y sentimientos que has estado teniendo durante
más de veinte años han hecho que tu cuerpo recuerde la sensación de sufrimiento sin darte cuenta. Ahora esto te parece de lo más natural y normal. Es quien eres. Y siempre que intentas cambiar algo de ti, es como
si volvieras al punto de partida. Vuelves a ser el mismo de siempre.

Lo que la mayoría de la gente no sabe es que al pensar en una experiencia con una fuerte carga emocional se activan en el cerebro las mismas secuencias y estructuras del pasado. Y al activarse, las redes neurales de esos circuitos se consolidan cada vez más. También se duplican
las mismas sustancias químicas liberadas en el cerebro y el cuerpo (en
diversos grados), como si en ese momento estuvieran viviendo de nuevo aquella experiencia del pasado. Estas sustancias químicas hacen que
el cuerpo memorice aún más la emoción. Tanto los resultados químicos de pensar y sentir, y sentir y pensar, como las neuronas activándose
y conectándose juntas hacen que la mente y el cuerpo activen una serie
limitada de programas automáticos.

Los seres humanos somos capaces de revivir un episodio del pasado
una y otra vez, tal vez millares de veces en la vida. Esta repetición inconsciente es la que habitúa al cuerpo a recordar ese estado emocional igual o mejor de lo que lo recuerda la mente consciente. Cuando

el cuerpo lo recuerda mejor que la mente consciente, es decir, cuando el cuerpo *es* la mente, se le llama *hábito*.

Los psicólogos afirman que a los 35 años nuestra identidad o personalidad está completamente formada. Significa que los que superamos esa edad hemos memorizado una serie de conductas, actitudes, creencias, reacciones emocionales, hábitos, habilidades, recuerdos asociativos, respuestas condicionadas y percepciones que ahora llevamos dentro programadas sin que nos demos cuenta. Estos programas nos dirigen, porque el cuerpo se ha convertido en la mente.

Significa que seguiremos pensando, sintiendo y reaccionando de la misma manera de siempre, comportándonos del mismo modo, creyendo los mismos dogmas y percibiendo la realidad de la misma forma. El 95 por ciento de quien somos al cumplir los 40[1] es una serie de programas subconscientes que se han vuelto automáticos, como por ejemplo conducir un coche, cepillarnos los dientes, reaccionar de forma exagerada cuando estamos estresados, preocuparnos por el futuro, juzgar a los amigos, quejarnos de nuestra vida, culpar a nuestros padres, no creer en nosotros mismos y seguir insistiendo en nuestra infelicidad crónica, por nombrar unos pocos.

Somos conscientes sólo en apariencia

Dado que el cuerpo se convierte en la mente *subconsciente*, es fácil ver que en las situaciones en que el cuerpo se convierte en la mente, la mente *consciente* ya no es la que dirige nuestra conducta. En cuanto tenemos un pensamiento, un sentimiento o una reacción, el cuerpo funciona con el piloto automático. Obramos de manera inconsciente.

Pongamos, por ejemplo, que una madre lleva en coche a sus hijos a la escuela. ¿Cómo es posible que pueda conducir sorteando el tráfico, discutir con sus hijos, tomar café, cambiar de marchas y ayudar a su hijo pequeño a sonarse... al mismo tiempo? Estas acciones, como un programa informático, se han vuelto unas funciones tan automáticas que las realiza con desenvoltura y facilidad. Su cuerpo es un experto en llevarlas a cabo porque las ha memorizado a través de la repetición. Ya no necesita pensar en *cómo* las hará; se ha habituado a ellas.

Ten en cuenta que sólo el 5 por ciento de la mente es consciente, el 95 por ciento restante está dirigido por programas automáticos subconscientes. Hemos memorizado una serie de conductas tan a la perfección que se han convertido en automáticas en nuestro cuerpo-mente habitual. Y cuando el cuerpo ha memorizado un pensamiento, una acción o un sentimiento hasta el punto de que el cuerpo *es* la mente —cuando mente y cuerpo son uno—, estamos siendo (un estado del ser) lo que recordamos de nosotros mismos. Y si el 95 por ciento de quien somos a los 35 años depende de programas involuntarios, conductas memorizadas y reacciones emocionales habituales, es lógico que durante el 95 por ciento del día vivamos de manera inconsciente. Somos conscientes sólo en apariencia. ¡Caramba!

Aunque una persona desee ser feliz, estar sana o ser libre, la experiencia de haber almacenado veinte años de sufrimiento y de haber estado produciendo las sustancias químicas del sufrimiento y de la autocompasión de manera repetida han condicionado subconscientemente al cuerpo a vivir en este estado al que se ha acostumbrado. Cuando ya no somos conscientes de lo que pensamos, hacemos o sentimos, vivimos en la inconsciencia, nos dejamos llevar por los hábitos.

El mayor hábito que debemos dejar es el de ser el mismo de siempre.

Cuando el cuerpo es el que dirige el cotarro

Los siguientes ejemplos prácticos muestran el cuerpo funcionando en el mismo estado de siempre. ¿Te has olvidado alguna vez de un número de teléfono? Por más que lo intentas, no puedes recordar tres cifras del número. Pero al descolgar el auricular, lo marcas con los dedos sin ningún problema. Aunque el cerebro no se acuerde de él, lo has marcado tantas veces con los dedos que tu cuerpo lo recuerda mejor que tu cerebro.

(Este ejemplo es para los que crecimos antes de que se inventara la función de marcado rápido o los móviles, aunque tal vez te haya pasado al teclear el PIN en un cajero automático o tu contraseña en Internet.)

También recuerdo que cuando iba al gimnasio, después de hacer ejercicio estaba tan cansado que no me acordaba de la combinación del candado de la casilla. Me lo quedaba mirando, intentando recordar en vano la secuencia de tres cifras. Pero cuando empezaba a girar el dial, me venía la combinación a la memoria como por arte de magia. Como lo había hecho tantas veces, mi cuerpo recordaba la combinación mejor que mi mente. El cuerpo se había convertido subconscientemente en la mente.

Recuerda que el 95 por ciento de quien somos a los 35 años depende de un sistema de memoria subconsciente en el que el cuerpo activa de forma automática una serie de conductas y reacciones emocionales programadas. Es decir, el cuerpo es el que dirige el cotarro.

———————————————•———————————————

Cuando el sirviente se convierte en amo

El cuerpo es el sirviente de la mente. Pero cuando el cuerpo se convierte en la mente, el sirviente se convierte en amo. El que antes era el amo (la mente consciente) ahora está dormido. Si bien la mente sigue *creyendo* que dirige el cotarro, es el cuerpo el que influye en las decisiones de acuerdo con las emociones memorizadas.

Si, por ejemplo, la mente quisiera volver a recuperar el control, ¿qué crees que diría el cuerpo?

¿Dónde has estado? ¡Vuélvete a dormir! Yo ya me ocupo de todo. Tú no tienes la fuerza de voluntad, la tenacidad ni la atención para hacer lo que yo he estado haciendo durante todo este tiempo mientras tú se-

guías mis órdenes sin darte cuenta. Incluso he modificado, con el paso de los años, mis receptores para servirte mejor. Creías ser tú la que dirigía el cotarro, pero era yo el que te ha estado influyendo y animando a tomar todas las decisiones de acuerdo con lo que te parecía adecuado y habitual.

Y cuando el 5 por ciento de la mente consciente va en contra del 95 por ciento que funciona con programas automáticos subconscientes, el 95 por ciento actúa de un modo tan reflejo que sólo es necesario un pensamiento fortuito o un estímulo del entorno para que active el programa automático de nuevo. Y entonces volvemos a pensar igual que siempre, a actuar de la misma forma, *esperando sin embargo que ocurra algo distinto en nuestra vida.*

Pero cuando intentamos recuperar el control, el cuerpo le indica al cerebro que nos aparte de nuestras metas. A la vocecita que parlotea en nuestra cabeza se le ocurren un montón de razones por las que no debemos intentar hacer nada extraordinario ni cambiar nuestra forma de ser de siempre. Saca a relucir cada una de nuestras debilidades, que tan bien conoce y fomenta, para impedírnoslo.

En nuestra mente creamos el peor de los escenarios para no cambiar nuestros sentimientos de siempre. Porque cuando intentamos eliminar las órdenes interiores que ya se han convertido en un acto reflejo, el caos se apodera del cuerpo. Sus insistencias interiores nos parecen irresistibles y la mayoría de las veces acabamos sucumbiendo a ellas.

Entra en el subconsciente para cambiarlo

La mente subconsciente sólo sabe hacer lo que le has programado. ¿Te ha pasado alguna vez que mientras tecleabas algo el ordenador se ha puesto a funcionar de pronto con unos programas automáticos que no sabes detener? Cuando intentas detener con la mente consciente los programas subconscientes automáticos almacenados en el cuerpo, es como si le gritaras a un ordenador que se ha vuelto majareta, con varios programas funcionando mientras en la pantalla se abren diversas ventanas mostrándote más información de la que puedes manejar: *¡Eh! ¡Para!* El ordenador ni siquiera registrará tus órdenes. Seguirá con lo suyo hasta que encuentres otra solución, hasta que te metas en el sistema operativo y cambies la configuración del equipo.

En este libro aprenderás a entrar en el subconsciente y a reprogramarlo con una nueva serie de estrategias. De hecho, debes *desaprender* tus viejas pautas mentales y emocionales, o deshacer los circuitos de tu cerebro, y *reaprender otras nuevas* o renovarlos, basándote en quién quieres ser, en lugar de seguir siendo la misma persona de siempre. Cuando entrenas el cuerpo con una nueva mente, ya no puede ir uno por un lado y el otro por otro, funcionan armoniosamente. Es lo esencial de cambiar, de reinventarse.

Culpable hasta que se demuestre lo contrario

Ilustraré con una situación de la vida real lo que nos pasa cuando intentamos liberarnos de algún estado emocional memorizado y cambiar nuestra mente. Creo que todos nos identificamos con un estado del ser muy común: *el sentimiento de culpa*. Lo usaré para ilustrar prácticamente cómo este ciclo mental y emocional no nos favorece. Después describiré algunos de los intentos del sistema cerebro-cuerpo para seguir teniendo el control y mantener este estado negativo del ser.

Imagínate que a menudo te sientes culpable por una razón u otra. Si algo sale mal en una relación —un simple malentendido, alguien convirtiéndote en el blanco de su ira sin ninguna razón o cualquier otro problema—, reaccionas culpabilizándote y sintiéndote mal. Imagínate que eres una de esas personas que no deja de decirse o de pensar: *Ha sido por mi culpa.*

Tras veinte años de estar haciéndote esto a ti mismo, te sientes culpable y tienes pensamientos de culpabilidad de manera automática. Te has creado un entorno de culpabilidad. Otros factores han contribuido a ello, pero por ahora me centraré en la idea de cómo tus pensamientos y sentimientos han creado tu estado del ser y tu entorno.

Cada vez que tienes un pensamiento de culpabilidad, le estás indicando al cuerpo que produzca las sustancias químicas de las que se compone este sentimiento. Lo has estado haciendo tan a menudo que tus células están inmersas en un mar de sustancias químicas de culpabilidad.

Con el paso del tiempo, los receptores de tus células se adaptan para asimilar y procesar mejor esta expresión química en particular, la del sentimiento de culpa. El mar de culpabilidad en el que están sumergidas tus células empieza a ser normal para ellas y al final lo que el cuerpo percibe como normal comienza a interpretarlo como agradable. Es como vivir durante años cerca de un aeropuerto. Te acostumbras tanto al ruido de los aviones que dejas de oírlo, a no ser que un avión vuele más bajo de lo habitual y el rugido del motor sea tan fuerte que te llame la atención. Lo mismo les ocurre a tus células. Acaban desensibilizándose a la sensación de las sustancias químicas de la culpabilidad. La próxima vez necesitarán para activarse que te sientas culpable con más fuerza e intensidad aún, un umbral de estímulos más alto. Y cuando el cuerpo recibe esta mayor «dosis» de sustancias químicas de la culpabilidad, las células se «animan» con el estímulo, como cuando te tomas la primera taza de café del día.

Y al final de su vida, cuando cada célula se divida para formar células hijas, los receptores de estas células necesitarán un umbral más alto de culpabilidad para activarse. Ahora tu cuerpo, para sentirse *vivo*, necesita una dosis emocional más alta de sentirse mal. Te has vuelto adicto al sentimiento de culpa y has sido tú el causante.

Y cuando algo va mal en tu vida o fracasas en algo, supones automáticamente que la culpa es tuya. Pero ahora esta actitud te parece de lo más normal. Ni siquiera necesitas pensar en sentirte culpable, sencillamente te sientes así. No te das cuenta de que, además de expresar que te sientes culpable con lo que dices y haces, tu cuerpo también quiere sentir el *nivel* de culpabilidad al que se ha acostumbrado, porque es lo que ha aprendido a hacer. Te has estado sintiendo culpable sin darte cuenta durante tantos años que tu cuerpo se ha convertido en la mente de la culpabilidad.

Y sólo te percatas de este aspecto de tu personalidad cuando una amiga te señala, por ejemplo, que no necesitabas disculparte con la dependienta de una tienda por haberte dado mal el cambio. Pongamos que este incidente te lleva a uno de esos momentos de claridad —una epifanía— en el que piensas: *Mi amiga tiene toda la razón. ¿Por qué siempre me estoy disculpando? ¿Por qué me responsabilizo de los errores de los demás?* Después de reflexionar en que siempre te estás culpabilizando, te dices: *Hoy dejaré de hacerlo y no intentaré justificar el mal comportamiento ajeno. Voy a cambiar.*

Como has tomado esta decisión, ya no tienes los mismos pensamientos que producen los mismos sentimientos de siempre, y viceversa. Y si de nuevo te sientes culpable sin darte cuenta, intentas dejar de sentirte así al recordar tu intención. A las dos horas te sientes de maravilla. Piensas: *¡Caramba, me está funcionando!*

Pero por desgracia las células de tu cuerpo no se sienten tan bien como tú. A lo largo de los años les has estado enseñando a pedir más moléculas emocionales (en este caso, de culpabilidad) para satisfacer su necesidad de sustancias químicas. Tu cuerpo se ha acostumbrado a vivir como una continuidad química memorizada, pero ahora no se la estás dando, le estás privando de sus necesidades químicas, contraviniendo sus programas subconscientes.

El cuerpo se vuelve adicto a la culpabilidad o a cualquier otra emoción como si fuera una droga.[2] Al principio sólo necesitas un poco de la emoción/droga para sentirla, pero con el tiempo acaba desensibilizándose y las células precisan una dosis cada vez mayor para sentirse bien. Por esta razón, al intentar cambiar tu pauta emocional, sientes una especie de mono como el de las drogas.

En cuanto las células dejan de recibir las señales habituales del cerebro creadas por el sentimiento de culpa, empiezan a inquietarse. En el pasado el cuerpo y la mente trabajaban juntos para provocar este estado del ser llamado culpabilidad, pero ahora ya no piensas y sientes, ni sientes y piensas, como antes. Has decidido tener pensamientos más positivos, pero el cuerpo sigue acostumbrado a generar sentimientos de culpa basándose en los pensamientos de culpabilidad.

Considéralo una especie de producción en cadena muy especializada. Tu cerebro ha programado al cuerpo para que espere una de las partes de esta mayor cadena que ya no se da más. En el espacio que ocupaba el antiguo sentimiento de «culpa», incluyes de pronto otra parte a la que tu cuerpo no está acostumbrado. Suena la alarma y la operación se paraliza.

Tus células siempre están espiando lo que ocurre en el cerebro y la mente. Tu cuerpo es el mejor lector de mentes que existe. Todas las células dejan de pronto lo que están haciendo y, mirando hacia el cerebro, piensan:

¿Qué estás haciendo ahí arriba? Insistías en sentirte culpable y nosotras hemos estado siguiendo fielmente tus órdenes durante años. Subconscientemente, hemos memorizado un programa de culpabilidad debido a tus pensamientos y sentimientos repetitivos. Hemos cambiado los receptores para reflejar tu mente, modificando nuestras sustancias químicas para que te sintieras culpable de manera automática. Hemos estado manteniendo tu orden químico interno, al margen de cualquier circunstancia externa de tu vida. Estamos tan acostumbradas a ese mismo orden químico que este nuevo estado del ser nos resulta incómodo y desconocido. Queremos volver a sentir la sensación conocida y previsible de siempre. ¿Y de pronto has decidido cambiar? ¡Pues no nos gusta!

Las células, apiñándose, exclaman entonces: *¡Enviaremos un mensaje de protesta al cerebro! Pero tenemos que jugar sucio, porque queremos que piense que es él el que crea esos pensamientos. No queremos que sepa que vienen de nosotras.* Las células envían entonces por la médula espinal un mensaje catalogado de URGENTE a la superficie del cerebro pensante. Yo lo llamo la «vía rápida», porque el mensaje va directo al sistema nervioso central en cuestión de segundos.

Mientras tanto, la química del cuerpo —la química de la culpabilidad— está en su nivel más bajo porque ya no piensas ni sientes como antes. Pero tu cuerpo nota este bajón. Un termostato en el cerebro llamado hipotálamo envía también una alarma diciendo: *Los valores químicos están bajando. ¡Tenéis que producir más!*

El hipotálamo le indica entonces al cerebro que vuelva a pensar como siempre. Lo cual es la «vía lenta», porque las sustancias químicas tardan más tiempo en circular por el torrente sanguíneo. El cuerpo, al recibir este mensaje, quiere que vuelvas a tu estado químico memorizado e influye sobre ti para que pienses de la forma habitual.

Estas respuestas celulares, que emplean una «vía rápida» y una «vía lenta», suceden simultáneamente. Y lo siguiente que descubres es una vocecita interior diciéndote en tu cabeza: *Hoy estás demasiado cansado. Es mejor empezar a cambiar mañana. Mañana será otro día. Déjalo para más tarde.* Pero mi vocecita preferida es: *No me parece bien.*

Si esta táctica no les funciona, las células prueban otra de lo más retorcida. Como el cuerpo-mente quiere volver a tener el control, empieza a meterse contigo: *Es normal que te sientas un poco mal. Es por culpa de tu padre. ¿No te sientes mal por lo que hiciste en el pasado? ¿Es que no te acuerdas de él? Por eso eres así. ¡Mírate, si eres un desastre, un perdedor! ¡Me das pena, eres un calzonazos! Tu vida es un fracaso. Nunca lograrás cambiar. Te pareces demasiado a tu madre. ¡Olvídate de ello!* Mientras sigues diciéndote estas cosas «tan horribles», el cuerpo está intentando que la mente vuelva al estado que ha memorizado de manera inconsciente. Racionalmente es de lo más absurdo. Pero, a algún nivel, te gusta sentirte mal.

En cuanto le haces caso a la vocecita interior, te crees esos pensamientos y respondes con los mismos sentimientos de siempre, caes en una amnesia mental y te olvidas de tus intenciones. Lo más curioso es que *crees* lo que tu cuerpo te dice haciéndose pasar por tu cerebro. Reanudas aquel programa automático y vuelves a ser el mismo de siempre.

La mayoría de las personas nos identificamos con este pequeño escenario. Se parece a cualquier hábito que hayamos intentado abandonar. Cuando nos hemos vuelto adictos al tabaco, al alcohol, al chocolate, a las compras, al juego o a mordernos las uñas, en cuanto intentamos cambiar, surge el caos entre el cuerpo y la mente. Nuestros pensamientos se identifican con el placer que nos produce el hábito. Cuando sucumbimos a él, seguimos creando los mismos resultados en la vida, porque la mente va en contra del cuerpo. Nuestros pensamientos van en contra de nuestros sentimientos, y si el cuerpo se ha convertido en la mente, siempre acabaremos cediendo a lo que sentimos.

Mientras sigamos usando nuestros sentimientos habituales como barómetro, como respuesta de nuestros intentos de cambiar, no alcanzaremos la nueva meta que nos hemos fijado. Nunca seremos capaces de pensar más allá de nuestro entorno interior. Lo único que obtendremos será los mismos resultados negativos de siempre. Tal es el poder que nuestros pensamientos y sentimientos tienen sobre nosotros.

La ayuda la tienes a tan sólo un paso

El siguiente paso para dejar el hábito de ser el mismo de siempre consiste en comprender la importancia de que el cuerpo y la mente trabajen juntos y poner fin a la continuidad química de nuestro estado de sentirnos culpables, avergonzados, enojados o deprimidos. No es fácil resistirte a las exigencias del cuerpo para que restablezcas esa antigua orden química tan poco sana, pero la ayuda la tienes a tan sólo un paso.

En las páginas siguientes aprenderás que, para cambiar de verdad, es fundamental «desmemorizar» una emoción que se ha convertido en parte de tu personalidad y hacer que el cuerpo se acostumbre a una nueva mente.

Es fácil creer que no hay nada que hacer al ver que la química de las emociones ha hecho que nuestro cuerpo se acostumbre a un estado del ser provocado a menudo por la ira, los celos, el resentimiento, la tristeza y otras emociones negativas. Después de todo, como ya he señalado, estos programas, estas inclinaciones, están almacenados en nuestro subconsciente.

La buena noticia es que podemos tomar conciencia de estas tendencias. Más adelante profundizaré en este concepto. Pero por ahora espero que aceptes que para cambiar de personalidad necesitas cambiar tu estado del ser, el cual está íntimamente conectado con los sentimientos que has estado memorizando. Aunque el sistema operativo de tu subconsciente esté impregnado de emociones negativas, también lo puede estar de emociones positivas.

Pensar de modo positivo no basta por sí solo para superar los sentimientos negativos subconscientes

En un momento u otro de nuestra vida, todos hemos afirmado: *Quiero ser feliz.* Pero si no le enseñamos al cuerpo a serlo, seguirá expresando los mismos programas de culpabilidad, tristeza o ansiedad de siempre. La mente consciente e intelectual tal vez razone que desea ser feliz, pero el cuerpo ha sido programado durante años para sentir lo contrario. Encaramados a una tarima proclamamos a los cuatro vientos haber cambiado para nuestro bien, pero en el fondo no nos sentimos felices, porque la mente y el cuerpo no están trabajando juntos. La mente quiere una cosa, y el cuerpo otra.

Si has estado teniendo emociones negativas durante años, estos sentimientos han creado un estado del ser automático. Se podría decir que a nivel subconsciente eres infeliz, ¿verdad? Has entrenado tu cuerpo para ser negativo, sabe cómo ser infeliz mejor que tu mente consciente. Para ser negativo ya no tienes siquiera que pensar en ello. Sabes que eres así. ¿Cómo puede tu mente consciente controlar esta actitud del cuerpo-mente subconsciente?

Hay quien mantiene que la respuesta está en los «pensamientos positivos». Me gustaría aclarar que los pensamientos positivos no bastan *por sí solos.* Muchos de los llamados pensadores positivos han estado sintiendo emociones negativas la mayor parte de su vida y ahora intentan tener pensamientos positivos. Se encuentran en un estado polarizado en el que *intentan* superar con sus pensamientos lo que sienten en su interior. Conscientemente piensan una cosa, pero están *siendo* lo contrario. *Cuando la mente va en contra del cuerpo, es imposible cambiar.*

Los sentimientos memorizados
nos obligan a recrear el pasado

Por definición, las emociones son producto de nuestras experiencias del pasado en la vida.

Cuando estás experimentando algo, el cerebro recibe una información vital del mundo exterior a través de cinco vías sensoriales (vista, olfato, oído, sabor y tacto). Cuando esta información sensorial acumulada llega al cerebro y es procesada, se crean redes neurales con una estructura en particular que reflejan el evento del exterior. En cuanto estas células nerviosas se conectan, el cerebro libera unas sustancias químicas. Estas sustancias químicas las denominamos una «emoción» o un «sentimiento». (En este libro utilizo las palabras *sentimientos* y *emociones* indistintamente porque significan lo mismo.)

Cuando estas emociones te inundan el cuerpo de sustancias químicas, detectas un cambio en tu estado interior (estás pensando y sintiendo de distinta manera que momentos antes). Cuando adviertes este cambio en tu estado interior, te fijas en quién o qué lo ha causado del mundo exterior. Cuando te identificas con aquello del mundo exterior que ha causado el cambio interior, esto se denomina *recuerdo*. Neurológica y químicamente registras esta información del exterior en el cerebro y en el cuerpo. De este modo te acuerdas de la experiencia mejor, porque recuerdas cómo te sentiste cuando sucedió, los sentimientos y las emociones son un registro químico de las experiencias pasadas.

Por ejemplo, estás esperando a tu jefe para presentarle el informe de tu rendimiento en la empresa. Cuando llega ves que tiene la cara colorada y que está incluso irritado. Mientras te habla gritando, adviertes que el aliento le huele a ajo. Te acusa de haber cuestionado su autoridad delante de otros empleados y te espeta que no te ascenderá. En este momento te pones nervioso, te tiemblan las rodillas y te sientes mareado. El corazón te martillea en el pecho. Te sientes asustado, traicionado y furioso. Todo este cúmulo de información sensorial —todo cuanto estás oliendo, viendo, sintiendo y oyendo— cambia tu estado interior.

Asocias esta experiencia exterior con el cambio de cómo te estás sintiendo en tu interior y esto te marca emocionalmente.

Al regresar a casa, vuelves a recordar la experiencia. Cada vez que lo haces, te acuerdas de la mirada acusadora e intimidante de tu jefe, de sus gritos, de lo que te dijo e incluso del olor que despedía. Vuelves a sentirte asustado y enojado, produces la misma química en el cerebro y el cuerpo como si estuvieras aún presentándole el informe. Como tu cuerpo cree estar viviendo la misma experiencia una y otra vez, lo condicionas a vivir en el pasado.

Analicemos esta situación un poco más. Considera tu cuerpo como la mente inconsciente o como un sirviente objetivo que sigue las órdenes de tu conciencia. Es tan objetivo que no distingue las emociones provocadas por las experiencias del mundo exterior de las generadas por tus pensamientos en tu mundo interior. Para el cuerpo son lo mismo.

¿Qué ocurre si este ciclo mental y emocional de pensar y sentir de haber sido traicionado sigue dándose durante años? Si sigues aferrándote a esta experiencia con tu jefe o reviviendo esos sentimientos día tras día, le estás enviando continuamente unas señales a tu cuerpo por medio de las sustancias químicas de unos sentimientos que relaciona con el pasado. Como esta continuidad química le hace creer al cuerpo que sigue experimentando el pasado, continúa reviviendo la misma experiencia emocional. Cuando tus pensamientos y sentimientos memorizados obligan constantemente al cuerpo a «vivir» en el pasado, se puede decir que el cuerpo se convierte en el recuerdo del pasado.

Si estos sentimientos memorizados de traición han estado dirigiendo tus pensamientos durante años, tu cuerpo ha estado viviendo en el pasado las veinticuatro horas del día, los siete días de la semana, cincuenta y dos semanas al año. Hasta que con el paso del tiempo tu cuerpo se queda anclado en el pasado.

Cuando re-creas repetidamente las mismas emociones de siempre hasta no poder pensar más allá de lo que sientes, tus sentimientos se convierten en los medios de tus pensamientos. Y como tus sentimientos son un registro de experiencias vividas, estás pensando en el pasado. Y según la ley cuántica, sigues creando más pasado.

En pocas palabras: la mayoría de las personas vivimos en el pasado y nos resistimos a vivir en un nuevo futuro. ¿Por qué? Porque el cuerpo está tan acostumbrado a memorizar los registros químicos de las experiencias pasadas que se acaba apegando a esas emociones. En un sentido muy real, nos volvemos adictos a los sentimientos de siempre. Y cuando queremos mirar hacia el futuro y soñar con nuevas vistas y con bravos paisajes en una realidad no demasiado lejana, el cuerpo, cuya moneda de cambio son los sentimientos, se resiste a cambiar de pronto de dirección.

Dar esta media vuelta es la gran hazaña del cambio personal. Muchas personas, pese a intentar crearse un nuevo destino, son incapaces de superar el recuerdo de quien creen ser. Aunque ansíen vivir nuevas aventuras y sueñen con nuevas posibilidades futuras, no pueden dejar de visitar de nuevo el pasado.

Los sentimientos y las emociones no son en sí malos. Son producto de las experiencias. Pero si estamos siempre reviviendo los mismos de siempre, no viviremos ninguna experiencia *nueva*. ¿Has conocido a alguien que siempre esté hablando de los «buenos tiempos del pasado»? Lo que en realidad está diciendo es: *Como en mi vida no está ocurriendo nada nuevo que me estimule emocionalmente; tengo que reafirmarme con los momentos maravillosos del pasado.* Si creemos que nuestros pensamientos tienen algo que ver con nuestro destino, en este caso como creadores, estaremos caminando solamente en círculos.

El mundo interior bajo control: el mito genético

Hasta el momento, al describir cómo el modelo cuántico de la realidad está relacionado con el cambio, he hablado sobre todo de las emociones, el cerebro y el cuerpo. Hemos visto que si queremos cambiar el hábito de ser el mismo de siempre debemos trascender los pensamientos y sentimientos recurrentes memorizados por el cuerpo.

Otro aspecto importante para dejar este hábito tiene que ver con la salud física. Sin duda, en la escala de lo que más queremos cambiar en nuestra vida, la salud va en cabeza. Y cuando deseamos que mejore, hay una serie de dogmas que debemos analizar y abandonar: el mito de que los genes crean enfermedades y la falacia del determinismo genético. También hablaré de un campo científico que tal vez desconozcas, llamado *epigenética*: el control de los genes desde el exterior de la célula, o, más exactamente, el estudio de los cambios en la función génica que se producen sin un cambio en la secuencia del ADN.[3]

Al igual que podemos crear experiencias nuevas, como hizo mi hija, también podemos controlar nuestro destino genético, una parte muy importante de nuestra vida. Mientras sigues leyendo, verás que conocer algo sobre tus genes y qué es lo que les indica que se expresen o no es esencial para entender por qué debes cambiar en tu interior.

La comunidad científica afirmaba que los genes eran los responsables de la mayoría de las enfermedades. Pero hace un par de décadas mencionó de manera informal que estaba en un error y anunció que el entorno, al activar o desactivar unos genes en particular, es el factor que más enfermedades causa. Ahora sabemos que menos del 5 por ciento de las enfermedades actuales proceden de trastornos monogenéticos (como la enfermedad de Tay-Sachs y la Corea de Huntington), y que alrededor del 95 por ciento de las enfermedades están relacionadas con el estilo de vida, el estrés crónico y factores tóxicos ambientales.[4]

Pero los factores del entorno no son más que una parte del problema. ¿Por qué cuando dos personas están expuestas a las mismas condiciones tóxicas ambientales a veces una enferma o contrae una dolencia y la otra no? ¿Cómo es que alguien con un trastorno de personalidad múltiple muestra una grave alergia a alguna sustancia en una de sus personalidades y en cambio en otra es inmune al mismo antígeno o estímulo? ¿Por qué los médicos y los profesionales de la salud no están constantemente enfermos, aunque la mayoría estén expuestos a diario a agentes patógenos?

También existen numerosos estudios que revelan que gemelos idénticos (que comparten los mismos genes) han tenido experiencias muy distintas en cuanto a su salud y longevidad. Por ejemplo, si ambos compartían el historial familiar de una enfermedad en particular, la enfermedad se manifestaba en un gemelo y no en el otro. Tenían los mismos genes, pero los resultados eran distintos.[5]

En todos estos casos, ¿podría la persona que se mantiene sana tener un estado vital interior tan congruente y equilibrado que, aunque su cuerpo esté expuesto a las mismas condiciones peligrosas ambientales que los demás, el mundo exterior no altere su expresión genética y, por lo tanto, no indique a los genes que creen una enfermedad?

Es cierto que el mundo exterior influye en nuestro mundo interior. Pero ¿es posible, al cambiar nuestro estado interior, superar los efectos de un entorno estresante o contaminado para que determinados genes no se activen? Tal vez no podamos controlar todas las condiciones del entorno exterior, pero sin duda podemos decidir controlar nuestro entorno *interior*.

Los genes: recuerdos del entorno del pasado

Para explicar cómo podemos controlar nuestro entorno interior, hablaré un poco de la naturaleza de los genes, que se expresa en el cuerpo cuando las células fabrican unas proteínas en concreto, el componente básico de la vida.

El cuerpo es una fábrica productora de proteínas. Las células musculares generan proteínas musculares llamadas *actina* y *miosina*, las células de la piel crean células epidérmicas llamadas *colágeno* y *elastina*, y las células estomacales producen proteínas estomacales llamadas *enzimas*. La mayoría de las células del cuerpo producen proteínas y los genes son lo que utilizan para crearlas. Expresamos unos determinados genes a través de células que producen unas proteínas en particular.

La mayor parte de organismos se adaptan a las condiciones ambientales por medio de cambios genéticos graduales. Por ejemplo, cuando un organismo se enfrenta a unas condiciones ambientales muy duras, como temperaturas extremas, depredadores peligrosos, presas rápidas, vientos destructores, corrientes fuertes u otros factores, se ve obligado a superar los aspectos adversos de su mundo para sobrevivir. Como los organismos almacenan todas estas experiencias en los circuitos del cerebro y en las emociones de su cuerpo, van cambiando con el paso del tiempo. Si los leones intentan cazar presas demasiado rápidas, al tener las mismas experiencias durante generaciones, desarrollan unas patas más largas, unos dientes más afilados o un corazón más grande. Todos estos cambios son producto de los genes fabricando proteínas que modifican el cuerpo para que se adapte al entorno.

Sigamos en el reino animal para ver el proceso de la adaptación o la evolución. Un grupo hipotético de mamíferos emigra a un hábitat donde la temperatura oscila de veintiséis grados bajo cero a cuatro grados. Los genes de estos mamíferos, que han estado viviendo durante muchas generaciones bajo un frío extremo, acabarán produciendo una nueva proteína que fabricará un pelaje más espeso y abundante (el pelo y el pelaje son proteínas).

Numerosas especies de insectos han evolucionado adquiriendo la habilidad del camuflaje. Algunos de los que viven en los árboles y las plantas se han adaptado adquiriendo el aspecto de ramitas o pinchos para que los pájaros no los detecten. El camaleón es probablemente el «camuflador» más conocido y su capacidad de cambiar de color procede de la expresión genética de las proteínas. En estos procesos, los genes almacenan las condiciones del mundo exterior. La evolución consiste en esto, ¿no?

La epigenética sugiere que indicamos a los genes que reescriban nuestro futuro

Nuestros genes son tan cambiantes como nuestro cerebro. Recientes investigaciones genéticas revelan que distintos genes se activan en distintos momentos, que siempre están cambiando y siendo influidos. Existen genes dependientes de las experiencias que se activan cuando se da el crecimiento, la curación o el aprendizaje, y genes dependientes de estados conductuales que son influidos durante el estrés, la estimulación emocional o el sueño.[6]

Uno de los campos más investigados en la actualidad es la *epigenética* (significa literalmente «por encima de la genética»), el estudio de cómo el entorno controla la actividad genética. La epigenética contradice el modelo genético tradicional que afirmaba que el ADN controla toda la vida y que la expresión genética tiene lugar dentro de la célula. Este antiguo conocimiento nos condenaba a un futuro predecible en el que nuestro destino estaba condicionado por la herencia genética y la vida celular estaba predeterminada.

En realidad, los cambios epigenéticos en la expresión del ADN se transmiten a las generaciones futuras. Pero ¿cómo se transmiten si el código del ADN sigue siendo el mismo?

Está más allá del alcance de este libro demostrarlo con una explicación científica, pero en su lugar usaré una analogía. La secuencia genética se parece a un plano. Imagínate que dibujas el plano de una casa y luego lo escaneas y lo guardas en el ordenador. Después lo modificas con el programa Photoshop, cambiando una serie de características sin cambiar el plano. Por ejemplo, modificas la expresión de variables como el color, el tamaño, la escala, las dimensiones, los materiales y otros elementos. Miles de personas (equivalentes a variables ambientales) pueden producir distintas imágenes, pero todas ellas son expresiones del mismo plano.

La epigenética nos permite pensar en el cambio con más profundidad. El cambio de paradigma epigenético nos da la libertad de activar la actividad genética y cambiar nuestro destino genético. En aras de la ilustración y la simplificación, cuando hablo de activar un gen al expresarlo en distintas formas, me refiero a «encenderlo». En realidad, los genes no se encienden ni se apagan, se activan por medio de señales químicas y ellos se expresan a sí mismos de determinadas formas creando diversas proteínas.

Sólo por el mero hecho de cambiar nuestros pensamientos, sentimientos, reacciones emocionales y conductas eligiendo, por ejemplo, un estilo de vida más sano en cuanto a la nutrición y al nivel de estrés, ya les estamos enviando a las células nuevas señales, y éstas expresan entonces nuevas proteínas sin cambiar el plano genético. Aunque nuestro código del ADN siga siendo el mismo, en cuanto se activa una célula de una nueva forma al disponer de una nueva información, la célula puede crear miles de variaciones del mismo gen. Podemos indicarles a nuestros genes que reescriban nuestro futuro.

Perpetuar viejos estados del ser
nos aboca a un destino genético poco deseable

Al igual que algunas regiones del cerebro no cambian y otras por el contrario tienen mayor *plasticidad* (son susceptibles a los cambios por medio del aprendizaje y las experiencias), a los genes les pasa lo mismo. En nuestra genética hay partes que cambian con más facilidad y otras que apenas lo hacen, lo cual significa que cuestan más de activar porque hace más tiempo que existen en nuestra historia genética. Al menos esto es lo que la ciencia afirma en la actualidad.

¿Por qué se activan unos genes en particular y otros no? Si vivimos siempre en el mismo estado tóxico de ira, en el mismo estado melancólico de depresión, en el mismo estado vigilante de ansiedad o en el mismo estado desmoralizador de baja autoestima, estas señales químicas repetitivas de las que he hablado presionan los mismos botones genéticos que acaban activando ciertas enfermedades. Las emociones estresantes, como ya sabes, activan unos genes en concreto, desregularizando las células (*desregularizar* se refiere a alterar un mecanismo regulador fisiológico) y creando enfermedades.

Cuando pensamos y sentimos de la misma manera la mayor parte de nuestra vida y memorizamos los estados del ser de siempre, nuestro estado químico interior sigue activando los mismos genes, con lo que continuamos fabricando las mismas proteínas. Pero el cuerpo no puede adaptarse a estas repetidas demandas y empieza a fallar. Si lo hacemos durante diez o veinte años, los genes comienzan a desgastarse y fabrican proteínas «de mala calidad». ¿Qué significa esto? Piensa en lo que sucede cuando envejecemos. La piel se vuelve fofa porque el colágeno y la elastina están hechos con proteínas de mala calidad. ¿Qué les ocurre a los músculos? Se atrofian. Aunque es lógico que suceda, porque la actina y la miosina también son proteínas.

Emplearé una analogía para que lo entiendas mejor. Las partes metálicas de tu coche se fabrican con una matriz o un molde. Cada vez que la matriz o el molde se utilizan, son sometidos a unas fuerzas, como el calor y la fricción, que acaban desgastándolos. Como habrás adivinado, las partes de un coche se construyen con tolerancias que dejan muy poco margen (la variación permitida en las dimensiones de una pieza). Con el tiempo, esa matriz o ese molde se desgastan hasta el punto de producir partes que no encajan bien con otras. Al cuerpo le ocurre algo parecido. Debido al estrés o al hábito de estar siempre enojados, asustados, tristes o en otro estado emocional, el ADN y los péptidos utilizados para producir proteínas empezarán a funcionar mal.

¿Cuál es el efecto genético de vivir siempre en las mismas condiciones, creando las mismas reacciones emocionales al hacer, pensar y sentir lo mismo de siempre, viendo a las mismas personas y memorizando nuestra vida en un patrón predecible? Estaremos abocados a un destino genético poco deseable. Significa que nos hemos quedado estancados en los mismos patrones que las generaciones precedentes, que afrontaron las mismas situaciones que nosotros u otras parecidas. Y si sólo estamos reviviendo los recuerdos emocionales del pasado, nos encaminaremos a un destino previsible: el cuerpo empezará a crear las mismas condiciones genéticas que afrontaron las generaciones anteriores.

Mientras sigamos teniendo los mismos pensamientos día tras día, nuestro cuerpo seguirá siendo el mismo. Y si la ciencia nos dice que el entorno es el que activa los genes relacionados con la evolución, ¿qué nos ocurre si nuestro entorno nunca cambia? ¿Y si hemos memorizado las mismas condiciones de nuestro mundo exterior y vivimos pensando, actuando y sintiendo siempre lo mismo? ¿Y si todo cuanto hay en nuestra vida sigue como siempre?

Acabas de aprender que el entorno exterior les envía químicamente señales a los genes a través de las emociones de una experiencia. Y si las
experiencias de tu vida no cambian, las señales químicas que les envías a los genes tampoco lo hacen. Tus células no reciben ninguna información nueva del mundo exterior.

El modelo cuántico afirma que emocionalmente podemos enviarle
señales al cuerpo y alterar una cadena de acontecimientos genéticos sin
necesidad de vivir físicamente la experiencia relacionada con esta emoción. No es necesario ganar una carrera, que nos toque la lotería o que
nos asciendan para sentir las emociones producidas por estos acontecimientos. Recuerda que puedes crear una emoción sólo con el pensamiento. Puedes sentirte feliz o agradecido hasta tal punto que el cuerpo
empieza a creer que está «viviendo» esa situación en la vida real. Por
esta razón, podemos indicar a nuestros genes que fabriquen nuevas proteínas para que nuestro cuerpo cambie antes de que la situación deseada se materialice.

¿Producen los estados mentales elevados una expresión genética más sana?

El siguiente ejemplo ilustra cómo podemos enviar señales a nuevos genes de nuevas formas para empezar a sentir emocionalmente un acontecimiento antes de que se manifieste en el futuro.

En Japón se realizó un estudio para descubrir el efecto del estado
mental sobre las enfermedades. Los participantes fueron divididos en
dos grupos de pacientes con diabetes tipo 2, todos ellos dependían de la
insulina. Ten en cuenta que la mayoría de diabéticos se medican con
insulina para eliminar el azúcar (glucosa) del torrente sanguíneo y de-
positarlo en las células, donde se transforma en energía. Mientras se
llevaba a cabo el estudio, los participantes fueron tratados con píldo-
ras o inyecciones de insulina para controlar sus altos niveles de azúcar
en la sangre.[7]

Les hicieron a todos un análisis en ayunas para establecer los niveles basales de azúcar. Después los sujetos de un grupo miraron una comedia durante una hora, mientras el grupo de control asistió a una tediosa conferencia. Todos los participantes tomaron a continuación una deliciosa comida y luego les volvieron a medir el nivel de azúcar.

Hubo una importante diferencia entre los sujetos que gozaron de la comedia televisiva y los que asistieron a la pesada conferencia. A los que asistieron a la conferencia el nivel de azúcar les subió a 123 mg/dl, lo bastante como para necesitar tomar insulina a fin de reducir este peligroso nivel. En cambio, al afortunado grupo que había estado riendo una hora con la comedia, el nivel de azúcar sólo les había subido la mitad de esa cantidad (sólo lo tenían un poco más alto de lo normal) después de comer.

Al principio, los investigadores que realizaron el experimento creyeron que a los sujetos que se habían divertido viendo la comedia les había bajado el nivel de azúcar al contraer los músculos abdominales y diafragmátios con sus risas. Concluyeron que cuando un músculo se contrae usa energía, y la energía que circula es glucosa.

Pero la investigación llegó más lejos. Al examinar la secuencia genética de los sujetos que se habían reído, descubrieron que esos diabéticos habían alterado veintitrés expresiones genéticas distintas al reírse con la comedia. Por lo visto, su elevado estado mental había hecho que el cerebro enviara nuevas señales a sus células, con lo que se habían producido aquellas variaciones genéticas que permitían a su cuerpo regular de forma natural los genes responsables de procesar el azúcar en la sangre.

Este estudio reveló claramente que nuestras emociones pueden activar unas secuencias genéticas en particular y desactivar otras. Al enviarle señales al cuerpo con una nueva emoción, los sujetos que se rieron alteraron su química interior para cambiar la expresión de sus genes.

A veces se da un cambio repentino y espectacular en la expresión genética. ¿Has oído hablar de personas a las que el cabello se les vuelve blanco de la noche a la mañana tras vivir unas condiciones de lo más estresantes? Es un ejemplo de genes actuando. Tuvieron una reacción emocional tan fuerte que la química alterada de su cuerpo activó los genes encargados de la expresión del pelo blanco y desactivó los de la expresión del color normal en cuestión de horas. Enviaron unas señales a nuevos genes de nuevas formas al alterar, primero emocionalmente y luego químicamente, su mundo interior.

Como ya he señalado en el último capítulo, cuando has «experimentado» un acontecimiento numerosas veces, al revivir mentalmente cada aspecto de él sientes la sensación que te producirá antes de que ocurra. Y a medida que cambias los circuitos de tu cerebro al pensar de una nueva forma, sientes las emociones que te produce la situación antes de que se manifieste físicamente y es posible que tu cuerpo cambie genéticamente.

¿Puedes elegir una posibilidad del campo cuántico (a propósito, ya existen todas las posibilidades en él) y sentir emocionalmente una situación futura antes de que se materialice? ¿Puedes hacerlo tantas veces que adiestres emocionalmente a tu cuerpo con una nueva mente, enviando señales a nuevos genes de una nueva forma? Si lo logras, es muy probable que empieces a conformar y moldear tu cerebro y tu cuerpo en una nueva expresión... para que cambien físicamente antes de que la posible realidad deseada se manifieste.

Cambia tu cuerpo sin mover un dedo

Si podemos cambiar el cerebro con nuestros pensamientos, ¿qué efectos tendrá sobre el cuerpo, si es que tiene alguno? Mediante el simple proceso de repetir mentalmente una actividad, podemos obtener grandes beneficios sin mover un dedo. El siguiente ejemplo te demuestra qué sucedió *literalmente*.

Tal como se describía en un artículo publicado en el *Journal of Neurophisiology*[8] de 1992, dividieron a los participantes del estudio en tres grupos:

- A los sujetos del primer grupo les pidieron que ejercitaran un dedo de la mano izquierda, contrayéndolo y relajándolo una hora al día, cinco días a la semana, durante un mes.

- A los del segundo grupo les pidieron que *repitieran mentalmente* el ejercicio durante el mismo espacio de tiempo, pero sin mover físicamente el dedo.
- Los del grupo de control no ejercitaron ni el dedo ni la mente.

Al terminar el estudio, los científicos compararon los resultados. Los participantes del primer grupo y los del grupo de control fueron sometidos a una prueba para averiguar quiénes tenían más fuerza en los dedos. Una tarea para tontos, ¿verdad? A los del grupo que realizaron el ejercicio la musculatura del dedo les aumentó un 30 por ciento comparados con los del grupo de control. Todos sabemos que si un músculo soporta una carga de manera repetida se fortalece. Lo que los científicos seguramente no se podían imaginar es que a los sujetos del segundo grupo que hicieron el ejercicio mentalmente la musculatura del dedo ¡les aumentó un 22 por ciento! La mente les produjo un efecto físico cuantificable en el cuerpo. Es decir, el cuerpo cambia sin necesidad de participar en la experiencia física.

Al igual que los investigadores han trabajado haciendo pruebas a sujetos ejercitando los dedos mentalmente o imaginando tocar las escalas musicales en el piano, los experimentos han comparado la experiencia práctica con la repetición mental en sujetos flexionando los bíceps con mancuernas. Los resultados fueron los mismos. Los bíceps se fortalecían tanto si los participantes los ejercitaban física como mentalmente. Pero los que lo hicieron mentalmente experimentaron cambios fisiológicos sin necesidad de realizar la experiencia física.[9]

Cuando el cuerpo cambia física/biológicamente como si la experiencia hubiera sucedido, aunque sólo la hayamos realizado con el pensamiento o el esfuerzo mental, desde una perspectiva cuántica demuestra que la situación ya ha ocurrido en nuestra realidad. Si el cerebro actualiza su configuración como si la experiencia ya hubiera sucedido físicamente, y el cuerpo cambia genética o biológicamente (demuestra que ya ha ocurrido), y ambos cambian sin «hacer» nosotros nada en las tres dimensiones, en este caso significa que la situación ha ocurrido tanto en el mundo cuántico de la conciencia *como* en el mundo de la realidad física.

Cuando visualizas mentalmente una realidad futura deseada una y otra vez hasta que el cerebro cambia físicamente como si ya la hubiera vivido, y la sientes emocionalmente tantas veces que el cuerpo cambia como si ya *la* hubiera experimentado, no te detengas... ¡porque es cuando la situación te encuentra! Y llega del modo más inesperado, lo cual te demuestra que ha surgido de tu relación con una conciencia superior, y este descubrimiento te inspira a hacerlo una y otra vez.

4

Ve más allá del tiempo

Se ha escrito largo y tendido sobre la importancia de vivir el presente. Podría citar estadísticas de cualquier índole, desde conducir con la cabeza en otra parte hasta el divorcio, que respaldan la idea de lo difícil que nos resulta vivir el presente. Pero me gustaría profundizar esta idea expresándola en términos cuánticos. En el presente es donde existen simultáneamente todas las posibilidades en el campo cuántico. Cuando estamos presentes, vivimos «el momento», podemos ir más allá del espacio y el tiempo, y hacer realidad cualquiera de estas posibilidades. Pero cuando vivimos en el pasado, no existe ninguna de estas nuevas posibilidades.

Has aprendido que cuando los seres humanos intentamos cambiar reaccionamos como adictos, porque nos volvemos adictos a nuestros estados químicos del ser habituales. Cuando tienes una adicción es casi como si el cuerpo poseyera una mente propia. A medida que las situaciones del pasado provocan la misma respuesta química que la del episodio original, tu cuerpo cree estar reviviéndolo. Y en cuanto lo adiestras con este proceso a *ser* la mente subconsciente, el cuerpo es el que lleva la batuta, se convierte en la mente y, por lo tanto, puede, en cierto sentido, pensar.

He hablado de cómo el cuerpo se convierte en la mente por medio del ciclo de pensar y sentir, y sentir y pensar. Pero con los recuerdos del pasado también ocurre lo mismo.

El proceso es el siguiente: vivimos una experiencia con una carga

MEMORIZACIÓN DE LAS EMOCIONES

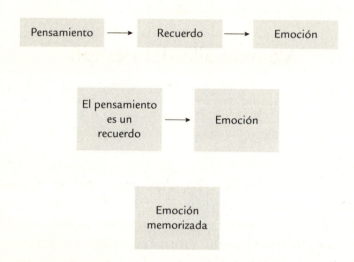

Figura 4A. El pensamiento produce un recuerdo, que a su vez crea una emoción. Con el tiempo, el pensamiento se convierte en un recuerdo al que le sigue una emoción. Si este proceso se repite lo suficiente, el pensamiento acaba siendo el recuerdo, que a su vez es la emoción. Hemos memorizado la emoción.

emocional. Después tenemos un pensamiento sobre este episodio. El pensamiento se convierte a su vez en un recuerdo que reproduce de forma refleja la emoción de la experiencia. Si seguimos pensando en aquel recuerdo de manera repetida, el pensamiento, el recuerdo y la emoción acaban fusionándose en una sola cosa y «memorizamos» la emoción. Ahora vivir en el pasado ya es un proceso más *subconsciente* que consciente.

El subconsciente se ocupa de la mayoría de procesos físicos y mentales que tienen lugar mecánicamente. La mayor parte de esta actividad sirve para que el cuerpo siga funcionando. Los científicos se refieren a este sistema regulador como el *sistema nervioso autónomo*. No necesitamos pensar en respirar, en hacer que el corazón siga latiendo, en subir o bajar la temperatura corporal ni en ninguno de los otros millones de procesos que ayudan al cuerpo a mantener el orden y a curarse.

Es evidente lo peligroso que puede ser ceder a este sistema automático el control de las respuestas emocionales diarias desencadenadas por nuestros recuerdos y el entorno. Esta serie subconsciente de respuestas rutinarias se han comparado de formas muy diversas con un piloto automático y con los programas automáticos de un ordenador. Estas analogías intentan mostrarnos que bajo la mente consciente hay algo que controla nuestra conducta.

El siguiente ejemplo te ayudará a entenderlo mejor. Imagínate que siendo pequeño un día al volver a casa descubriste a tu mascota preferida tendida muerta en el suelo. En el cerebro se te quedó grabada a fuego, nunca mejor dicho, cada impresión sensorial de esta experiencia. La experiencia te asusta.

Con experiencias traumáticas como ésta, es fácil entender cómo las emociones se convierten en respuestas memorizadas inconscientes a situaciones del entorno que nos recuerdan la pérdida de un ser querido. A estas alturas ya sabes que al pensar en la experiencia creas en el cerebro y el cuerpo las mismas emociones que sentirías si estuviera ocurriendo de nuevo. Todo cuanto se necesita para activar este programa es un pensamiento fortuito o una reacción a una situación del mundo exterior y, de pronto, vuelves a sentir aquella profunda sensación de pena. El desencadenante puede ser ver un perro parecido al que tú tenías o visitar un lugar adonde lo llevabas de cachorro. Sea cual sea el estímulo sensorial, activa una emoción. Estos desencadenantes emocionales pueden ser evidentes o sutiles, pero todos te afectan a nivel subconsciente y, antes de poder procesar lo ocurrido, vuelves a sentir ese estado emocional/químico de pena, rabia y tristeza.

En cuanto te sucede, el cuerpo es el que dirige la mente. Aunque intentes salir de ese estado emocional, siempre te sientes como si estuviera más allá de tu control.

Piensa en Pavlov y sus perros. En la última década del siglo XIX un joven científico ruso ató varios perros a una mesa, tocó una campanilla y luego les dio una sabrosa comida. Con el tiempo, después de ser expuestos muchas veces al mismo estímulo, los perros se ponían a salivar al oír la campanilla.

Es la llamada *respuesta condicionada* y este proceso es automático. ¿Por qué? Porque el cuerpo empieza a responder de manera autónoma (piensa en el sistema nervioso *autónomo*). La cascada de reacciones químicas desencadenadas en cuestión de milisegundos cambia el cuerpo fisiológicamente, y ello ocurre a nivel subconsciente sin que apenas nos demos cuenta o de manera automática.

Es una de las razones por las que nos cuesta tanto cambiar. Aunque creamos vivir en el presente, el cuerpo-mente subconsciente está viviendo en el pasado. Si esperamos que suceda en el futuro una situación previsible basándonos en un recuerdo del pasado, estamos viviendo como esos canes. Una experiencia vivida con alguien o algo en particular en un determinado momento y lugar nos hace responder fisiológicamente de manera automática (o autónoma).

En cuanto abandonamos las adicciones emocionales procedentes del pasado, ya no habrá nada que active los programas automáticos del antiguo yo.

Así pues, es lógico que aunque «pensemos» o «creamos» vivir en el presente lo más probable es que nuestro cuerpo esté viviendo en el pasado.

De las emociones al estado de ánimo, el temperamento y los rasgos de personalidad: cómo se habitúa al cuerpo a vivir en el pasado

Por desgracia, para la mayoría de las personas, como el cerebro funciona mediante la repetición y la asociación de ideas, no es necesario vivir un gran trauma para que el cuerpo se convierta en la mente.[1] Los desencadenantes más pequeños pueden producirnos respuestas emocionales que nos parecen incontrolables.

Por ejemplo, mientras vas en coche al trabajo haces una parada en la cafetería habitual para tomarte tu café preferido, pero descubres que ya no les queda. Decepcionado, te dices: *¿Cómo es posible que una empresa tan importante como ésta no tenga una buena provisión de un café con tanto éxito?* Al llegar al aparcamiento de tu lugar de trabajo te irritas al ver un coche aparcado en tu espacio favorito. Y cuando coges el ascensor, descubres exasperado que alguien que lo ha usado antes que tú ha pulsado todos los botones.

Cuando por fin llegas a la oficina, un compañero te pregunta: «¿Qué te pasa? Hoy pareces estar de mal humor».

Le cuentas tu historia y él te entiende perfectamente. Se la resumes diciendo: «Estoy de mala leche, pero se me pasará».

Pero no se te pasa.

Un *estado de ánimo* es un estado químico del ser, por lo general de corta duración, la expresión de una prolongada reacción emocional. Algo en tu entorno —en este caso, el camarero que no ha sido capaz de satisfacer tus deseos y otros pequeños incidentes— desencadena una respuesta emocional. Como las sustancias químicas de esta emoción no se usan al instante, sus efectos duran un rato. Se llama *periodo refractario*, es el tiempo que abarca desde el inicio de la liberación de estas sustancias hasta que el efecto disminuye.[2] Cuanto más dure el periodo refractario, más se experimentan esos sentimientos. Cuando el periodo químico refractario de una reacción emocional dura horas o días, es ya un estado de ánimo.

¿Qué ocurre si este estado de ánimo persiste? A partir de aquel día no has estado de demasiado buen humor y ahora durante la reunión de trabajo, al echar un vistazo a tu alrededor, lo único que se te ocurre es que alguien lleva una corbata horrenda y que el tono nasal de tu jefe es peor que el chirrido de unas uñas arañando una pizarra.

Cuando llegas a este punto, ya no es sólo un estado de ánimo, sino que estás reflejando un temperamento, la tendencia a expresar de forma habitual una emoción a través de determinadas conductas. Un temperamento es una reacción emocional con un periodo refractario que dura de semanas a meses.

Pero cuando el periodo refractario de una emoción dura meses y años, esta tendencia se transforma en un *rasgo de personalidad*. En este

CÓMO SE CREAN
LOS DISTINTOS ESTADOS del SER

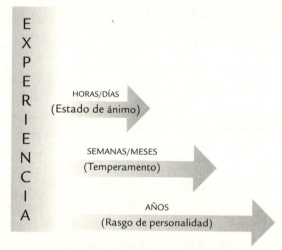

Figura 4B. Progresión de distintos periodos refractarios. Una experiencia crea una reacción emocional que puede transformarse en un estado de ánimo, después en el temperamento y, por último, en un rasgo de personalidad. Nosotros, como personalidad, memorizamos nuestras reacciones emocionales y vivimos en el pasado.

punto los demás te describen como un «amargado», «resentido», «iracundo» o «criticón».

Los rasgos de nuestra personalidad suelen basarse en emociones pasadas. La mayoría de las veces la personalidad (cómo pensamos, actuamos y sentimos) está anclada en el pasado. Por eso, para poder cambiar nuestra personalidad, debemos cambiar las emociones memorizadas. Dejar de vivir en el pasado.

Si vives en un futuro previsible, no cambiarás

Hay otra cosa que nos impide cambiar. Quizá también estemos acostumbrando al cuerpo a ser la mente para vivir un futuro previsible, basado en el recuerdo de un pasado conocido, con lo que nos perdemos el precioso «ahora».

Como ya sabes, podemos acostumbrar al cuerpo a vivir en el futuro. Aunque, claro está, esto puede servirnos para mejorar nuestra vida, como cuando nos concentramos en una nueva experiencia, como hizo mi hija al crear el trabajo de verano deseado en Italia. Como su historia demuestra, si nos concentramos en una situación futura deseada y planeamos cómo nos prepararemos o comportaremos, llega un momento en que vemos ese posible futuro con tanta claridad y concreción que nuestro pensamiento empieza a transformarse en la experiencia. En cuanto el pensamiento se convierte en la experiencia, genera una emoción. Cuando empezamos a sentir la emoción de una situación antes de que ésta se materialice, el cuerpo (como mente inconsciente) comienza a responder como si la situación ya estuviera sucediendo.

Pero ¿qué ocurre si empezamos a anticipar una experiencia futura no deseada o incluso nos obsesionamos con el peor de los escenarios, basándonos en un recuerdo del pasado? Seguimos programando el cuerpo para que experimente una situación futura antes de que ésta ocurra. Ahora el cuerpo ya no vive en el presente o en el pasado, sino en el futuro, pero en un futuro basado en alguna construcción del pasado.

Cuando esto ocurre, el cuerpo no sabe distinguir la situación real de la imaginada. Como creemos que lo más probable es que esa situación imaginada nos pase en la vida, el cuerpo se prepara para ella. Y empieza a vivirla de una forma muy real.

El siguiente ejemplo muestra cómo vivimos en el futuro basándonos en el pasado. Imagínate que te han pedido que des una conferencia ante 350 personas, pero te da miedo hablar en público por los recuerdos de las desastrosas charlas que diste en el pasado. Cuando piensas en la conferencia, te imaginas plantado ante la audiencia, tartamudeando y perdiendo el hilo de los pensamientos. Tu cuerpo empieza a responder como si esta situación del futuro estuviera ocurriendo. Los hombros se te tensan, el corazón te martillea en el pecho y te pones a sudar profusamente. Mientras te imaginas el tan temido día, haces que tu cuerpo ya esté viviendo esta estresante realidad.

Absorto en la posibilidad de fracasar de nuevo y obsesionado con ello, no dejas de pensar en esa temida realidad. La mente y el cuerpo, polarizados, van del pasado al futuro una y otra vez. Y, en consecuencia, te estás privando de la novedad de un maravilloso resultado en el futuro.

Como un ejemplo más universal de vivir en un futuro previsible, pongamos que durante muchos años al despertar por la mañana llevas a cabo de manera automática las mismas acciones de siempre. El cuerpo está tan acostumbrado a esa rutina diaria que pasa de una tarea a otra casi mecánicamente. Das de comer al perro, te cepillas los dientes, te vistes, preparas el té, sacas la basura, coges las cartas del buzón...; captas la idea, ¿no? Aunque te despiertes pensando hacer algo distinto, vuelves a lo mismo, a lo mismo de siempre, como si no pudieras evitarlo.

Después de haber memorizado esta clase de acciones durante una o dos décadas, tu cuerpo ha aprendido a esperarlas. En realidad, como subconscientemente lo has programado para vivir en el futuro, esto te permite dormirte detrás del volante, incluso se podría decir que ya no eres tú el que conduce. Ahora tu cuerpo no puede existir en el presente. Se ocupa de dirigirte haciendo funcionar un montón de programas inconscientes mientras tú te acomodas en el asiento del copiloto y dejas que te lleve a un destino rutinario y conocido.

Para abandonar tus hábitos casi automáticos y dejar de anticipar el futuro, necesitas aprender a vivir más allá del tiempo (más adelante me extenderé sobre el tema).

Vivir en el pasado, que es tu futuro

El siguiente ejemplo muestra cómo las emociones de siempre crean el futuro correspondiente. Un compañero del trabajo te invita a la barbacoa del Cuatro de Julio.* Sabes que todos los de tu departamento van a ir, pero no te gusta el anfitrión. Siempre es el número uno y no le importa hacérselo saber a los demás.

Cada vez que ha organizado un encuentro, has acabado pasándolo fatal, porque este tipo hace que te subas por las paredes. Mientras conduces hacia su casa, no dejas de pensar en que en la última fiesta interrumpió la comida para regalarle a su mujer un nuevo BMW. Estás seguro, como le has estado diciendo a tu pareja durante toda esta semana, que será un día horrible. Y acaba siéndolo. Te ponen una multa por saltarte un stop. Un compañero tuyo derrama una cerveza sobre tus pantalones y la camisa. Y la hamburguesa al punto que has pedido está poco hecha.

Pero dada la actitud (tu estado del ser) con la que has ido a la fiesta, ¿cómo podías esperar que las cosas te fueran mejor? Te has despertado esperando un día horrible y ha acabado siéndolo. Has estado pasando de tu obsesión con un futuro no deseado (anticipando lo que sucedería) a vivir en el pasado (comparando el estímulo que estabas recibiendo con los que recibiste en el pasado) para crear más de lo mismo.

Si observas tus pensamientos y los escribes, verás que la mayor parte del tiempo estás pensando en el futuro o en el pasado.

Vive tu nuevo futuro deseado en el precioso presente

Hay otras preguntas importantes que debes hacerte: si sabes que al estar presente y eliminar tus conexiones con el pasado puedes acceder a todos los resultados posibles en el campo cuántico, ¿por qué elegir vivir en el pasado y seguir creándote el mismo futuro? ¿Por qué no hacer lo que ya está a tu alcance: modificar mentalmente la configuración del cere-

---

* Fiesta nacional de Estados Unidos. *(N. de la T.)*

bro y el cuerpo para cambiar antes de que se materialice la experiencia deseada? ¿Por qué no decidir vivir ahora el futuro *elegido*?

En lugar de obsesionarte con una situación traumática o estresante que temes vivir en el futuro, basándote en tu experiencia del pasado, obsesiónate con una nueva experiencia deseada que aún no hayas sentido emocionalmente. Permítete vivir *ahora* en ese posible nuevo futuro, hasta el extremo que tu cuerpo acepte o crea estar sintiendo las elevadas emociones que la situación te producirá en el presente. (Aprenderás a hacerlo.)

¿Te acuerdas de cuando le dije a mi hija que debía vivir como si ya hubiera experimentado aquel maravilloso verano en Italia? Al hacerlo, ella le estaba transmitiendo al campo cuántico que aquella situación ya se había materializado.

Las personas que han destacado en el mundo lo han demostrado, miles de las llamadas personas corrientes lo han conseguido y tú también puedes lograrlo. Tienes todo el equipo neurológico necesario para trascender el tiempo, para adquirir esta habilidad. Lo que algunos llaman milagros, yo lo considero casos de individuos que se esforzaron en cambiar su estado del ser para que el cuerpo y la mente ya no siguieran siendo simplemente un registro del pasado, sino dos activos compañeros encaminándose hacia un futuro mejor.

Trasciende los Tres Grandes: las experiencias cumbre y los estados alterados de conciencia normales

A estas alturas, sabes que el mayor obstáculo para cambiar el hábito de ser el mismo de siempre es pensar y sentir *de acuerdo con* el entorno, el cuerpo y el tiempo. Mientras te preparas para el proceso de meditación que aprenderás en este libro, tu primer objetivo será aprender a pensar y sentir (ser) *más allá de* los «Tres Grandes».

Me apuesto lo que sea a que en algún momento de tu vida (quizás incluso con frecuencia) has pensado más allá del entorno, el cuerpo y el tiempo. Esos momentos en los que trasciendes los Tres Grandes es lo que algunos llaman un estado de «fluir». Hay varias formas de describir lo que sucede cuando el entorno, el cuerpo y la noción del tiempo desaparecen y nos «olvidamos» del mundo. Cuando doy charlas, les pido a los asistentes que me describan algún momento *creativo* en el que estuvieran tan enfrascados en algo o tan relajados y a gusto que entraron en un estado alterado de conciencia.

Estas experiencias suelen ser de dos clases. La primera es la llamada experiencia cumbre, un momento trascendente en el que alcanzamos un estado del ser que asociamos con los monjes y los místicos. Comparada con este episodio tan espiritual, la otra clase de experiencia puede parecer más mundana, ordinaria y prosaica, pero esto no significa que sea menos importante.

Mientras escribía este libro viví muchos momentos normales como éstos (aunque no tan a menudo como me hubiera gustado). Cuando me siento a escribir, suelo tener muchas otras cosas en la cabeza: mi cargada agenda de viajes, mis pacientes, mis hijos, mi equipo de trabajo, lo hambriento/soñoliento/feliz que me siento. Si es un buen día, cuando estoy inspirado y las palabras fluyen sin ningún esfuerzo, siento como si mis manos y el teclado fueran una prolongación de mi mente. No soy consciente de mis dedos moviéndose por el teclado ni de mi espalda apoyada en el respaldo de la silla. Los árboles mecidos por la brisa que veo desde la ventana del estudio desaparecen y la pequeña tensión en mi cuello ya no me distrae. Estoy completamente concentrado y absorto en las palabras que aparecen en la pantalla del ordenador. Y de pronto descubro que, aunque parezca haber transcurrido tan sólo un instante, ya hace una hora o más que estoy escribiendo.

Seguramente a ti también te ha ocurrido algo parecido mientras conducías, veías una película, disfrutabas de una cena en buena compañía, leías, tejías, tocabas el piano o simplemente estabas sentado en medio de la naturaleza en un lugar silencioso.

No sé si a ti también te pasa, pero después de vivir uno de esos momentos en los que el entorno, el cuerpo y el tiempo parecen desaparecer, me siento como nuevo. No siempre se dan mientras estoy escribiendo, pero al terminar de escribir mi segundo libro descubrí que ahora me ocurren más a menudo. A base de práctica, he conseguido controlar el estado de fluir y ahora ya no es una experiencia tan fortuita o imprevista como antes.

Trascender los Tres Grandes para vivir esta clase de momentos es esencial para despojarte de tu mente y crear otra nueva.

5

Supervivencia frente a creación

En el último capítulo he puesto el ejemplo de cuando escribo para ilustrar la importancia de trascender los Tres Grandes porque al escribir estamos *creando* palabras (ya sea en una página física o en un documento digital). La misma creatividad se da cuando pintamos, tocamos un instrumento musical, torneamos la madera o realizamos cualquier otra actividad que nos libere de los límites de los Tres Grandes.

¿Por qué nos cuesta tanto vivir esos momentos creativos? Si nos centramos en un penoso pasado o en un temido futuro, significa que estamos viviendo la mayor parte del tiempo estresados, en un estado de supervivencia. Tanto si estamos obsesionados con la salud (la supervivencia del *cuerpo*), el pago de la hipoteca (la necesidad de sobrevivir en un espacio que nos proteja del *entorno* exterior) o el *tiempo* que nos falta para hacer lo necesario para sobrevivir, la mayoría estamos mucho más acostumbrados a vivir en el estado adictivo de la mente llamado de «supervivencia» que en el de creadores.

En mi primer libro explico con gran detalle en qué se diferencia un estado creativo de un estado de supervivencia. Si deseas conocer más a fondo estas diferencias, puedes leer los capítulos 8-11 de *Desarrolla tu cerebro*. En las siguientes páginas describiré brevemente la diferencia entre ambos estados.

Para entender el estado de supervivencia imagínate un animal, como un ciervo, pastando satisfecho en el bosque. Supongamos que vive en homeostasis, en perfecto equilibrio, con el entorno. Pero si detecta algún peligro en el mundo exterior —como por ejemplo un depredador—, se activa en él la respuesta de lucha o huida del sistema nervioso. El *sistema nervioso simpático* forma parte del sistema nervioso autónomo, que se ocupa de funciones automáticas del cuerpo como la digestión, la regulación térmica, los niveles de azúcar en la sangre y otras similares. El cuerpo del ciervo se prepara para afrontar la situación de emergencia cambiando químicamente: el sistema nervioso simpático activa de manera automática las glándulas suprarrenales para movilizar una gran cantidad de energía. Si le persigue una manada de coyotes, utiliza esta energía para huir. Y si es lo bastante ágil como para huir sin sufrir ningún daño, quizás al cabo de quince o veinte minutos, cuando la amenaza haya desaparecido, vuelva a pastar como si nada tras recuperar el equilibrio interior.

Los humanos tenemos el mismo sistema. Cuando detectamos un peligro, el sistema nervioso simpático se activa y la energía se moviliza, como ocurre con el ciervo. En los albores de la historia humana, esta respuesta de adaptación tan eficaz nos ayudaba a enfrentarnos a depredadores y a otras amenazas para sobrevivir. Aquellas cualidades de los animales nos iban de maravilla para nuestra evolución como especie.

La respuesta humana al estrés se activa con un simple pensamiento y dura más de lo debido

Por desgracia, existen varias diferencias entre el *Homo sapiens* y los seres del reino animal con los que compartimos el planeta que no nos sirven tanto. Cada vez que alteramos el equilibrio químico del cuerpo, se produce lo que llamamos «estrés». La *respuesta de estrés* es la manera innata del cuerpo de responder a lo que le hace perder el equilibrio y a lo que hace para recuperarlo. Tanto si vemos un león en el Serengueti como si nos topamos en el supermercado con una ex pareja poco cordial o perdemos los nervios en un atasco por estar llegando tarde a una reunión, la respuesta de estrés se activa porque estamos reaccionando al medio exterior.

Los seres humanos, a diferencia de los animales, activamos la respuesta de lucha o huida con un simple pensamiento. Y este pensamiento puede no tener que ver con las circunstancias presentes. Podemos activar la respuesta de lucha o huida al anticipar alguna situación. Y lo peor de todo es que podemos desencadenar la respuesta de estrés al recordar un episodio infeliz urdido en el tejido de nuestra materia gris.

Así pues, tanto si anticipamos una experiencia que nos produce la respuesta de estrés como si la recordamos, el cuerpo está existiendo en el futuro o en el pasado. Convertimos por desgracia las situaciones estresantes breves en largas.

Por otro lado, por lo que se sabe hasta ahora, los animales no tienen la capacidad humana (o quizá debería decir la *dis*capacidad) de activar la respuesta de estrés con tanta frecuencia y facilidad que finalmente no pueden desactivarla. Al ciervo, que vuelve a pastar felizmente al poco rato, no le acosan pensamientos de lo que le acaba de suceder minutos antes y menos aún de cuando el coyote lo persiguió dos meses atrás. Esta clase de estrés recurrente es perjudicial para nosotros porque no existe ningún organismo que esté dotado de un mecanismo para afrontar los efectos físicos negativos de una respuesta de estrés tan frecuente y duradera. Es decir, ningún ser puede evitar las consecuencias de vivir una situación de emergencia prolongada. Cuando activamos la respuesta de estrés y no podemos desactivarla, el cuerpo acaba fallando.

Pongamos que estás activando constantemente el sistema de lucha o huida por alguna circunstancia amenazadora de tu vida (real o imaginada). Mientras el corazón te late con furia en el pecho bombeando un montón de sangre hacia las extremidades y el cuerpo pierde el equilibrio homeostático, el sistema nervioso te prepara para huir o luchar. Pero afrontémoslo: no puedes largarte a las Bahamas ni estrangular a tu compañero de trabajo, sería un acto demasiado primitivo. Por eso condicionas al corazón a estar latiendo con furia todo el tiempo y tal vez acabes con la tensión alta, arritmias y otros trastornos.

¿Y qué ocurre cuando sigues movilizando toda esta energía para alguna emergencia? Si estás gastando toda tu energía en algún problema del mundo exterior, te quedará muy poca para tu mundo interior. El sistema *inmunológico*, que controla tu mundo interior, no tiene suficiente energía para el crecimiento y la regeneración. Y acabas enfermando, ya sea por un resfriado, un cáncer o por artritis reumatoide (todos son trastornos autoinmunes).

Si piensas en ello, verás que la diferencia entre los animales y los humanos es que, aunque todos suframos estrés, nosotros reexperimentamos y «pre-experimentamos» situaciones traumáticas. ¿Qué es lo más perjudicial de las respuestas de estrés activadas por las presiones del pasado, el presente y el futuro? Cuando perdemos el equilibrio químico tan a menudo, esta falta de equilibrio acaba siendo el estado habitual. Con lo que estaremos destinados a vivir nuestro destino genético, y en la mayoría de los casos esto significa sufrir alguna enfermedad.

La razón es evidente: el efecto dominó de la cascada de hormonas y de otras sustancias químicas liberadas como respuesta al estrés puede alterar algunos genes y producir con ello enfermedades. Es decir, el estrés recurrente presiona los botones genéticos que pueden empezar a enviarnos a nuestro destino genético. Lo que en el pasado era una conducta adaptativa muy eficaz y una respuesta bioquímica beneficiosa (lucha o huida) se ha convertido ahora en una serie de circunstancias muy perjudiciales y desadaptativas.

Por ejemplo, cuando un león perseguía a tus antepasados, la respuesta de estrés hacía aquello para lo que estaba diseñada: protegerlos del medio exterior. Esto es una conducta adaptativa. Pero si durante días y días te preocupas por el ascenso, te obsesionas con tu presentación para ocupar un cargo superior o te angustias por tu madre hospitalizada, estas situaciones crean las mismas sustancias químicas *que si* te estuviera persiguiendo un león.

Esto es una conducta desadaptativa. Cuando este estado de emergencia dura demasiado, la respuesta de lucha o huida usa la energía que tu medio interno necesita. El cuerpo le roba esta energía vital al sistema inmunológico, al sistema digestivo y a los sistemas endocrinos, entre otros, y se la envía a los músculos para que puedas luchar contra un depredador o huir del peligro. Pero en tu situación esto sólo te perjudica.

Desde una perspectiva psicológica, la sobreproducción de hormonas del estrés genera emociones humanas de ira, miedo, envidia y odio; fomenta sentimientos de agresividad, frustración, ansiedad e inseguridad; y provoca experiencias de dolor, sufrimiento, tristeza, desesperanza y depresión. La mayoría de la gente se pasa la mayor parte del tiempo preocupándose con pensamientos y sentimientos negativos. ¿Es porque la mayoría de las cosas que nos ocurren son negativas? ¡Claro que no! Tienen una actitud tan negativa porque viven anticipando el estrés o reexperimentándolo con los recuerdos, por eso la mayoría de sus pensamientos y sentimientos están motivados por las fuertes hormonas del estrés y la supervivencia.

Cuando se activa la respuesta de estrés, nos centramos en tres elementos muy importantes:

- El cuerpo (*Debo protegerlo*).
- El entorno (*¿Adónde puedo ir para huir de la amenaza?*).
- Tiempo (*¿Cuánto tiempo tengo para evitar esta amenaza?*).

Los humanos estamos tan dominados por los Tres Grandes porque vivimos en un estado de supervivencia. La respuesta de estrés y las hormonas que secreta nos obligan a centrarnos (y obsesionarnos) en el cuerpo, el entorno y el tiempo. Por eso empezamos a definir nuestro «yo» en el marco del reino físico, nos volvemos menos espirituales, menos conscientes, menos atentos y menos lúcidos.

Dicho de otro modo, nos volvemos más «materialistas», es decir, estamos pensando constantemente en *cosas* del mundo exterior. Nos identificamos con nuestro cuerpo. El mundo exterior acapara toda nuestra atención porque es en él que esas sustancias químicas nos obligan a fijarnos: todo aquello que poseemos, la gente que conocemos, los lugares que visitamos, los problemas que afrontamos, los peinados que no nos gustan, las partes de nuestro cuerpo, los kilos que pesamos, nuestro aspecto comparado con el de los demás, cuánto tiempo tenemos o nos falta...; ya te habrás hecho una idea de lo que quiero decir. Y recordamos quién somos basándonos sobre todo en lo que conocemos y hacemos.

Vivir en un estado permanente de supervivencia hace que nos centremos en el 00,00001 por ciento de la realidad en lugar de hacerlo en el 99,99999 por ciento.

Vivir en el estado de supervivencia como «alguien»

La mayoría de las personas solemos vernos como «alguien». Pero los Tres Grandes no tienen nada que ver con quien somos. En realidad, somos una conciencia conectada a un campo cuántico de inteligencia.

Cuando nos convertimos en ese alguien, en ese yo físico materialista viviendo en un estado de supervivencia, nos olvidamos de quien somos realmente. Nos desconectamos del campo universal de inteligencia y creemos estar separados de él. Cuanto más vivimos condicionados por las hormonas del estrés, más se convierte el torrente de sustancias químicas en nuestra identidad.

Si creemos ser únicamente seres físicos, nos percibiremos sólo con nuestros sentidos físicos. Y cuanto más usamos los sentidos para definir nuestra realidad, más dejamos que la *determinen*. Somos prisioneros de una mentalidad newtoniana en la que intentamos prever el futuro basándonos en experiencias pasadas. Recuerda que el modelo newtoniano de la realidad se basa en prever un resultado. Ahora estamos intentando controlar nuestra realidad, en lugar de dejar que algo superior se ocupe de ella. Todo cuanto hacemos es tratar de sobrevivir.

Si el modelo cuántico de la realidad lo define todo como energía, ¿por qué nos percibimos más como seres físicos que como seres de energía? Se podría decir que las emociones de supervivencia (las emociones son *energía en movimiento*) tienen una frecuencia o una vibración más baja. Vibran con una longitud de onda más lenta y, por lo tanto, fomentan lo físico. Nos volvemos más densos, pesados y corpóreos porque esta energía nos hace vibrar con más lentitud. El cuerpo se vuelve literalmente compuesto por más masa y menos energía, por más materia y menos mente.[1]

Por eso tiene sentido que si inhibimos nuestras emociones de supervivencia más primitivas y empezamos a superar nuestra adicción a ellas, nuestra frecuencia energética subirá y tenderemos menos a apegarnos al cuerpo. En cierto modo, cuando el cuerpo se ha «convertido» en la mente, podemos liberar la energía del cuerpo en el campo cuántico. A medida que nuestras emociones se vuelven más elevadas, nuestra conciencia

EMOCIONES DE SUPERVIVENCIA FRENTE A EMOCIONES ELEVADAS

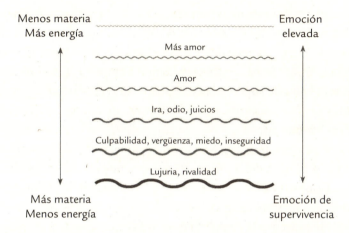

Menos materia — Emoción elevada
Más energía

Más amor

Amor

Ira, odio, juicios

Culpabilidad, vergüenza, miedo, inseguridad

Lujuria, rivalidad

Más materia — Emoción de
Menos energía — supervivencia

Figura 5A. Las ondas de más alta frecuencia de la parte superior vibran con mayor rapidez y, por lo tanto, a una velocidad más parecida a la de la energía que a la de la materia. Si desciendes en la escala, verás que cuanto más lenta es la longitud de onda, más «material» se vuelve la energía. Por esta razón las emociones de supervivencia nos condicionan a ser más como la materia y menos como la energía. Emociones como la ira, el odio, el sufrimiento, la vergüenza, la culpabilidad, los juicios y la lujuria nos hacen ser más físicos porque vibran a una frecuencia más lenta que se parece más a lo físico. En cambio, emociones más elevadas como el amor, la dicha y la gratitud vibran a una frecuencia más alta y, por consiguiente, se parecen más a la energía y son menos físicas/materiales.

sube de nivel, está más cerca de la Fuente..., y nos sentimos más conectados a la inteligencia universal.

Adictos a ser alguien

Cuando se activa la respuesta de estrés por una amenaza real o evocada, el organismo se inunda de una cascada de sustancias químicas para darnos un montón de energía, «despertando» momentáneamente el cuerpo y ciertas regiones del cerebro para que nos centremos en los Tres Grandes. Es una experiencia muy adictiva porque es como tomarse un expreso triple: durante unos momentos nos sentimos muy «excitados».

Con el tiempo, sin darnos cuenta nos volvemos adictos a nuestros problemas, circunstancias adversas o relaciones poco sanas de nuestra vida. Mantenemos estas situaciones para alimentar nuestra adicción a las emociones de supervivencia y poder así recordar ese alguien que creemos ser. Nos encanta sentir el torrente de energía generado por nuestros problemas.

Además, asociamos este subidón emocional con cada persona, cosa, lugar y experiencia del mundo exterior que nos resulta conocido y familiar. También nos volvemos adictos a estos elementos del entorno exterior, nos identificamos con él.

Si aceptamos que la respuesta de estrés se puede activar con un simple pensamiento, es lógico que estemos sintiendo el mismo torrente adictivo de sustancias químicas que si nos estuviera persiguiendo un depredador. Por eso sin darnos cuenta nos volvemos adictos a los pensamientos que nos hacen liberar adrenalina y nos cuesta mucho cambiar de mentalidad. Pensar más allá de lo que sentimos o de manera distinta a la habitual nos resulta demasiado incómodo. En cuanto nos privamos de la sustancia a la que nos hemos enganchado —en este caso los pensamientos y sentimientos conocidos vinculados a nuestra adicción emocional—, ansiamos volver a tenerlos, experimentamos la sensación de no poder vivir sin ellos y un montón de vocecitas interiores nos instan a no cambiar. Por eso seguimos encadenados a nuestra realidad habitual.

Nuestros pensamientos y sentimientos, que son en su mayoría limitadores, nos hacen volver a los problemas, las condiciones, los factores estresantes y las malas decisiones que desencadenaron la reacción de lucha o huida. Seguimos rodeados de todos estos estímulos negativos para poder activar la respuesta de estrés, porque esta adicción refuerza nuestra idea de quien somos, reafirma nuestra identidad personal. Es decir, la mayoría nos hemos vuelto adictos a los problemas y las condiciones de nuestra vida que nos producen estrés. Tanto si es por un trabajo mal remunerado o una relación sentimental insatisfactoria, no queremos resolver nuestros problemas porque reafirman nuestra imagen de ser alguien, alimentan nuestra adicción a las emociones de baja frecuencia.

Y lo peor de todo es que vivimos temiendo que si estos problemas desaparecieran no sabríamos qué pensar ni qué sentir, ni experimentaríamos el torrente de energía que nos hace recordar quien somos. A la mayoría de personas nos aterra la posibilidad de *no* ser alguien. ¡Qué horrible nos parece ser «nadie», carecer de identidad!

El yo egoísta

Como puedes ver, lo que identificamos como nuestro yo existe en el contexto de la asociación emocional colectiva con nuestros pensamientos y sentimientos, nuestros problemas, y todos esos elementos de los Tres Grandes. No es de extrañar que nos cueste tanto mirar en nuestro interior y dejar atrás la realidad que hemos creado. ¿Cómo íbamos a saber quién somos si no fuera por el entorno, el cuerpo y el tiempo? Por eso dependemos tanto del mundo exterior. Nos limitamos usando los sentidos para definir y cultivar las emociones a fin de recibir la respuesta fisiológica que reafirma nuestras adicciones personales. Hacemos todo esto para sentirnos humanos.

Cuando nuestra respuesta de supervivencia es demasiado exagerada en cuanto a lo que está ocurriendo en nuestro mundo exterior, este exceso de hormonas de la respuesta de estrés hace que nos obsesionemos con los parámetros del yo. Y nos volvemos demasiado egoístas. Nos obsesionamos con nuestro cuerpo o con un aspecto del entorno, y vivimos siendo esclavos del tiempo. Nos quedamos atrapados en esta realidad en concreto y creemos ser incapaces de cambiar, de suprimir el hábito de ser el de siempre.

Estas exageradas emociones de supervivencia hacen que un *ego sano* (el ego al que nos referimos cuando decimos «yo») pierda el equilibrio.

Cuando el ego está en peligro, su tarea es asegurarse de que estamos protegidos y a salvo en el mundo exterior. Por ejemplo, el ego se asegura de que no nos acerquemos demasiado a una hoguera o al borde de un precipicio. Cuando el ego está equilibrado, su instinto natural es el de protegernos. Existe un sano equilibrio entre sus necesidades y las ajenas, entre la atención que pone en sí mismo y en los demás.

Cuando en una situación de emergencia entramos en el estado de supervivencia, es lógico que nos fijemos sobre todo en nosotros mismos. Pero cuando este estado se cronifica, las sustancias químicas del estrés hacen que el cuerpo y el cerebro pierdan el equilibro. Nos centramos demasiado en la supervivencia y nosotros somos lo primero, todo lo demás es secundario, y somos egoístas todo el tiempo. Nos volvemos caprichosos, egocéntricos y engreídos, llenos de autocompasión y autoodio. Cuando el ego vive bajo un estrés constante, «uno» es lo primero.

En estas condiciones, al ego lo que más le preocupa es prever cada resultado de cada situación, porque está demasiado centrado en el mundo exterior y se siente totalmente separado del 99,99999 por ciento de la realidad. Cuanto más definimos la realidad con los sentidos, más se convierte en nuestra ley. Y la realidad material como ley es lo opuesto a la ley cuántica. Aquello en lo que ponemos la atención es nuestra realidad. Y si la ponemos en el cuerpo y en el mundo físico, y nos quedamos atrapados en una línea del tiempo lineal, ésta será nuestra realidad.

Olvidarnos de las personas que conocemos, los problemas, los bienes materiales y los lugares visitados; perder la noción del tiempo e ir más allá del cuerpo y de su necesidad de alimentar sus habituaciones; renunciar al colocón de las experiencias a las que nos hemos acostumbrado emocionalmente que refuerzan nuestra identidad; dejar de intentar prever una situación del futuro o de recordar un episodio del pasado; desprendernos del ego egoísta al que sólo le importan sus propias necesidades; pensar o soñar más allá de lo que sentimos y anhelar lo desconocido, es empezar a ser libres en el presente.

Si nuestros pensamientos nos hacen enfermar, ¿pueden también curarnos?

Vamos a dar un paso más. Como he señalado antes, un simple pensamiento puede activar la respuesta de estrés. También he mencionado el hecho científico de que las sustancias químicas asociadas al estrés activan unos genes en particular al crear un entorno muy duro para las células, lo cual puede generar enfermedades. Por eso es lógico que nuestros pensamientos puedan hacernos enfermar. Si nos hacen enfermar, ¿pueden también curarnos?

Pongamos que una persona está resentida por algunas experiencias vividas en un corto espacio de tiempo. Sus reacciones inconscientes a estas vivencias hacen que se aferre a su amargura. Y las sustancias químicas correspondientes a esta emoción inundan entonces las células de su cuerpo. Con el paso de las semanas esta emoción se transforma en un estado de ánimo y, al durar durante meses, en un temperamento. Si éste se mantiene presente durante años, acaba formando un fuerte rasgo de personalidad llamado resentimiento. En realidad, esta persona ha memorizado la emoción tan bien que ahora el cuerpo conoce el resentimiento mejor que la mente consciente, porque el ciclo de pensar y sentir, y sentir y pensar, se ha estado dando durante años.

Ahora que sabes que las emociones son la huella química de una experiencia, ¿no te parece que mientras esta persona siga aferrada al resentimiento su cuerpo continuará reaccionando como si estuviera viviendo los episodios de años atrás que lo causaron? Y si fue la reacción del cuerpo a estas sustancias químicas del resentimiento lo que alteró la función de determinados genes y esta reacción ha seguido indicando a los mismos genes que respondan de la misma manera, ¿no crees que el cuerpo puede acabar desarrollando una afección física como el cáncer?

Si es así, ¿es posible que en cuanto esta persona desmemorice la emoción del resentimiento —al dejar de tener los pensamientos que la crearon y viceversa—, su cuerpo (como mente inconsciente) se libere de esta adicción emocional? Con el tiempo, ¿dejará de indicarles lo mismo a los genes?

Pongamos que empieza a pensar y sentir de una nueva forma, hasta tal punto que se inventa un nuevo ideal de sí mismo relacionado con una nueva personalidad. A medida que vive en un nuevo estado del ser, ¿es posible que lo que les indique a los genes sea beneficioso y prepare el cuerpo para sentir un estado emocional elevado, antes de alcanzar la buena salud que desea? ¿Podría hacerlo hasta el punto de que el cuerpo empiece a cambiar simplemente con los pensamientos?

Lo que acabo de describir en términos tan sencillos le sucedió a un alumno de uno de mis seminarios que se curó de un cáncer.

Bill, de 57 años, trabajaba en una empresa dedicada a la reparación de tejados. Tras visitar a un dermatólogo por una lesión que le había aparecido en el rostro, le diagnosticaron un melanoma maligno. Aunque se sometió a cirugía, radioterapia y quimioterapia, el cáncer se le propagó por el cuello, después por el costado y por último por la pantorrilla. Cada vez que el cáncer se manifestaba, se sometía a la misma clase de tratamiento.

En muchas ocasiones se decía: «¿Por qué me ha tenido que pasar a mí?» Sabía que su excesiva exposición al sol era un factor de riesgo, pero otros compañeros que trabajaban con él no habían desarrollado ningún tipo de cáncer. Se obsesionó con esta injusticia.

Después de recibir el tratamiento en el costado izquierdo, se preguntó si sus pensamientos, emociones y conductas habían contribuido a su enfermedad. Mientras reflexionaba sobre ello, descubrió de pronto que durante más de treinta años había estado resentido, pensando y sintiendo que siempre tenía que renunciar a lo que quería por el bien de los demás.

Por ejemplo, al terminar los estudios en el instituto había querido ser un músico profesional. Pero cuando su padre sufrió una lesión que le impidió seguir trabajando, tuvo que unirse a la empresa familiar dedicada a la reparación de tejados. A pesar de los años, seguía reexperimentando la misma horrible sensación que cuando le dijeron que debía renunciar a sus aspiraciones, su cuerpo seguía viviendo en el pasado. Este episodio estableció un patrón de sueños rotos en su vida. Siempre que algo le salía mal, como cuando el sector de la construcción cayó en picado justo después de expandir él su negocio, le echaba la culpa a alguien o a algo.

Bill había memorizado tanto la pauta de la respuesta emocional de la amargura, que ésta se acabó convirtiendo en un rasgo de su personalidad, en un programa inconsciente. Su estado del ser había estado indicando lo mismo a los mismos genes durante tanto tiempo que habían creado la enfermedad que ahora sufría.

Bill no podía permitir que su entorno le siguiera controlando: las personas, los lugares y las influencias en su vida siempre le habían estado dictando cómo pensar, sentir y actuar. Intuyó que para romper los vínculos que mantenía con su antiguo yo y reinventar uno nuevo debía apartarse de su entorno habitual. Decidió hacer un retiro durante dos semanas en Baja, México, alejado de su familia.

Las cinco primeras mañanas se dedicó a observar lo que pensaba cuando se sentía resentido. Se volvió un observador cuántico de sus pensamientos y sentimientos y tomó conciencia de su mente inconsciente. Después observó su conducta y sus acciones inconscientes de antes. A partir de entonces decidió que todo lo que pensara, hiciera o sintiera estaría lleno de afecto hacia sí mismo.

Tras la primera semana de vivir en este estado de plena atención, Bill se sintió libre porque había liberado a su cuerpo de la adicción emocional al resentimiento. Al dejar de tener los mismos pensamientos y sentimientos de siempre que influían en su conducta, impidió que las señales de las emociones de supervivencia hicieran que su cuerpo le llevara a pensar como de costumbre. Y después usó la energía que su cuerpo había liberado para crear un nuevo destino.

Durante la siguiente semana se sintió tan bien que reflexionó sobre la nueva persona que quería ser y cómo respondería a la gente, los lugares y las influencias que lo habían estado controlando. Por ejemplo, decidió que cuando su mujer y sus hijos expresaran un deseo o necesidad les respondería con bondad y generosidad, en vez de hacerles sentir como una carga. Es decir, se centró en cómo quería pensar, actuar y sentir al enfrentarse a situaciones que antes eran un reto para él. Estaba creando una personalidad nueva, una mente nueva, un estado del ser nuevo.

Bill empezó a poner en práctica lo que había decidido mientras hacía el retiro en la playa de Baja. Al poco tiempo, advirtió que el tumor de la pantorrilla había disminuido. Una semana más tarde, cuando fue al médico, ya no tenía cáncer. Y sigue estando sano hasta el día de hoy.

Al hacer que las neuronas se activaran de otras formas, cambió biológica y químicamente. Con ello envió nuevas señales a nuevos genes, y las células cancerosas no pudieron coexistir con la nueva mente, la nueva química interior y el nuevo yo. Antes estaba atrapado en las emociones del pasado, pero ahora vive en un nuevo futuro.

El estado creativo: vivir como nadie

Al final del capítulo anterior he descrito brevemente qué es vivir en un estado creativo. Son los momentos en que estamos totalmente absortos en algo, en un estado de fluir, cuando nos olvidamos del entorno, el cuerpo y el tiempo y la mente se aquieta.

Vivir en este estado es vivir como nadie. ¿Te has dado cuenta de que cuando estás creando algo te olvidas de ti? Desconectas de tu mundo conocido. Ya no eres alguien que asocia su identidad con los objetos que posees, las personas que conoces, las tareas que realizas y los distintos lugares donde viviste en determinadas épocas. Se podría decir que cuando estás en un estado creativo te olvidas del hábito de ser *tú*. Te despojas de tu ego egoísta y te vuelves altruista.

En esos momentos has ido más allá del tiempo y el espacio y te has convertido en conciencia pura e inmaterial. En cuanto ya no estás conectado al cuerpo, ya no sigues centrándote en las personas, los lugares o las cosas de tu entorno exterior. Vives más allá del tiempo lineal, estás cruzando la puerta del campo cuántico. Como no puedes entrar en él como alguien, debes hacerlo como nadie. Tienes que dejar al ego ególatra afuera y entrar en el reino de la conciencia *como* pura conciencia. Y como he dicho en el capítulo 1, para cambiar tu cuerpo (para estar

más sano), algo en tus circunstancias exteriores (quizás un nuevo trabajo o una nueva relación) o tu línea del tiempo (hacia una posible realidad futura), debes convertirte en sin cuerpo, sin espacio, sin tiempo.

El mejor consejo es: para poder cambiar cualquier aspecto de tu vida
(cuerpo, entorno o tiempo), debes trascenderlo. Para poder controlar
los Tres Grandes, debes dejarlos atrás.

El lóbulo frontal: sede de la creación y el cambio

Cuando nos encontramos en el estado creativo, estamos activando el
centro creativo del cerebro, el lóbulo frontal (se encuentra en la parte
anterior del cerebro y comprende la corteza prefrontal). Es la parte más
nueva y evolucionada del sistema nervioso humano y la más adaptable
del cerebro. Tiende a ser el centro creativo de quien somos y el jefe o el
que toma las decisiones. El lóbulo frontal es la sede de la atención, la
concentración, la conciencia, la observación y la concienciación. Es
donde barajamos distintas posibilidades, demostramos una firme intención, tomamos decisiones, controlamos las conductas impulsivas y
emocionales y aprendemos cosas nuevas.

Para que lo entiendas mejor, el lóbulo frontal realiza tres funciones
esenciales. Entrarán en juego cuando en la tercera parte del libro conozcas y practiques los pasos para aprender a meditar y suprimir así el
hábito de ser el mismo de siempre.

1. *La metacognición: la toma de conciencia para evitar estados mentales y físicos negativos*

Si deseas crear un nuevo yo, lo primero que debes hacer es desprenderte del viejo. En el proceso creativo, la primera función del lóbulo frontal es la toma de conciencia.

Como tenemos facultades *metacognitivas* —el poder de observar nuestros pensamientos y nuestro yo—, podemos decidir cómo no queremos seguir *siendo*... para dejar de pensar, actuar y sentir como siempre. Esta capacidad introspectiva nos permite analizarnos y hacer luego un plan para cambiar de conducta a fin de producir resultados más inteligentes o convenientes.[2]

Allí donde pones la atención, pones la energía. Para usar la atención de forma que enriquezca tu vida, debes analizar lo que ya has creado. En este momento es cuando empiezas a «conocerte». Observas las ideas que tienes sobre la vida, sobre ti mismo y sobre los demás. Eres *lo* que eres, eres *donde* estás y eres *quien eres* por lo que piensas acerca de ti. Tus ideas son los pensamientos que sigues aceptando de manera consciente o inconsciente como la ley en tu vida. Afectan tu realidad tanto si eres consciente de ellos como si no.

Si deseas una nueva realidad personal en tu vida, empieza a observar todos los aspectos de tu personalidad actual. Como los elementos que la componen actúan sobre todo a nivel inconsciente, como programas automáticos, debes mirar en tu interior y observar esos elementos de los que seguramente no eres consciente. Dado que tu personalidad se compone de cómo piensas, actúas y sientes, observa tus pensamientos inconscientes, tu conducta refleja y tus reacciones emocionales automáticas para ver si son verdaderos y si quieres seguir invirtiendo tu energía en ellos.

Ser consciente de los estados mentales y físicos inconscientes exige fuerza de voluntad, un propósito y una gran atención. Si te vuelves más consciente, estarás más atento. Y si estás más atento, serás más consciente. Si te vuelves más consciente, advertirás más cosas. Y si adviertes más cosas, aumentará tu capacidad de observarte a ti mismo y a los demás, de observar tanto los elementos internos como externos de tu realidad. Y cuanto más observas, más consciente te vuelves de tu mente inconsciente.

El objetivo de la autoconciencia es evitar que se dé de manera automática cualquier pensamiento, acto o emoción que ya no desees experimentar. Y con el tiempo, tu capacidad para evitar estos estados del ser hará que los circuitos neurales relacionados con tu anterior personalidad dejen de activarse y conectarse. Y al no volver a crear la misma mente a diario, eliminas la configuración vinculada al antiguo yo. Y además, al dejar de tener los sentimientos relacionados con esos pensamientos, ya no les sigues señalando lo mismo a los genes. Impides que tu cuerpo continúe reafirmándose como la misma mente. Este proceso te permite empezar a «desprenderte de tu mente».

A medida que aprendes a conocer los aspectos de tu antiguo yo, te vuelves más consciente. Tu objetivo es desaprender lo que estabas acostumbrado a ser y usar la energía liberada para crear una vida nueva, una personalidad nueva. *Porque si sigues con la misma personalidad, no podrás crear una nueva realidad personal.* Debes convertirte en otra persona. La metacognición es tu primera tarea para dejar atrás el pasado y crear un nuevo futuro.

2. Crea una mente nueva para poder pensar en una nueva forma de ser

La segunda función del lóbulo frontal es crear una mente nueva para eliminar los circuitos neurales producidos por la forma en que tu cerebro se ha estado activando durante tantos años y prepararlo para que cree otros nuevos.

Al reservarnos un tiempo y un espacio para pensar en una nueva forma de ser, es cuando el lóbulo frontal se dedica a crearla. En esos momentos nos imaginamos nuevas posibilidades y nos hacemos preguntas importantes sobre lo que de verdad queremos, cómo y quién deseamos ser, y qué es lo que queremos cambiar de nosotros mismos y de nuestras circunstancias.

Como el lóbulo frontal tiene conexiones con otras partes del cerebro, puede escanear todos los circuitos neurales para unir a la perfección los retazos de información almacenados en forma de circuitos de conocimientos y experiencias. Y luego selecciona y elige los circuitos neurales que desea y los combina en una diversidad de formas para crear una mente nueva. Crea un modelo o una representación interior que vemos como la imagen del resultado que deseamos. Por eso es lógico que cuantos más conocimientos adquiramos, más variadas serán las redes neurales creadas y más podremos soñar con modelos más complejos y detallados.

Para empezar a dar este paso de la creación, es bueno entrar en un estado de curiosidad, contemplación, búsqueda de posibilidades, reflexión o especulación haciéndote algunas preguntas importantes. Las preguntas abiertas son el método más estimulante para que la mente fluya:

- ¿Cómo sería si...?
- ¿Cuál es una mejor forma de...?
- ¿Qué sucedería si yo fuera esta persona, viviendo en esta realidad?
- ¿Qué personaje histórico admiro y cuáles son sus rasgos admirables?

Las respuestas crearán una mente nueva, porque mientras las respondes con sinceridad tu cerebro empieza a funcionar de distinta manera. Y al comenzar a repasar mentalmente nuevas formas de ser, vas renovando los circuitos neurológicos hasta crear una mente nueva, y cuanto más «renueves tu mente» más cambiará tu cerebro y tu vida.

Tanto si deseas ser rico como un mejor progenitor —o un gran mago, lo mismo da en este caso—, te aconsejo que te llenes el cerebro de conocimientos sobre el tema que te interesa porque así dispondrás de más componentes básicos para crear un nuevo modelo de la realidad que deseas vivir. Cada vez que adquieres información, añades nuevas conexiones sinápticas que te sirven como materia prima para cambiar el hábito del cerebro de activarse igual que siempre. Cuantas más cosas aprendes, más municiones tienes para destruir tu antigua personalidad.

EL LÓBULO FRONTAL como CREADOR

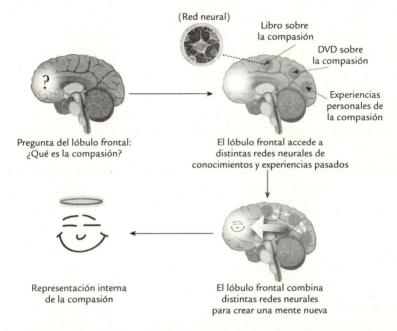

Figura 5B. Cuando el lóbulo frontal funciona en estado creativo, le echa una mirada al cerebro y reúne toda la información que hay en él para crear una mente nueva. Si la compasión es el nuevo estado del ser que deseas crear, en cuanto te preguntas en qué consiste ser compasivo, el lóbulo frontal combina distintas redes neurales de nuevas formas para crear un nuevo modelo o visión. Tal vez use la información almacenada de los libros leídos, los DVD vistos, las vivencias personales y de otras fuentes para que el cerebro funcione de una nueva forma. En cuanto crea esta mente nueva, tú ves la imagen, el holograma o la visión de lo que la compasión significa para ti.

3. *Haz que el pensamiento sea más real que ninguna otra cosa*

Durante el proceso creativo, el tercer papel más importante del lóbulo frontal es hacer que el pensamiento sea más real que ninguna otra cosa. (En la tercera parte del libro describo cómo llevarlo a cabo.)

Cuando nos encontramos en estado creativo, el lóbulo frontal se activa tanto que baja el volumen de los circuitos de las otras regiones del cerebro para dedicarse a procesar un único pensamiento.[3] Como el lóbulo frontal es el jefe que actúa de mediador con el resto del cerebro, puede observar toda la «geografía». Así que baja el volumen de los centros sensoriales (responsables de las «sensaciones» del cuerpo), de los centros motrices (responsables de los movimientos físicos), de los centros asociativos (donde existe nuestra identidad), y de los circuitos que procesan el tiempo... para silenciarlos. Al haber tan poca actividad neural, se podría decir que en esos momentos no hay una mente para procesar los estímulos sensoriales (recuerda que *mente* es el cerebro en acción), ni para activar los movimientos del cuerpo en el entorno, ni para asociar las actividades con el tiempo. En esos momentos no somos nadie, nos hemos convertido en «nada», vivimos en el sin tiempo. Somos pura conciencia. Cuando se activa el estado creativo en el que no se manifiesta el ego o el yo tal como lo conocemos, estas regiones del cerebro se silencian.

Cuando estás en estado creativo, el lóbulo frontal es el que manda. Se involucra tanto que tus pensamientos se convierten en tu realidad y tu experiencia. El lóbulo frontal se dedica de lleno a procesar lo que estás pensando en esos momentos. Cuando «baja el volumen» de las otras regiones del cerebro, nos desconecta de las distracciones. El mundo interior de los pensamientos se vuelve tan real como la realidad del mundo exterior. Tus pensamientos se registran neurológicamente y se almacenan en la arquitectura del cerebro como una experiencia.

Si se da un buen proceso creativo, esta experiencia produce una emoción, como ya sabes, y empiezas a sentir como si ya estuvieras viviendo la situación en el presente. Eres una unidad con los pensamientos y sentimientos relacionados con la realidad deseada. Ahora vives en un nuevo estado del ser. Se podría decir que en esos momentos estás renovando tus programas subconscientes al preparar el cuerpo para una mente nueva.

EL LÓBULO FRONTAL
como CONTROLADOR del VOLUMEN

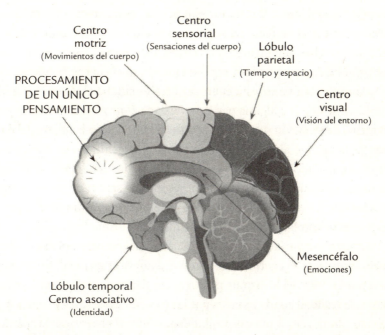

Figura 5C. Cuando el pensamiento en el que estás abstraído se convierte en la experiencia, el lóbulo frontal silencia las otras regiones del cerebro para procesar solamente este pensamiento. Tu mente se aquieta, ya no sientes el cuerpo, pierdes la noción del tiempo y el espacio, y te olvidas de ti.

Despréndete de tu mente, libera tu energía

En el acto de creación, cuando nos convertimos en sin cuerpo, sin espacio y sin tiempo, ya no seguimos creando nuestra huella química habitual porque cambiamos de identidad; ya no pensamos ni sentimos de la misma forma. Las redes neurales creadas por el estado de supervivencia dejan de activarse y la personalidad adicta a enviarle todo el tiempo señales al cuerpo para que produzca hormonas del estrés... desaparece.

Al poco tiempo, el yo emocional que vivía en estado de supervivencia deja de funcionar. En cuanto esto ocurre, desaparece nuestra identidad de antes, el «estado del ser» relacionado con los pensamientos y sentimientos basados en la supervivencia. Como ya no «somos» la misma persona de siempre, la energía estancada en el cuerpo se libera.

¿Adónde va a parar esta energía que alimentaba al yo emocional? Como tiene que ir a alguna parte, se traslada a otro lugar. Esta energía en forma de emoción sube de los centros hormonales a la región del corazón (de camino al cerebro)... y de pronto nos sentimos de maravilla, felices, expandidos. Nos enamoramos de lo que hemos creado. Es cuando experimentamos nuestro estado natural del ser. Tan pronto como dejamos de invertir la energía en ese yo emocional estimulado por la respuesta de estrés, pasamos del egoísmo al altruismo.[4]

Al haber transmutado esta antigua energía en una emoción de frecuencia más alta, el cuerpo se libera de su atadura emocional. Nos elevamos por encima del horizonte para contemplar un nuevo paisaje. Ya no vemos la realidad condicionados por las emociones de supervivencia del pasado, ahora vemos nuevas posibilidades. Somos observadores cuánticos de un nuevo destino. Y esta liberación cura el cuerpo y libera la mente.

Repasemos ahora la tabla de la energía y las frecuencias que abarca, desde las emociones de supervivencia hasta las emociones elevadas (véase la figura 5A). Cuando desaparece la ira, la vergüenza o la lujuria, la energía liberada del cuerpo se transmuta en dicha, amor o gratitud. En este viaje para transmitir una energía más elevada, el cuerpo (que habíamos preparado para ser la mente) se vuelve menos «mente» y se transforma en una energía más coherente. La materia de la que está hecho el cuerpo vibra ahora a una frecuencia más alta y nos sentimos más conectados a algo superior. En pocas palabras, manifestamos más nuestra naturaleza divina.

Cuando vives en el estado de supervivencia, estás intentando controlar o forzar un resultado; eso es lo que el ego hace. Pero cuando vives

LOS DOS ESTADOS
del CUERPO y la MENTE

SUPERVIVENCIA		CREACIÓN
Estrés		Homeostasis
Contracción		Expansión
Catabolismo		Anabolismo
Enfermedad		Salud
Desequilibrio		Orden
Colapso		Renovación
Degeneración		Regeneración
Miedo/ira/tristeza		Amor/alegría/confianza
Egoísmo		Altruismo
Entorno/cuerpo/ tiempo	FRENTE A	Sin espacio/sin cuerpo/ sin tiempo
Pérdida de energía		Creación de energía
Emergencia		Crecimiento/reparación
Estrechez de miras		Amplitud de miras
Separado		Conectado
Realidad determinada por los sentidos		Realidad que trasciende los sentidos
Causa y efecto		Causa un efecto
Posibilidades limitadas		Todas las posibilidades
Incoherencia		Coherencia
Conocido		Desconocido

Figura 5D. El estado de supervivencia frente al estado de creación.

en el elevado estado creativo, te sientes tan bien que ya no intentas analizar cómo o cuándo llegará el destino deseado. Confías en que se materializará porque ya lo has vivido con la mente y el cuerpo, a nivel mental y emocional. Sabes que se hará realidad porque te sientes conectado a algo superior. Estás en un estado de gratitud porque te sientes como si la situación ya hubiera sucedido.

Tal vez no conozcas todos los detalles del resultado deseado —cuándo sucederá, dónde y en qué circunstancias—, pero confías en un futuro que no puedes ver ni percibir con los sentidos. Para ti ya ha ocurrido en el sin espacio, sin tiempo, sin cuerpo, de donde surge todo lo material. Te encuentras en un estado de omnisciencia, te relajas y dejas de vivir en el estado de supervivencia.

Anticipar o analizar cuándo, dónde o cómo sucederá la situación deseada sólo te haría volver a tu identidad de antes. Eres tan feliz que no intentas descubrirlo; los humanos sólo tratamos de saber tales cosas cuando vivimos en el estado limitado de supervivencia.

Al conservar este estado creativo en el que te has desprendido de tu antigua identidad, dejan de activarse juntas las células nerviosas que antes se conectaban juntas para crear tu antiguo yo. Es cuando tu antigua personalidad desaparece biológicamente. Los sentimientos vinculados a esa identidad, que hacían que tu cuerpo manifestara la misma mente de siempre, ya no envían las mismas señales a los mismos genes. Y cuanto más trasciendes tu ego, más cambia la evidencia física de tu antigua personalidad. Dejas de ser la persona que eras.

Al terminar de leer la primera parte del libro has adquirido los conocimientos básicos para crear un nuevo yo. Sigamos adelante a partir de esta base.

He descrito un sinnúmero de posibilidades: el concepto de que la mente subjetiva afecta tu mundo objetivo; tu potencial para cambiar el cerebro y el cuerpo al ir más allá del entorno, el cuerpo y el tiempo; y la perspectiva de pasar del estado de supervivencia reactivo y estresante en el que vives, como si sólo el mundo exterior fuera real, al mundo interior del creador. Espero que ahora veas estas posibilidades como posibles *realidades*.

Si es así, te invito a seguir leyendo la segunda parte, donde conocerás el papel del cerebro y el proceso meditativo que te preparará para crear un cambio real y duradero en tu vida.

TU CEREBRO
Y
LA MEDITACIÓN

6

Los tres cerebros:
de pensar a actuar y a ser

Comparar el cerebro con un ordenador es útil y es cierto que el tuyo ya tiene todo el equipo necesario para cambiar tu «yo» y tu vida. Pero ¿sabes cuál es la mejor forma de usar este equipo para instalar un *software* nuevo?

Imagínate dos ordenadores con un equipo y un *software* idénticos: uno en manos de un novato y el otro de un informático profesional. El novato apenas conoce las cosas que un ordenador puede llegar a hacer y mucho menos cómo hacerlas.

El objetivo de la segunda parte es, en pocas palabras, darte la información necesaria sobre el cerebro para que tú, quien lo hace funcionar, cuando empieces el proceso meditativo para cambiar tu vida, sepas qué tiene que ocurrir en tu cerebro y en tus meditaciones, y por qué.

Un cambio conlleva nuevas formas
de pensar, actuar y ser

Si sabes conducir, seguramente ya has vivido el ejemplo más básico de pensar, actuar y ser. Al principio tenías que *pensar* en cada acción y en el código de circulación. Pero después ya conducías mejor mientras te fijaras en lo que *hacías*. Y al final te convertiste en un *conductor*, tu mente consciente se trasladó al asiento del copiloto y desde entonces el subconsciente es el que seguramente va al volante la mayor parte del tiempo;

conducir se ha vuelto un acto automático que realizas sin darte cuenta. La mayor parte de lo que has aprendido ha seguido el proceso de pasar de pensar a actuar y a ser, y son tres las zonas del cerebro que facilitan este estado de aprendizaje.

Pero ¿sabías que puedes pasar directamente de pensar a ser y que seguramente ya lo has hecho en tu vida? La meditación, la esencia de este libro (este capítulo es una introducción a ella), te permite pasar de pensar en la persona ideal que deseas ser a serlo. Es el secreto de la creación cuántica.

Todo cambio se inicia con un simple pensamiento: podemos crear al instante nuevas conexiones y circuitos neurológicos que reflejan nuestros nuevos pensamientos. Y no hay nada que estimule más al cerebro que el aprendizaje, cuando está adquiriendo conocimientos y experiencias nuevas. Son los afrodisíacos del cerebro; éste «acaricia» cada señal que recibe de los cinco sentidos. Cada segundo está procesando miles de millones de retazos de información. Analiza, examina, identifica, extrapola, clasifica y archiva información, y la recupera cuando la «necesitas». El cerebro humano es el mejor superordenador del mundo.

Como recordarás, el concepto de la configuración del cerebro es básico para entender cómo puedes cambiar tu mente: cómo las neuronas acaban estableciendo relaciones duraderas. He hablado de la regla de Hebb, que afirma: «Las células nerviosas que se activan juntas se conectan juntas». (Los neurocientíficos creían que después de la infancia la estructura del cerebro apenas cambiaba. Pero los nuevos descubrimientos revelan que en la adultez muchos aspectos del cerebro y del sistema nervioso pueden cambiar estructural y funcionalmente, como ocurre en el aprendizaje, la memoria y la recuperación de una lesión cerebral.)

Pero lo contrario también es cierto: «Las células nerviosas que ya no se activan juntas dejan de estar conectadas». Lo que no se usa se pierde. Incluso puedes con el pensamiento, si te concentras en ello, desconectar o eliminar las conexiones no deseadas. Así que puedes desprenderte de «eso» a lo que te has estado aferrando que condiciona tu forma de pensar, actuar y sentir. Tu cerebro renovado ya no seguirá activando los circuitos del pasado.

Las propiedades de la *neuroplasticidad* (la capacidad del cerebro de renovarse y crear nuevos circuitos a cualquier edad mediante los estímulos del entorno y nuestras intenciones conscientes) son tan grandes que nos permiten crear un nuevo nivel de mente. En cierto modo, se da el proceso neurobiológico de «fuera lo viejo, bienvenido lo nuevo» que los neurocientíficos denominan *poda* y *generación*. Es lo que yo llamo desaprender y aprender, y nos permite superar nuestras limitaciones actuales e ir más allá de nuestros condicionamientos o nuestras circunstancias.

Al crear el hábito de una nueva forma de ser, básicamente estamos volviendo a controlar lo que hasta ahora era un proceso inconsciente del ser. En lugar de tener la mente un objetivo (*No voy a seguir enfadándome por todo*) y el cuerpo otro (*Prefiero seguir enfadándome e inundándome con las sustancias químicas a las que estoy acostumbrado*), unimos la intención de la mente con las respuestas del cuerpo. Y para lograrlo debemos crear una nueva forma de pensar, actuar y ser.

Para que nuestra vida cambie, primero debemos cambiar nuestros pensamientos y sentimientos, después *hacer* algo (cambiar nuestras acciones o conducta) para tener una nueva experiencia, la cual nos producirá un nuevo sentimiento, y luego memorizar ese sentimiento hasta que se convierta en un estado del ser (cuando mente y cuerpo son uno), pero al menos contamos con algunas ventajas. Aparte de la neuroplasticidad del cerebro, se podría decir que disponemos de más de un cerebro con los que trabajar. En realidad, tenemos tres.

(Para ir al grano, en este capítulo describiré sólo las funciones de los «tres cerebros» porque son los que nos permiten cambiar el hábito de ser el mismo de siempre. Aunque estudiar lo que el cerebro y otros componentes del sistema nervioso hacen por nosotros es de lo más fascinante. En mi primer libro, *Desarrolla tu cerebro*, trato este tema con mayor detalle. En mi página web [www.drjoedispenza.com] encontrarás más material de estudio, la bibliografía de muchas otras publicaciones excelentes, y páginas web para ampliar tus conocimientos sobre el cerebro, la mente y el cuerpo.)

LOS TRES CEREBROS

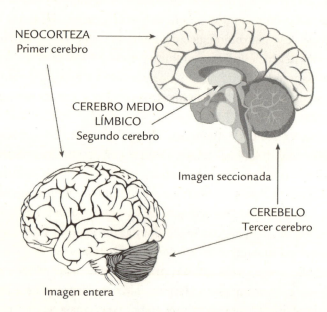

Figura 6A. El «primer cerebro» es la neocorteza
o el cerebro pensante (en blanco). El «segundo cerebro»
es el cerebro límbico o emocional, responsable de crear,
mantener y organizar las sustancias químicas en
el cuerpo (en gris claro). El «tercer cerebro», el cerebelo,
es la sede de la mente subconsciente (en gris oscuro).

De pensar a actuar: la <u>neocorteza</u> procesa los conocimientos y luego nos anima a vivir lo aprendido

La *neocorteza,* nuestro «cerebro pensante», es como la cáscara de una nuez. Constituye la parte neurológica más nueva y avanzada, es la sede de la mente consciente, de nuestra identidad y de otras funciones cerebrales superiores. (El lóbulo frontal, en los capítulos anteriores he hablado de él, es una de las cuatro partes de la neocorteza.)

La neocorteza es la arquitecta o diseñadora del cerebro. Nos permite aprender, recordar, razonar, analizar, planear, crear, especular sobre posibilidades, inventar y comunicarnos. Como en esta región es donde se almacena la información sensorial como lo que vemos y oímos, la neocorteza nos conecta a la realidad exterior.

La neocorteza procesa en general los conocimientos y las experiencias. Primero reúnes conocimientos en forma de hechos o de información *semántica* (conceptos o ideas filosóficas o teóricas aprendidas intelectualmente), con lo que la neocorteza incorpora nuevas conexiones sinápticas y circuitos.

Después, en cuanto personalizas o aplicas los conocimientos adquiridos —para demostrar lo aprendido—, creas una nueva experiencia, con lo que se forman en la neocorteza estructuras de neuronas denominadas *redes neurales*. Estas redes refuerzan los circuitos de lo que has aprendido intelectualmente.

Si la neocorteza tuviera un lema, sería: *Los conocimientos son para la mente.*

En pocas palabras, los conocimientos son los *precursores* de las experiencias: la neocorteza se ocupa de procesar las ideas que aún no has experimentado, que existen como potencial para que las apliques en el futuro. Cuando tienes nuevos pensamientos, empiezas a pensar en cambiar de conducta para poder hacer algo distinto cuando se presente la ocasión y obtener así nuevos resultados. Al alterar tus actos rutinarios y tus conductas típicas, ocurrirá algo distinto de lo habitual y ello producirá una nueva situación y experiencia en tu vida.

De situaciones nuevas a emociones nuevas: el cerebro límbico produce sustancias químicas para ayudarte a recordar las experiencias

El *cerebro límbico* (conocido también como el *cerebro de los mamíferos*), situado debajo de la neocorteza, es la región más desarrollada y especializada del cerebro en los mamíferos no humanos, los delfines y los primates superiores. Considera el cerebro límbico como el «cerebro químico» o el «cerebro emocional».

Cuando estás viviendo una experiencia nueva y los sentidos le envían a la neocorteza un torrente de información del mundo exterior, sus redes neurales se organizan para reflejar este acontecimiento. La experiencia enriquece incluso más al cerebro que el nuevo conocimiento adquirido.

En cuanto estas redes de neuronas se activan con una determinada estructura en respuesta a la experiencia nueva, el cerebro emocional produce y secreta sustancias químicas en forma de péptidos. Este cóctel químico tiene una particular huella que refleja las emociones que sientes en el momento. Como ya sabes, las emociones son producto de las experiencias; una experiencia nueva crea una emoción nueva (que envía señales a nuevos genes de nuevas formas). Así pues, las emociones le señalan al cuerpo que almacene el episodio químicamente y empiezas a *encarnar* lo que estás aprendiendo.

En el proceso, el cerebro límbico ayuda a formar recuerdos a largo plazo: puedes recordar cualquier experiencia mejor porque te acuerdas de cómo te sentiste emocionalmente cuando ocurrió. (La neocorteza y el cerebro límbico, al interactuar, nos permiten formar *recuerdos declarativos*, significa que podemos declarar lo que hemos aprendido o experimentado.[1] Para obtener más información sobre la memoria declarativa o la memoria no declarativa véase la figura 6B[1].)

Como puedes ver, estamos marcados emocionalmente por experiencias con una gran carga emocional. Todas las personas casadas te dirán dónde se encontraban y qué hacían cuando su pareja les propuso matrimonio. Tal vez mientras tomaban una deliciosa cena en la terraza de su restaurante favorito, sintiendo la agradable brisa de aquella noche de verano y disfrutando de la puesta del sol con una pieza de Mozart como música de fondo, de pronto su pareja hincando una rodilla en el suelo les ofreció un estuchecito forrado de terciopelo negro.

La combinación de todo lo que estaban experimentando en aquel momento les hizo sentirse muy distintos de lo habitual. El equilibrio químico interior usual que su yo identitario había memorizado se alteró por lo que vieron, oyeron y sintieron. En cierto sentido, despertaron de su rutina habitual: de los estímulos del entorno que bombardean al cerebro como de costumbre y nos hacen pensar y sentir de manera previsible. La situación novedosa nos sorprende hasta el punto de volvernos más conscientes del momento presente.

Si el cerebro límbico tuviera un lema, sería: *Las experiencias son para el cuerpo.*

Si los conocimientos son para la mente y las experiencias para el cuerpo, cuando aplicas los conocimientos y creas una experiencia nueva, le enseñas al cuerpo lo que la mente ha aprendido intelectualmente. Los conocimientos sin la experiencia no son más que filosofía; la experiencia sin conocimientos no es más que ignorancia. Existe una progresión que debe darse. Tienes que adquirir conocimientos y vivirlos, aceptarlos emocionalmente.

Si has leído la parte en la que describo cómo puedes cambiar tu vida, has aprendido que es importante adquirir conocimientos y aplicarlos para vivir una experiencia nueva, que a su vez produce un sentimiento nuevo. Después debes memorizar este sentimiento y trasladar lo aprendido de la mente consciente al subconsciente. Ya dispones del equipo necesario para llevarlo a cabo en la tercera región del cerebro de la que hablaré.

De pensar y actuar a ser: en el cerebelo se almacenan los pensamientos, las actitudes y las conductas habituales

¿Recuerdas la experiencia tan común que he citado de que a veces no nos acordamos de un número de teléfono, de un PIN o de la combinación de un candado, pero sin embargo podemos marcarlo con los dedos de una forma automática porque el cuerpo lo recuerda más que el cerebro? Aunque parezca algo banal, cuando el cuerpo conoce una experiencia igual o más que la mente consciente, cuando puedes repetirla a tu antojo de manera automática, es que has memorizado el acto, la conducta, la actitud o la reacción emocional hasta que se ha convertido en una habilidad o en un hábito.

Al alcanzar este nivel de destreza has pasado a un estado del ser. Has activado la tercera región del cerebro que desempeña un papel muy importante en cambiar tu vida: el *cerebelo*, la sede del subconsciente.

El cerebelo, la parte más activa del cerebro, está situado en la parte posterior de la cavidad craneana. Considéralo como el microprocesador y el centro de memoria del cerebro. Cada neurona del cerebelo tiene la posibilidad de conectar con al menos doscientos mil —y hasta un millón— de otras neuronas para procesar el equilibrio, la coordinación, el sentido del lugar que las partes del cuerpo ocupan en el espacio y la ejecución de movimientos controlados. En el cerebelo se almacenan acciones y habilidades sencillas junto con actitudes memorizadas, reacciones emocionales, acciones repetidas, hábitos, conductas condicionadas y reflejos y habilidades inconscientes que adquirimos y memorizamos. Procesa una cantidad asombrosa de recuerdos y descarga fácilmente diversas clases de información aprendida en estados programados de la mente y el cuerpo.

Cuando te encuentras en un estado del ser, empiezas a memorizar un nuevo yo neuroquímico. Es cuando el cerebelo entra en juego, convirtiendo este nuevo estado en parte implícita de tu programación subconsciente. El cerebelo es la sede de los *recuerdos no declarativos*, significa que has hecho o practicado algo tantas veces que lo haces sin darte cuenta y ya no tienes que pensar en ello; es un acto tan automático que te cuesta declarar o describir cómo lo realizas. En este punto, la felicidad (o sea cual sea la actitud, conducta, habilidad o rasgo en el que te has estado centrando y repitiendo mental o físicamente) se convierte en un programa memorizado de manera innata del nuevo yo.

Pondré un ejemplo de la vida real para que veas en la práctica cómo estos tres cerebros nos hacen pasar de pensar a actuar y a ser. En primer lugar, veremos cómo a través del repaso mental consciente el cerebro pensante (neocorteza) usa los conocimientos adquiridos para activar nuevos circuitos de nuevas formas y crear así una mente nueva. El pensamiento crea a su vez una experiencia y ésta, por medio del cerebro emocional (límbico), produce una nueva emoción. El cerebro pensante y el cerebro emocional hacen entonces que el cuerpo cree una mente nueva. Y en último lugar, si llegamos al punto en que mente y cuerpo funcionan como una unidad, el cerebelo nos permite memorizar un nuevo yo neuroquímico, y ahora nuestro nuevo estado del ser ya es un programa innato en nuestro subconsciente.

Ejemplo de la vida real
de los tres cerebros en acción

Para ver estas ideas en la práctica, supón que hace poco leíste varios libros que contenían pensamientos sugerentes sobre la compasión: una obra del Dalái Lama, una biografía de la Madre Teresa y un relato sobre la labor de san Francisco de Asís.

Esta información te ha permitido pensar de distinta forma de la habitual. La lectura de estas obras ha creado nuevas conexiones sinápticas en tu cerebro pensante. Básicamente, has aprendido sobre la filosofía de la compasión (por medio de las experiencias de otras personas y no de las tuyas). Además, has conservado estas conexiones neurales al repasar a diario lo aprendido: te ha fascinado tanto que ahora tus amigos incluso te admiran porque les estás solucionando sus problemas con tus consejos. Te has convertido en el gran filósofo. En el plano intelectual, sabes a la perfección de lo que estás hablando.

Pero mientras conduces de vuelta a casa, tu mujer te llama para decirte que tu suegra os ha invitado a cenar de aquí a tres días. Irritado, aparcas en la cuneta pensando que desde que te hirió hace diez años con uno de sus comentarios no la puedes tragar. Te vienen a la cabeza una larga lista de razones: nunca te ha gustado su forma dogmática de hablar, su costumbre de interrumpir a los demás, su olor y ni siquiera los platos que cocina. Cuando estás cerca de ella, el corazón se te acelera, aprietas las mandíbulas, la cara se te crispa, el cuerpo se te tensa, te sientes nervioso y te mueres de ganas de levantarte de la silla y largarte.

Sentado en el coche, recuerdas los libros que leíste sobre la filosofía de la compasión y cavilas en lo que has aprendido teóricamente. De pronto te dices: *Igual si intento aplicar lo que he leído en esos libros, po-*

dré tener una nueva experiencia con mi suegra. ¿Qué he aprendido en
ellos que pueda poner en práctica para cambiar el resultado de esta cena?

Cuando te planteas aplicar lo aprendido con tu suegra, ocurre algo
maravilloso. Decides no reaccionar a ella con tu serie habitual de programas automáticos. Reflexionas en quién no quieres seguir siendo
y en quién quieres ser. Te preguntas: *¿Qué es lo que no quiero sentir y*
cómo no voy a actuar cuando la vea? Tu lóbulo frontal empieza a «cal-
mar» los circuitos neurales asociados a tu antiguo yo; estás comenzando
a eliminar tu antiguo yo para no identificarte más con él. Y lo estás haciendo porque tu cerebro ya no se activa igual que antes, ya no estás
creando la misma mente.

Después repasas lo aprendido en los libros para planear cómo quieres pensar, sentir y actuar con tu suegra. Te preguntas: *¿Cómo puedo*
cambiar mi conducta —mis acciones— y mis reacciones para que mi nue-
va experiencia me produzca nuevos sentimientos? Te imaginas saludan-
do y abrazando a tu suegra, preguntándole sobre los temas que más le
interesan y diciéndole lo bien que le sienta el nuevo peinado o las gafas
que se ha comprado. Durante los siguientes días, mientras repasas mentalmente tu nuevo yo ideal, sigues instalando más *hardware* neurológico para tener los circuitos adecuados (un programa nuevo de *software*)
cuando te relaciones con tu suegra.

Para la mayoría de las personas, pasar de pensar a actuar es como esti-
mular a los caracoles a acelerar el paso. Nos gusta vivir en el reino intelectual y filosófico de nuestra realidad, identificarnos con los sentimientos
reconocibles y memorizados del yo al que nos hemos acostumbrado.

Pero al abandonar viejos hábitos mentales, interrumpir las reacciones emocionales habituales, eliminar los actos reflejos y planear y repasar mentalmente una nueva forma de ser, estás *aplicando* lo aprendido y creando una mente nueva; estás recordándote a ti mismo quién
quieres ser.

Pero existe otro paso más del que ahora te hablaré.

¿Qué sucede cuando empiezas a observar la «personalidad de tu antiguo yo» relacionado con los pensamientos, las conductas y las emociones que te despierta tu suegra? En cierto modo, te has metido en el

sistema operativo del subconsciente, donde residen esos programas, y los has *observado*. Cuando eres consciente de cómo te estás comportando o te das cuenta de ello, eres consciente de tu yo inconsciente.

Cuando te imaginas psicológicamente una posible situación antes de vivirla (la cena inminente), empiezas a renovar tus circuitos neurales como si la situación (ser compasivo con tu suegra) ya estuviera ocurriendo. En cuanto estas redes neurales empiezan a activarse juntas, el cerebro crea una imagen, una visión, un modelo o lo que yo llamo un *holograma* (una imagen multidimensional) que representa el yo ideal que deseas ser. En cuanto se crea, haces que aquello en lo que estabas pensando sea más real que ninguna otra cosa. Tu cerebro interpreta el pensamiento como la experiencia, y «actualiza» la materia gris como si ya hubiera ocurrido.

Encarnar el conocimiento a través de la experiencia: enseña al cuerpo lo que la mente ha aprendido

Al cabo de poco llega el día y te descubres cenando sentado frente a la «buena» de tu suegra. En lugar de subirte por las paredes cuando se comporta como de costumbre, manteniendo la calma, recuerdas lo aprendido y lo pones en práctica. En vez de juzgarla, atacarla y detestarla, haces algo totalmente distinto. Viviendo el momento presente, como te aconsejan los libros, abres tu corazón y escuchas con atención lo que tu suegra dice. Ya no sigues anclándola en su pasado.

¡Y quién lo iba a decir!, al cambiar de conducta y controlar tus impulsivas reacciones emocionales, creas una nueva experiencia con tu suegra. El cerebro límbico se activa entonces para fabricar una nueva mezcla de sustancias químicas que producen una nueva emoción y, de repente, sientes compasión por tu suegra. La ves tal como es; incluso ves en ella aspectos de ti. Los músculos se te relajan, sientes que tu corazón se abre y respiras de manera profunda y libre.

Aquel día te sentiste tan bien que ese estado aún te dura. Ahora, inspirado y sin prejuicios, descubres que quieres de verdad a tu suegra.

Mientras asocias este nuevo sentimiento interior de buena voluntad y amor con esta persona de tu realidad exterior, vinculas el sentimiento de compasión con tu suegra. Formas un *recuerdo asociativo*.

En cuanto empiezas a sentir la emoción de la compasión, en cierto modo le acabas de enseñar (químicamente) a tu cuerpo lo que tu mente sabía (filosóficamente), con lo que se activan y cambian algunos de tus genes. Ahora has pasado de pensar a actuar: tus conductas coinciden con tus intenciones conscientes, tus acciones son coherentes con tus pensamientos, la mente y el cuerpo van en la misma línea y trabajan juntos. Has hecho exactamente lo que aquellas personas hicieron en esos libros. Al aprender intelectualmente la compasión con el cerebro y la mente, y después demostrar este ideal en tu entorno a través de la experiencia, encarnas este sentimiento elevado. Has preparado tu cuerpo para coordinarse con una nueva mente de la compasión. Mente y cuerpo trabajan juntos. *Has encarnado la compasión*. En cierto modo, la palabra se ha hecho carne.

Dos cerebros te han llevado de pensar a actuar, pero ¿puedes crear un estado del ser?

Gracias a tus esfuerzos para incorporar en ti la compasión, ahora la neocorteza y el cerebro límbico trabajan juntos. Has dejado atrás tu yo conocido habitual que funcionaba con una serie de programas automáticos y has entrado en un nuevo ciclo mental y emocional. Has experimentado la compasión y la prefieres a la hostilidad encubierta, al rechazo y a la ira reprimida que sentías.

¡Pero todavía no eres un santo! No basta con que la mente y el cuerpo trabajen juntos *una* vez. Esto te ha hecho pasar de pensar a actuar, pero ¿puedes volver a sentir compasión cuando quieras? ¿Puedes ser compasivo una y otra vez al margen de las circunstancias de tu entorno para que nadie ni nada vuelva a crearte nunca más aquel antiguo estado del ser?

Si no es así, aún no dominas la compasión. *Para mí dominar algo significa que el estado químico interior de uno prevalece por encima de cualquier cosa del mundo exterior.* Eres un experto en ello cuando cuentas con los pensamientos y sentimientos elegidos, cuando has memorizado los estados emocionales/químicos deseados y en tu vida no hay nada que te aparte de tus objetivos. Ninguna persona, cosa, ni experiencia deben alterar en ningún momento ni lugar tu coherencia química interior. Puedes pensar, actuar y sentir de distinta manera siempre que lo desees.

Si eres un experto en sufrir, aprenderás fácilmente a ser feliz

Como lo más probable es que conozcas a alguien que sea todo un experto en sufrir, puedes llamar a esta persona y preguntarle:

—¿Cómo estás?

—*Así, así.*

—Escucha, hoy voy con unos amigos a ver una galería de arte que acaban de inaugurar, y luego comeremos en un restaurante donde sirven unos postres muy sanos. Después iremos a un concierto de música en vivo. ¿Quieres venir con nosotros?

—*No, no me apetece.*

Pero si esta persona expresara lo que le pasa de verdad, te habría dicho: *He memorizado este estado emocional y en mi entorno no hay nada —ninguna persona, experiencia, condición o cosa— que vaya a cambiar mi estado químico interior de sufrimiento. Prefiero sufrir a relajarme y ser feliz. Ahora ya me he acostumbrado a este estado, y todas esas cosas que quieres hacer podrían distraerme de mi dependencia emocional.*

Pero ¿sabes qué? También podemos con la misma facilidad ser unos expertos en un estado químico interior como el de la felicidad o la compasión.

Retomando el ejemplo anterior de la suegra, si practicas bastantes veces los pensamientos, las conductas y los sentimientos deseados, «serás» compasivo sin darte cuenta. Pasarás de *pensar* en ello a *hacer* algo al respecto y a *serlo*. «Serlo» significa que es algo fácil, natural, espontáneo, habitual e inconsciente. La compasión y el amor serán tan automáticos y habituales en ti como las otras emociones limitadoras que acabas de cambiar.

Ahora debes repetir la experiencia de pensar, sentir y actuar con compasión. De este modo superarás la adicción a tu estado emocional de antes y prepararás neuroquímicamente el cuerpo y la mente para que memoricen un estado químico interior llamado «compasión mejor que tu mente consciente». Y si vuelves a crear la experiencia de la compasión repetidamente, practicándola en cualquier circunstancia de tu vida, tu cuerpo acabará convirtiéndose en la mente de la compasión. Habrás memorizado la compasión tan bien que nada de tu mundo exterior podrá alterar este estado del ser.

Ahora los tres cerebros están trabajando juntos y te encuentras a nivel biológico, neuroquímico y genético en un estado de compasión. Cuando la compasión se vuelve para ti algo tan corriente y conocido, es que has pasado de conocer la sabiduría a experimentarla.

La progresión a un estado del ser:
el papel de los dos sistemas de memorización

Tenemos tres cerebros que nos permiten pasar de pensar a actuar y a ser. Échale un vistazo a la figura 6B(1).

En el cerebro hay dos sistemas de memorización:

• El primero es la llamada **memoria declarativa o explícita.** Nos permite recordar y declarar lo que hemos aprendido o vivido. Existen dos clases de memoria declarativa: la conceptual (la memoria semántica que almacena conocimientos fi-

SISTEMAS DE MEMORIZACIÓN del CEREBRO

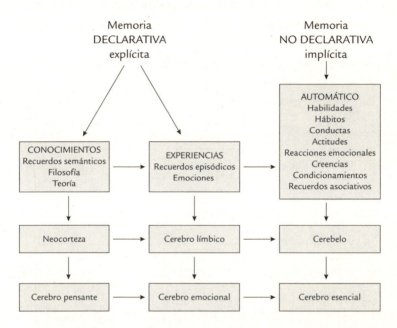

Figura 6B(1). Memoria declarativa y memoria no declarativa.

losóficos) y la experiencial (la memoria episódica que almacena experiencias sensoriales, hechos de nuestra vida vividos con determinadas personas, animales u objetos, mientras estamos haciendo o presenciando algo especial en un momento o lugar determinados). Los recuerdos episódicos se quedan grabados en el cerebro y el cuerpo durante más tiempo que los recuerdos semánticos.

• La segunda clase de memoria se denomina **memoria no declarativa** o **implícita.** Es cuando practicamos algo lo bastante como para ejecutarlo de manera automática, sin tener que pensar en ello; es casi como si no pudiéramos declarar cómo lo hacemos: el cuerpo y la mente son uno. Constituye la sede de nuestras habilidades, hábitos, conductas automáticas, recuerdos asociativos, actitudes inconscientes y reacciones emocionales.

CONOCIMIENTOS + EXPERIENCIA = SABIDURÍA

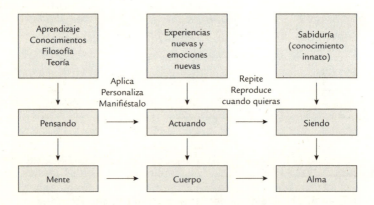

Figura 6B(2). Los tres cerebros: de pensar a actuar y a ser

Cuando recuperamos lo que hemos aprendido intelectualmente (neocorteza) y lo aplicamos, lo personalizamos o lo manifestamos, cambiamos nuestra conducta de algún modo. Al hacerlo, creamos una nueva experiencia que produce a su vez una nueva emoción (cerebro límbico). Si podemos repetir, reproducir o vivir esta acción cuando queramos, habremos pasado a un estado del ser (cerebelo).

————————●————————

La sabiduría es la acumulación de conocimientos procedentes de experiencias que se repiten. Y cuando «ser» compasivos es algo tan natural en nosotros como sufrir, juzgar, acusar o sentirnos frustrados, negativos o inseguros, estamos siendo sabios. Al habernos liberado, podemos aprovechar nuevas oportunidades, porque de algún modo la vida parece organizarse según cómo o quién estemos siendo.

LA EVOLUCIÓN PERSONAL

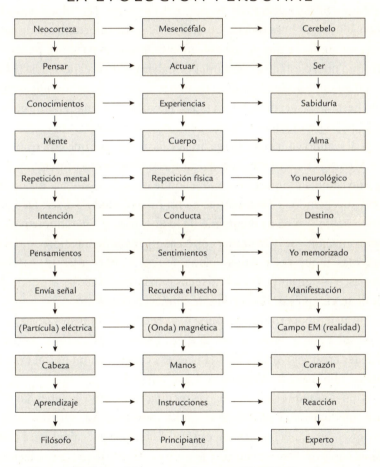

Neocorteza	Mesencéfalo	Cerebelo
Pensar	Actuar	Ser
Conocimientos	Experiencias	Sabiduría
Mente	Cuerpo	Alma
Repetición mental	Repetición física	Yo neurológico
Intención	Conducta	Destino
Pensamientos	Sentimientos	Yo memorizado
Envía señal	Recuerda el hecho	Manifestación
(Partícula) eléctrica	(Onda) magnética	Campo EM (realidad)
Cabeza	Manos	Corazón
Aprendizaje	Instrucciones	Reacción
Filósofo	Principiante	Experto

Figura 6C. Esta tabla muestra la progresión de cómo los tres cerebros se alinean para establecer una relación entre las distintas vías de la evolución personal.

Pasar directamente de pensar a ser: introducción a la meditación

Pasar de pensar a actuar y a ser es una progresión que todos hemos vivido muchas veces, tanto si se dio cuando aprendíamos a conducir, esquiar, tejer o dominar un nuevo idioma.

Ahora hablaré de uno de los mayores dones que la evolución nos ha dado a los seres humanos: la capacidad de pasar directamente de pensar a ser sin tener que actuar físicamente. En otras palabras, podemos crear un nuevo estado del ser antes de haber vivido la experiencia física.

Lo estamos haciendo todo el tiempo y no me estoy refiriendo a «Fíngelo hasta que suceda». Por ejemplo, te entregas a una fantasía sexual en la que experimentas todos los pensamientos, sensaciones y actos que estás deseando vivir cuando tu pareja vuelva del viaje que está realizando. Mientras tienes esta experiencia interior estás tan presente que tu cuerpo cambia químicamente y responde como si la situación ya estuviera sucediendo. Te encuentras en un nuevo estado del ser. De igual modo, tanto si repasas mentalmente lo que dirás, preparándote para la confrontación que debes tener con tu compañero de trabajo, como si te imaginas lo que vas a comer cuando tengas hambre mientras estás en un atasco —y en ambos casos no piensas más que en ello—, el estado del ser de tu cuerpo cambiará con este simple pensamiento.

De acuerdo, pero ¿hasta dónde te puede llevar? ¿Puedes llegar a ser la persona que quieres ser por el mero hecho de pensarlo y sentirlo? ¿Puedes crear y vivir una realidad elegida como hizo mi hija al experimentar el trabajo de verano con el que soñaba?

Aquí es donde entra en juego la meditación. Como ya sabes, las técnicas meditativas se pueden usar por un montón de razones. En este libro aprenderás una meditación especial concebida para ayudarte a cambiar el hábito de ser el mismo de siempre y convertirte en la persona ideal que deseas ser. A lo largo del resto del capítulo relacionaré parte de la información que te he ofrecido con la meditación que aprenderás dentro de poco. (Siempre que hable de la meditación o del proceso meditativo me estaré refiriendo al proceso descrito en la tercera parte del libro.)

La meditación nos permite cambiar el cerebro, el cuerpo y nuestro estado del ser. Y lo más importante es que podemos hacer estos cambios sin necesidad de actuar físicamente ni interactuar con el entorno exterior. Por medio de la meditación podemos instalar el *hardware* neurológico necesario, al igual que aquellas personas que cambiaron al tocar el piano o ejercitar los dedos mentalmente. (Aquellos sujetos del estudio solamente utilizaron la repetición mental, pero en el tema que nos ocupa es un componente muy importante del proceso meditativo.)

Si te pidiera que pensaras en las cualidades de tu yo ideal o en lo que sentirías si fueras una persona tan maravillosa como la Madre Teresa o Nelson Mandela, por el mero hecho de pensar en un nuevo estado del ser ya estarías activando el cerebro de otra forma y creando una mente nueva. Esto es el repaso mental en acción. Ahora te pido que pienses en lo que experimentarías si te sintieras feliz, contento, satisfecho y sereno. ¿Qué te gustaría imaginar si tuvieras que crear tu nuevo *yo* ideal?

El proceso meditativo te permite responder a esta pregunta al utilizar toda la información aprendida y almacenada sinápticamente en tu cerebro sobre lo que significa sentirte feliz, contento, satisfecho y sereno. En la meditación usas todos esos conocimientos y los aplicas en ti. En lugar de preguntarte simplemente qué significa ser feliz, lo practicas al imaginártelo y sentirlo y vives en un estado de felicidad. Después de todo, ya sabes lo que la felicidad es y el sentimiento que produce. Ya la has vivido en el pasado y la has visto en otros. Ahora eliges la información que deseas de los conocimientos y las experiencias que tienes sobre la felicidad para crear un nuevo yo ideal.

He hablado de cómo activas a través del lóbulo frontal nuevos circuitos de una nueva forma para crear una mente nueva. En cuanto experimentas esta mente nueva, el cerebro crea una especie de imagen holográfica que te da un modelo para crear tu realidad futura. Como has instalado nuevos circuitos neurales antes de que la experiencia suceda en el mundo físico, no tienes que llevar a cabo una revolución no violenta como Gandhi, ni convertirte en un líder y ser quemado en la hoguera como le ocurrió a Juana de Arco. Sólo necesitas usar los conocimientos y las experiencias que tienes sobre aquellas cualidades de la valentía y la convicción para producir un efecto emocional en ti. El resultado será un estado mental. Al producir una y otra vez ese estado mental, se volverá habitual en ti y estarás creando nuevos circuitos. Cuanto más a menudo produzcas este estado mental, más se convertirán estos pensamientos en la experiencia.

En cuanto el pensamiento se transforme en una experiencia, ésta generará un sentimiento, una emoción. Cuando esto ocurra, tu cuerpo (como mente inconsciente) no sabrá distinguir una situación que sucede en la realidad física de las emociones que creas con tus pensamientos.

Al acondicionar tu cuerpo para una nueva mente, descubrirás que tu cerebro pensante y tu cerebro emocional están trabajando juntos. Recuerda que los pensamientos están relacionados con el cerebro y los sentimientos con el cuerpo. Cuando piensas y sientes de una determinada manera como parte del proceso meditativo, ya no eres la misma persona que cuando empezaste dicho proceso. Los circuitos que acabas de instalar y los cambios neurológicos y químicos producidos por esos pensamientos y emociones te han cambiado hasta tal extremo que esos cambios se reflejan físicamente en el cerebro y el cuerpo.

En este punto, tu estado del ser ha cambiado. Ya no te limitas a *practicar* la felicidad, el agradecimiento o sea lo que sea, sino que estás *siendo* feliz o agradecido. Puedes crear este estado mental y físico cada día, puedes reexperimentar continuamente la experiencia y producir la respuesta emocional de estar siendo la persona ideal que deseas ser.

Si puedes levantarte de la sesión de meditación y conservar este nuevo estado del ser —que ha cambiado a nivel neurológico, biológico, químico y genético—, es que has activado estos cambios antes de que la experiencia se materialice, y en este caso tenderás más a actuar y pensar de acuerdo con quien estás siendo. Has dejado el hábito de ser el mismo de siempre.

Ten en cuenta que cuando te encuentras en un nuevo estado del ser —una nueva personalidad—, también creas una nueva realidad personal. Te lo repetiré. *Un nuevo estado del ser crea una nueva personalidad, y una nueva personalidad produce una nueva realidad personal.*

¿Cómo sabrás si esta práctica meditativa ha activado los tres cere-

DE PENSAR A SER

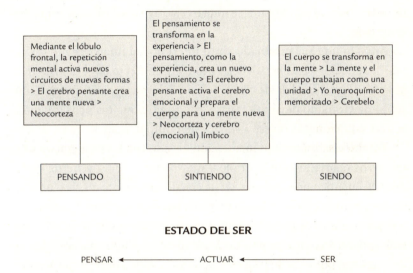

Mediante el lóbulo frontal, la repetición mental activa nuevos circuitos de nuevas formas > El cerebro pensante crea una mente nueva > Neocorteza	El pensamiento se transforma en la experiencia > El pensamiento, como la experiencia, crea un nuevo sentimiento > El cerebro pensante activa el cerebro emocional y prepara el cuerpo para una mente nueva > Neocorteza y cerebro (emocional) límbico	El cuerpo se transforma en la mente y el cuerpo trabajan como una unidad > Yo neuroquímico memorizado > Cerebelo
PENSANDO	SINTIENDO	SIENDO

ESTADO DEL SER

PENSAR ◄—————— ACTUAR ◄—————— SER

Figura 6D. Puedes pasar de pensar a ser sin necesidad de actuar en el mundo físico. Si repites mentalmente una mente nueva, llega un momento en que el pensamiento que estás teniendo se convierte en la experiencia. Esta experiencia interior produce a su vez una emoción o un sentimiento. En cuanto puedes sentir lo que sería ser esta persona, tu cuerpo (como mente inconsciente) empieza a creer que ya ha sucedido. Ahora la mente y el cuerpo trabajan como una unidad y estás «siendo» esta persona sin haber actuado aún en el mundo físico. Al encontrarte en el nuevo estado del ser producido por un simple pensamiento, tiendes más a actuar y a pensar de acuerdo con quien estás siendo.

bros para producir el efecto deseado? Es muy sencillo: notarás la diferencia al invertir tu energía en el proceso. Si te sientes igual que antes, si los mismos catalizadores te producen las mismas reacciones, es que no ha ocurrido nada en el campo cuántico. Los mismos pensamientos y sentimientos de siempre están reproduciendo la misma señal electromagnética en el campo. No has cambiado química, neurológica, genéticamente ni de ningún otro modo. Pero si al levantarte al final de las sesiones de meditación te sientes distinto de cuando las empezaste y puedes conservar este nuevo estado mental y físico, es que *has* cambiado.

Aquello que has cambiado en tu interior —el nuevo estado del ser que has creado— también debería producir un efecto en el exterior. Has ido más allá del modelo de causa y efecto del universo, del antiguo concepto newtoniano de algo exterior que condiciona tus pensamientos, actos y emociones. Volveré a tratar este punto más adelante.

También sabrás que tu meditación ha sido fructífera si gracias a tus esfuerzos ocurre algo inesperado y nuevo en tu vida. Recuerda que el modelo cuántico nos dice que, si has creado una mente nueva y un estado del ser nuevo, has cambiado tu huella electromagnética. Como ahora piensas y sientes de distinta manera, estás cambiando la realidad. Si tus pensamientos coinciden con tus sentimientos, podrás hacerlo, pero si los unos van por un lado y los otros por otro, no lo conseguirás. Recuerda que *no puedes pensar una cosa y sentir otra, y esperar que algo cambie en tu vida*. La combinación de tus pensamientos y sentimientos es tu estado del ser. Cambia tu estado del ser... y tu realidad cambiará.

En este punto, es cuando las señales coherentes entran en juego. Si puedes enviar al campo cuántico una señal coherente en cuanto a tus pensamientos y sentimientos (estado del ser), al margen de lo que ocurra en el mundo exterior, algo distinto sucederá en tu vida. Cuando te ocurra, la poderosa respuesta emocional que sentirás te inspirará a crear una nueva realidad de nuevo, y puedes usar esta emoción para generar una experiencia incluso más maravillosa.

Volvamos al tema de Newton. Todos estamos condicionados por el concepto newtoniano según el cual la vida está dominada por la causa y el efecto. Cuando nos pasa algo bueno, nos sentimos agradecidos y contentos. Por eso vivimos esperando que alguien o algo del exterior nos provoque estos sentimientos.

En su lugar, te estoy pidiendo que seas tú el que manda y que inviertas el proceso. En vez de esperar una ocasión que te haga sentir de una forma en particular, crea el sentimiento antes de que la experiencia se dé en el reino físico; convence a tu cuerpo emocionalmente de que la experiencia que «te hace sentir agradecido» ya ha sucedido.

Para llevar esto a cabo, puedes elegir una posibilidad en el campo cuántico e imaginarte cómo te sentirías si ya estuvieras viviendo esa experiencia. Te estoy pidiendo que uses los pensamientos y los sentimientos para ponerte en el lugar de este yo futuro, de este posible tú, con tanta viveza que condiciones emocionalmente al cuerpo a creer que *ahora* ya eres esta persona. Cuando abras los ojos al terminar la sesión de meditación, ¿quién quieres ser? ¿Cómo te sentirías si fueras este yo ideal o si vivieras la experiencia que deseas?

Para cambiar el hábito de ser el mismo de siempre, despídete de la causa y el efecto y acepta el modelo cuántico de la realidad. Elige una posible realidad deseada, vívela con tus pensamientos y sentimientos, y siéntete agradecido por ella antes de que se materialice. ¿Puedes aceptar la idea de que en cuanto cambias tu estado interior no necesitas que el mundo exterior te dé una razón para sentir alegría, gratitud, aprecio o cualquier otra emoción elevada?

Cuando al concentrarte mentalmente en una situación y sentirla emocionalmente, el cuerpo siente que está ocurriendo y a ti te parece real, en ese momento estás viviendo el futuro. En cuanto te encuentras en ese estado del ser, en ese *ahora*, presente en esa experiencia, es cuando estás conectado con todas las posibles realidades que existen en el campo cuántico. Recuerda que si vives en el pasado o en el futuro, basándote en tus emociones habituales anticipando algún efecto, no podrás acceder a todas las posibilidades del campo cuántico. La única forma de acceder a él es viviendo en el ahora.

Ten en cuenta que no es solamente un proceso intelectual. Los pensamientos deben estar en armonía con los sentimientos. Es decir, esta meditación vincula la cabeza con el corazón. Abre tu corazón y piensa en cómo te sentirías si encarnaras una combinación de todos los rasgos de personalidad que admiras y que tu yo ideal posee.

Tal vez objetes que no puedes saber cómo te sentirías porque nunca has experimentado estos rasgos ni el yo ideal que deseas ser. Mi respuesta es que el cuerpo puede sentirlos antes de tener ninguna evidencia física, adelantándose a los sentidos: no me puedes negar que si en tu vida se hiciera realidad un deseo que nunca se hubiera cumplido, sentirías una emoción tan elevada como alegría, entusiasmo o gratitud..., o sea, que puedes centrarte en esas emociones. En lugar de estar esclavizado por emociones que no son más que un vestigio del pasado, ahora estás usando emociones elevadas para crear el futuro.

Las emociones elevadas de la gratitud, el amor y otras similares tienen una frecuencia más alta y te ayudarán a adquirir un estado del ser en el que te sentirás como si las situaciones deseadas ya hubieran ocurrido. Si te sientes de maravilla, la señal que le estás enviando al campo cuántico es que estas situaciones ya han sucedido. Agradecerlas te permite preparar emocionalmente el cuerpo para que crea que lo que te produce agradecimiento ya ha ocurrido. La meditación, al activar y coordinar los tres cerebros, hace que puedas pasar de pensar a ser, y en cuanto te encuentras en este nuevo estado del ser, tiendes más a actuar y a pensar según quién estás siendo.

Tal vez te hayas preguntado por qué te cuesta tanto sentirte agradecido o dar las gracias antes de que la situación deseada haya ocurrido. ¿Es posible que estés viviendo con una emoción memorizada que se ha convertido hasta tal punto en parte de tu identidad, a nivel subconsciente, que ahora sólo te puedas sentir de la forma a la que estás habituado? Si es así, quizá tu identidad dependa de la imagen que das al exterior para distraerte y cambiar lo que en realidad sientes en tu interior.

En el siguiente capítulo hablaré de cómo cerrar este vacío y liberarte de verdad. Cuando puedes sentirte agradecido o feliz fácilmente o enamorarte del futuro —sin necesidad de que nadie, nada o ninguna experiencia te hagan sentir así—, estas emociones elevadas serán el combustible para tus creaciones.

7

El vacío

Un día estaba sentado en el sofá pensando en lo que significa ser feliz. Mientras contemplaba lo desdichado que me sentía, pensé en que las personas que más quiero me habrían intentado levantar el ánimo diciéndome: *No sabes lo afortunado que eres. Tienes una familia maravillosa y unos hijos estupendos. Eres un quiropráctico de éxito. Miles de personas acuden a tus conferencias, viajas por todo el mundo visitando lugares extraordinarios, sales en la película ¿¡Y tú qué sabes!?, y a mucha gente le encantó tu mensaje. Incluso has escrito un libro que está teniendo mucho éxito.* Me habrían soltado todas las razones emocionales y lógicas por las que debería sentirme feliz. Pero sentía que me faltaba algo.

En aquel momento de mi vida estaba viajando cada semana de una ciudad a otra para dar conferencias; a veces visitaba dos ciudades en tres días. Se me ocurrió que estaba tan ocupado que no me quedaba tiempo para practicar lo que enseñaba.

Fue un momento muy desconcertante porque empecé a ver que toda mi felicidad venía del exterior y que la alegría que sentía cuando viajaba y daba conferencias no tenía nada que ver con la *auténtica* alegría. Tenía la sensación de *necesitar* a todo el mundo, de *necesitar* todas las cosas y cualquier lugar del exterior para sentirme bien. La imagen que proyectaba a los demás dependía de factores externos. Y cuando no estaba dando conferencias, haciendo entrevistas o tratando a los pacientes y me encontraba en casa, me sentía vacío.

No me malinterpretes, estas cosas exteriores eran en cierto modo estupendas. Si le hubieras preguntado a cualquier persona que me hubiera visto dando una conferencia, trabajando abstraído en una presentación durante un vuelo o respondiendo docenas de correos electrónicos en el aeropuerto o en el salón de un hotel, habría asegurado que parecía feliz.

Y lo más triste es que si *me* lo hubieras preguntado en uno de esos momentos seguramente te habría respondido de la misma forma: *Sí, todo es maravilloso. La vida me va la mar de bien. Soy un tipo con suerte.*

Pero si me hubieras pillado en un momento de tranquilidad, sin todos esos estímulos bombardeándome, te habría contestado algo completamente distinto: *Hay algo que falla. Estoy angustiado. Todos los días me parecen iguales. Siempre sucede lo mismo. Me falta algo.*

El día que reconocí la razón principal de mi infelicidad también vi que necesitaba el mundo exterior para recordar quién era yo. Mi identidad se había convertido en la gente con la que hablaba, en las ciudades que visitaba, en aquello que hacía mientras viajaba y en las experiencias que necesitaba para reafirmarme como esa persona llamada Joe Dispenza. Y cuando no estaba cerca de nadie que me ayudara a recordar esa personalidad que el mundo conocía como mía, ya no estaba seguro de quién era. Vi que toda mi felicidad no era sino una reacción a los estímulos del mundo exterior que me hacían sentir de un cierto modo. Comprendí que era adicto a mi entorno y que dependía de los estímulos externos para alimentar mi adicción emocional. ¡Fue un momento muy especial! He oído millares de veces que la felicidad viene de dentro, pero nunca lo había visto con tanta claridad.

Aquel día mientras estaba sentado en el sofá de mi hogar, al mirar por la ventana me vino una imagen a la cabeza. Vi mis dos manos, una por encima de la otra, separadas por un vacío.

La mano de encima representa la imagen que yo proyectaba al exterior y la de debajo cómo yo sabía que era por dentro. Al reflexionar en mí descubrí que los seres humanos vivimos en una dualidad, como dos entidades distintas: «quien aparentamos ser» y «quien somos en realidad».

Quien aparentamos ser es la fachada que proyectamos al mundo. Este yo es todo cuanto hacemos para dar una imagen en particular y

EL VACÍO IDENTITARIO

QUIÉN APARENTO SER
· La identidad que proyecto al entorno
· Lo que quiero que crean que soy
· La fachada
· La persona ideal para el mundo

QUIÉN SOY EN REALIDAD
· Cómo me siento
· Quién soy en realidad
· Cómo soy por dentro
· La persona ideal para mí

Figura 7A. El vacío entre «quién soy en realidad» y «quién aparento ser».

para presentar a los demás una realidad exterior coherente. Este primer aspecto del yo es una capa de cómo queremos que los demás nos vean.

Quien somos en realidad, representado por la mano de debajo, es cómo nos sentimos por dentro, sobre todo cuando no estamos distraídos con el mundo exterior. Es lo que sentimos usualmente cuando no estamos preocupados por la «vida». Es lo que ocultamos sobre nosotros.

Cuando memorizamos estados emocionales adictivos, como la culpabilidad, la vergüenza, la ira, el miedo, la ansiedad, los juicios, la depresión, el engreimiento o el odio, creamos un vacío entre *quien aparentamos ser* y *quien somos en realidad*. Lo primero es cómo queremos que los demás nos vean. Lo segundo es nuestro estado del ser cuando no estamos interactuando con las distintas experiencias, cosas y variedad de personas en diferentes momentos y lugares de nuestra vida. Si es-

LAS CAPAS de EMOCIONES MEMORIZADAS CREAN el VACÍO

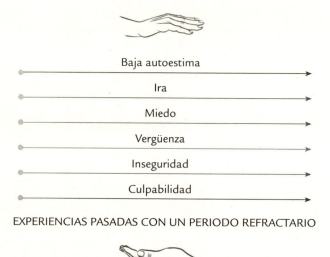

Baja autoestima

Ira

Miedo

Vergüenza

Inseguridad

Culpabilidad

EXPERIENCIAS PASADAS CON UN PERIODO REFRACTARIO

Figura 7B. El tamaño del vacío varía de una persona a otra. «Quien somos en realidad» y «quien aparentamos ser» están separados por los sentimientos memorizados en distintos momentos de nuestra vida (basados en experiencias pasadas). Cuanto más grande sea el vacío, más adictos somos a las emociones memorizadas.

tamos sentados el tiempo suficiente sin hacer nada, empezamos a sentir *algo*. Y ese algo es quien somos en realidad.

Vamos acumulando una capa tras otra de distintas emociones que forman nuestra identidad. Para recordar quién creemos ser, tenemos que volver a crear las mismas experiencias para reafirmar nuestra personalidad y las emociones correspondientes. Como identidad, nos aferramos al mundo exterior al identificarnos con todo el mundo y con todo para recordarnos a nosotros mismos la imagen que queremos proyectar al mundo.

La imagen que damos se convierte en la fachada de la personalidad, que a su vez depende del mundo exterior para recordar quién es ella como «alguien». Su identidad depende totalmente del entorno. La personalidad hace todo lo posible por ocultar lo que siente en realidad o para que esta sensación de vacío desaparezca: *Poseo estos coches, conozco a estas persona, he viajado a estos lugares, puedo hacer estas actividades, he tenido estas experiencias, trabajo para esta compañía, estoy triunfando en la vida...* Es quien creemos ser con relación a todo lo que nos rodea.

Pero esto es distinto de quien somos —de lo que sentimos— sin los estímulos de la realidad exterior: de la vergüenza o la ira que nos provoca nuestro fracaso matrimonial. Del miedo a la muerte y la incertidumbre que despierta en nosotros la vida en el más allá al perder a un ser querido o incluso a una mascota. De la ineptitud que experimentamos cuando nuestros padres esperan que seamos perfectos y triunfemos en la vida a toda costa. De la injusticia de haber crecido en unas circunstancias rayanas a la pobreza. De la preocupación que nos produce nuestro cuerpo al no encajar en los cánones de belleza de la sociedad. Esta clase de sentimientos son los que queremos ocultar.

Esta persona es quien somos de verdad, el yo real que se escuda tras la imagen que damos. Como no podemos soportar mostrar este yo al mundo, fingimos ser otra persona. Creamos una serie de programas automáticos memorizados para ocultar nuestros aspectos vulnerables. Mentimos sobre quien somos porque sabemos que los convencionalismos sociales no admiten esta clase de personas. Es ese «nadie». La persona que dudamos que los demás quieran y acepten.

Cuando somos jóvenes y estamos construyendo una identidad, es cuando más participamos en esta farsa. Vemos a jóvenes cambiando de identidad como quien cambia de ropa. Y de hecho la forma de vestir de los adolescentes suele reflejar más quiénes desean ser que quiénes son en realidad. Si se lo preguntas a cualquier profesional de la salud mental especializado en adolescentes, te responderá que la palabra que más los define es *inseguridad*. Por eso los adolescentes y los preadolescentes buscan consuelo en la conformidad y en los grupos.

En lugar de dejar que el mundo les conozca tal como son, se amoldan y adaptan (porque todos sabemos lo que les ocurre a las personas que parecen distintas del resto). El mundo es complejo y aterrador, pero si perteneces a un grupo resulta menos horrible y mucho más simple. Elige tu grupo. Elige tu veneno.

Al final te quedas con esa identidad. Te acostumbras a ella. O al menos es lo que quieres creer. Esta inseguridad va unida a un montón de dudas. Te haces muchas preguntas: *¿Es ésta la persona que soy? ¿Es la que quiero realmente ser?* Pero es mucho más fácil ignorarlas que responderlas.

Las vivencias definen nuestra identidad... y nos mantienen ocupados para evadirnos de las emociones molestas

Todos hemos tenido en la juventud experiencias traumáticas o difíciles que nos han marcado emocionalmente. Las emociones producidas por determinados episodios de esta etapa de la vida han ido creando, capa a capa, la persona en la que nos hemos convertido. Afrontémoslo: a todos nos han marcado episodios con una carga emocional. Mientras recordábamos la experiencia una y otra vez, el cuerpo empezó a revivirla de manera repetida con ese simple pensamiento. El periodo refractario de la emoción se alargó tanto que esta simple reacción emocional acabó transformándose en un estado de ánimo, después en un temperamento y, por último, en un rasgo de personalidad.

En la juventud hacemos un montón de cosas que consiguen, por un tiempo, hacernos olvidar esas emociones antiguas y profundas, como si las metiéramos debajo de la alfombra. Es embriagador hacer nuevas amistades, viajar a lugares desconocidos, trabajar duramente para subir de categoría, aprender nuevas habilidades o practicar un nuevo deporte. Raras veces sospechamos que todas estas acciones están motivadas por los sentimientos que nos produjeron determinados episodios del pasado.

Más tarde estamos ocupados de verdad. Vamos al instituto y luego seguramente a la universidad, nos compramos un coche, nos mudamos a otra ciudad, estado o país. Empezamos una carrera, conocemos a personas nuevas, nos casamos, compramos una casa, tenemos hijos, adoptamos una mascota, nos divorciamos, hacemos ejercicio, iniciamos una nueva relación sentimental, practicamos una habilidad o una afición... Usamos todo cuanto conocemos del mundo exterior para definir nuestra identidad y evadirnos de lo que sentimos en nuestro interior. Y como todas estas experiencias producen millares de emociones, nos damos cuenta de que estas emociones parecen hacernos olvidar de los sentimientos que ocultamos. Y funciona durante un tiempo.

No me malinterpretes. En la juventud, todos progresamos con los proyectos que emprendemos en distintas etapas. Para poder conseguir muchas cosas en la vida, tenemos que traspasar los límites en los que nos sentimos cómodos e ir más allá de los sentimientos habituales que en otra época nos definieron. Conozco perfectamente esta dinámica en la vida. Pero cuando no superamos nunca nuestras limitaciones o seguimos cargando con el bagaje del pasado, llega un punto que esta situación se hace insostenible. Y esto suele ocurrir en la mitad de la tercera década de la vida (aunque varía mucho de una persona a otra).

La madurez: estrategias para que los sentimientos enterrados no salgan a la luz

Entre los 30 y los 40, ya tenemos la personalidad formada y hemos vivido prácticamente todo cuanto la vida puede ofrecernos. Por eso podemos prever los resultados de la mayoría de vivencias; ya sabemos cómo nos harán sentir antes de que sucedan. Como hemos mantenido varias relaciones sentimentales buenas o malas, hemos competido en el mundo de los negocios o forjado una carrera, hemos vivido pérdidas y triunfos, o sabemos lo que nos gusta y lo que detestamos, conocemos los matices de la vida. Al poder prever las emociones que seguramente sentiremos, decidimos si queremos vivir esta experiencia conocida. Aunque todo esto tiene lugar *en las profundidades del inconsciente.*

Pero aquí está el problema. Como podemos prever los sentimientos que nos producirán la mayoría de situaciones, ya sabemos que nos ayudarán a evadirnos de lo que sentimos por dentro. Pero al llegar a la madurez ya no hay nada que nos haga olvidar del todo aquella sensación de vacío.

Nos despertamos cada mañana y sentimos que todo sigue igual que siempre. El entorno, del que tanto dependemos para evadirnos de la pena, la culpabilidad o el sufrimiento que nos carcome por dentro, ya no nos sirve. ¿Cómo podemos hacer desaparecer estos sentimientos? Sabemos que cuando las emociones producidas por el mundo exterior se acaban volvemos a ser el mismo de siempre.

Es la crisis de los cuarenta que la mayoría conocemos. Algunos intentan por todos los medios impedir que sus sentimientos enterrados salgan a la luz volcándose todavía más en el mundo exterior. Se compran el coche deportivo que acaba de salir al mercado (objeto) o alquilan un barco (otro objeto). Hay quien se toma unas largas vacaciones (lugar). Y otros se inscriben en un centro social para hacer nuevos contactos o amigos (gente). Algunas personas recurren a la cirugía plástica (cuerpo). Muchas otras redecoran o reforman su hogar (adquieren objetos y experimentan un entorno nuevo).

Todos estos intentos de hacer o probar algo nuevo para sentirnos mejor o distintos son inútiles, porque cuando la novedad pierde su encanto, seguimos atrapados en la misma identidad. Volvemos a quien somos realmente (es decir, la mano de abajo). Regresamos a la misma realidad en la que hemos estado viviendo durante años para seguir recordando quién creemos ser como identidad. Pero cuantas más cosas hacemos —cuanto más compramos y consumimos—, más patente se vuelve la sensación de quien somos «realmente».

Intentamos huir de esta sensación de vacío o evadirnos de cualquier emoción dolorosa porque nos incomoda demasiado. Por eso cuando la sensación se nos va de las manos, ponemos la tele, navegamos por Internet, llamamos a alguien o le enviamos un mensaje de texto. En cuestión de segundos podemos cambiar de emociones un montón de veces: nos morimos de risa viendo una comedia o un vídeo en YouTube, nos desfogamos después mirando un partido de fútbol y nos enojamos o asustamos viendo las noticias. Todos estos estímulos externos nos ayudan a olvidarnos de los sentimientos que nos acosan por dentro.

La tecnología es una gran distracción y una poderosa adicción. Piensa en ello: puedes cambiar en el acto tu química interior y hacer que un sentimiento desaparezca al cambiar algo del exterior. Por eso recurrimos una y otra vez a aquello del exterior que nos hace sentir mejor por dentro. Y no sólo nos evadimos con la tecnología, lo hacemos con cualquier cosa que nos resulte emocionante por un tiempo.

Cuando usamos la diversión para evadirnos, ¿sabes lo que acaba pasando? Que cada vez dependemos más de cosas externas para cambiar por dentro. Algunas personas se van hundiendo cada vez más en este pozo sin fondo, usando distintos aspectos de su mundo para seguir preocupándose y volver a crear así el mismo sentimiento de la primera experiencia con el que se evadieron. Necesitan una sobredosis de estímulos para sentirse distintos de como son. Pero tarde o temprano descubren que necesitan una mayor dosis de lo que les hace sentirse mejor. Y se acaba convirtiendo en una agotadora búsqueda de placer y en un intento de evitar sufrir a toda costa, en una vida hedonista motivada inconscientemente por algún sentimiento que nunca desaparece.

Una madurez distinta: la etapa de afrontar los sentimientos y acabar con las vanas ilusiones

En esta etapa de la vida otras personas que no intentan huir de sus sentimientos se hacen algunas preguntas importantes: *¿Quién soy? ¿Cuál es mi propósito en la vida? ¿Adónde me estoy dirigiendo? ¿Para quién estoy haciendo todo esto? ¿Qué es Dios? ¿Adónde iré cuando me muera? ¿«Triunfar» en la vida es todo lo que hay? ¿Qué es la felicidad? ¿Qué significa todo esto? ¿Qué es el amor? ¿Me quiero? ¿Quiero a alguien más?* Y el alma empieza a despertar...

Esta clase de preguntas nos vienen a la cabeza porque empezamos a ver la realidad y sospechamos que nada del exterior nos hará felices. Algunos descubrimos que nada de nuestro entorno nos hará sentir «mejor». También vemos la gran cantidad de energía que gastamos en mantener la imagen que damos al mundo y lo agotador que es que la mente y el cuerpo estén preocupándose constantemente. Al final comprendemos que nuestros vanos intentos de dar una imagen ideal a los demás no es más que una estrategia para asegurarnos de que los sentimientos de los que hemos estado huyendo no nos alcancen. ¿Hasta cuándo podremos seguir haciendo malabarismos con un montón de pelotas en el aire para que nuestra vida no se derrumbe?

En lugar de comprar un televisor más grande o el último teléfono inteligente que acaba de salir al mercado, estas personas dejan de huir del sentimiento del que querían librarse, lo afrontan y lo observan con calma. Es cuando empiezan a despertar. Después de reflexionar, la persona descubre quién es en realidad, lo que ha estado ocultando y lo que ya no le sirve. Es cuando se desprende de la fachada, de los juegos y de las vanas ilusiones. Es sincera sobre quién es ella realmente, le cueste lo que le cueste, y no le da miedo perderlo todo. Deja de invertir su energía en seguir manteniendo la imagen ilusoria que daba de sí misma.

Entra en contacto con sus sentimientos y después le dice a su pareja: *¿Sabes qué? Ya no me importa si no te hago feliz. Estoy harta de obsesionarme con mi aspecto o con lo que los demás piensan de mí. Ya no pienso seguir viviendo para los demás. Quiero liberarme de estas cadenas.*

Es un momento muy profundo en la vida de una persona. Su alma está despertando y le empuja ¡a decir la verdad sobre quién es ella en realidad! La mentira ha terminado.

El cambio y nuestras relaciones: romper los lazos que nos atan

La mayoría de las relaciones se basan en lo que tenemos en común con los otros. Piensa en lo siguiente: conoces a una persona y enseguida los dos comparáis vuestras vivencias, como si quisierais averiguar si vuestras redes neurales y vuestros recuerdos emocionales van en la misma línea. Dices algo como: «Conozco a estas "personas". Soy del mismo "lugar" y he vivido en esos sitios en esas distintas "épocas" de mi vida. Fui a esta universidad y me especialicé en este campo. Poseo estas "cosas" y hago estas "actividades". Y lo más importante es que he tenido estas "experiencias"».

La otra persona responde: «Yo conozco a estas "personas". He vivido en esos "lugares" durante esas "épocas". Yo también hago estas "actividades". He tenido las mismas "experiencias" que tú».

Así que os podéis relacionar. Después se forma una relación basada en estados neuroquímicos del ser porque compartís las mismas experiencias, las mismas emociones.

Considera las emociones como «energía en movimiento». Si compartís las mismas emociones, estáis compartiendo la misma energía. Y al igual que dos átomos de oxígeno que comparten un campo invisible de energía más allá del espacio y el tiempo para unirse en una relación y formar el aire, tú estás unido a un campo invisible de energía con cada cosa y lugar de tu vida exterior. Pero los vínculos entre la gente son más fuertes porque la energía de las emociones es la más poderosa de todas. Mientras ninguno de vosotros cambiéis, las cosas os irán bien.

Cuando nuestra amiga del ejemplo de la última parte dice cómo se siente realmente, la situación empieza a ser muy incómoda. Si su amistad con los demás se ha estado basando en quejarse sobre la vida, está unida a nivel energético en sus relaciones por las emociones de victimización. Si en un momento de lucidez, decide abandonar el hábito de ser ella, ya no se está mostrando como aquella persona usual con la que todo el mundo podía relacionarse. Las personas de su vida la utilizan para recordar también *quiénes* son emocionalmente. Las amigas y la familia preguntan: «¿Qué te pasa hoy? ¡Has herido mis sentimientos!» Lo cual se traduce como: *¡Creía que nos llevábamos bien! Te usaba para reafirmar mi adicción emocional y recordar quién creo ser como «alguien». Me gustabas más cómo eras antes.*

Cuando se trata del cambio, nuestra energía está conectada a todo aquello con lo que hemos tenido una experiencia en el mundo exterior.

LAZOS EMOCIONALES

Figura 7C. Si compartimos las mismas experiencias, compartimos las mismas emociones y la misma energía. Al igual que dos átomos de oxígeno se unen para formar el aire que respiramos, nosotros estamos unidos emocionalmente por un campo invisible de energía (más allá del espacio y el tiempo).

Suprimir la adicción a la emoción que hemos memorizado o decir la verdad sobre quién somos realmente exige un montón de energía. Al igual que para separar dos átomos de oxígeno que se han unido se necesita energía, también se precisa energía para romper los lazos que establecemos con las personas de nuestra vida.

Las personas de la vida de esta mujer que han compartido los mismos lazos emocionales con ella confabulándose exclaman: «Últimamente no es la misma. Quizás ha perdido el juicio. ¡Llevémosla al médico!»

Recuerda que son las personas con las que compartía las mismas experiencias y, por lo tanto, las mismas emociones. Pero ahora ella está rompiendo los lazos energéticos que la unían con todo el mundo y con todo, e incluso con los *lugares* conocidos. Es una situación amenazante para los que han estado participando en el mismo juego con ella durante años. Se está bajando del tren.

La llevan al médico y éste le receta Prozac o algún otro fármaco, y al poco tiempo la mujer recupera la personalidad de antes. Y ahí está de nuevo, proyectando su antigua imagen en el mundo, comulgando con los acuerdos emocionales de los demás. Vuelve a estar anestesiada y sonriendo, haciendo cualquier cosa para evadirse de sus sentimientos. No ha aprendido la lección.

Sí, esta mujer había cambiado: no era la de la «mano de arriba» a la que todos estaban acostumbrados. Por un breve periodo de tiempo fue la de la «mano de abajo», la que acarreaba el pasado y el sufrimiento. Pero ¿quién puede culpar a esos seres queridos que insistieron en que volviera a ser la mujer anestesiada de antes «que decía amén a todo para llevarse bien con todos»? Aquel nuevo yo había surgido de manera imprevisible, incluso radical. ¡Quién iba a querer estar cerca de *esta* persona! ¡Quién iba a querer estar cerca de la verdad!

Lo que al final cuenta de verdad

Si dependes del entorno para recordar quién eres como alguien, ¿qué pasará cuando mueras y el mundo desaparezca de tu vista y se desvanezca? ¿Sabes lo que se irá con él? El alguien, la identidad, la imagen, la personalidad (la mano de arriba) que se ha identificado con todos los elementos conocidos y previsibles de la vida, que era adicto al entorno. Puedes haber sido la persona más exitosa, popular o guapa, haber tenido todo el dinero que podías pedir, pero cuando tu vida llega a su fin y la realidad exterior se desvanece, todo lo de fuera ya no puede seguir definiéndote. Desaparece.

Entonces te quedas solo *con quien eres realmente* (la mano de abajo) y no con quien aparentas ser. Cuando tu vida se acaba y ya no puedes depender del mundo exterior para que te defina, te quedas con aquel sentimiento que nunca intentaste resolver. En esta vida no habrás evolucionado como alma.

Por ejemplo, si tuviste hace cincuenta años unas experiencias que te marcaron con un sentimiento de inseguridad o debilidad y desde entonces te has sentido así, significa que dejaste de crecer emocionalmente hace cincuenta años. El propósito del alma es aprender de la experiencia y adquirir sabiduría, pero si te has quedado atrapado en una emoción, nunca aprendiste de la experiencia, no superaste esta emoción ni la transformaste en conocimiento. Mientras este sentimiento siga anclando tu mente y tu cuerpo a aquellos episodios del pasado, no serás libre para pasar al futuro. Y si en tu vida actual surge una experiencia parecida, esta situación desencadenará la misma emoción y actuarás como la persona que eras hace cincuenta años.

De modo que tu alma te dice: *¡Escúchame atentamente! Nada del exterior te hará feliz. Te estoy intentando avisar. Pero si sigues participando en este juego, voy a dejar de hacerlo y volverás a dormirte. En este caso te veré cuando tu vida se acabe...*

Siempre necesitas más y más

La mayoría de las personas que no saben cómo cambiar piensan: *¿Cómo puedo hacer que este sentimiento desaparezca?* Y cuando la novedad de acumular cosas nuevas pierde su encanto y ya no les funciona, ¿qué es lo que hacen? Buscan cosas de una *mayor magnitud*, pasan al siguiente nivel y sus estrategias de evasión se convierten en adicciones: *Si me drogo o bebo lo suficiente, esta sensación desaparecerá. Este objeto exterior me producirá un cambio químico interior y me hará sentir de maravilla. Me compraré un montón de cosas, porque cuando lo hago —aunque no tenga demasiado dinero— me olvido de lo vacío que me siento. Miraré pornografía... Me divertiré con videojuegos... Me iré al casino... Comeré hasta reventar.* Sea cual sea la adicción, seguimos creyendo que algo exte-

LA CRISIS DE LOS CUARENTA:
El intento de crear una
NUEVA IDENTIDAD desde FUERA

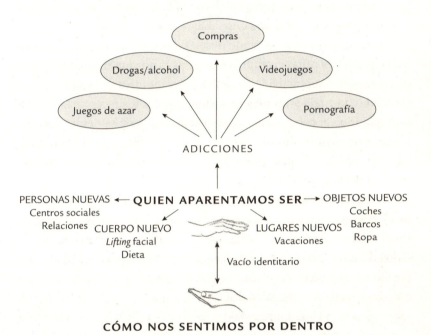

Figura 7D. Cuando las mismas personas y las mismas cosas de nuestra vida nos crean las mismas emociones y el sentimiento del que intentamos evadirnos perdura, tratamos de conocer a otras personas y cosas, o ir a lugares nuevos para cambiar lo que sentimos por dentro. Si esto no funciona, pasamos al siguiente nivel: las adicciones.

rior eliminará ese molesto sentimiento interior. Y además recuerda que por naturaleza tendemos a asociar algo externo que hace desaparecer nuestro malestar interior por un tiempo a un cambio químico en nuestro interior. Y como nos hace sentir bien, nos gusta. Por eso rechazamos lo que es desagradable o doloroso y buscamos lo que nos resulta agradable, cómodo o placentero.

A medida que la excitación de las drogas estimula el centro del placer del cerebro, el cuerpo se inunda de sustancias químicas como resultado de la experiencia estimulante. El problema está en que cada vez que uno juega, se va de juerga o se queda hasta las tantas jugando con los videojuegos necesita una dosis mayor que la anterior.

La razón por la que la gente necesita tomar más drogas, comprar más cosas o tener más aventuras amorosas es porque el subidón químico creado por estas actividades activa los receptores de la superficie de las células, lo cual «estimula» las células. Pero si los receptores se están estimulando sin cesar, acaban desensibilizándose y se desactivan. Entonces necesitan recibir una señal más fuerte, un poco más de estímulos, para activarse, y para producir los mismos efectos, es necesario un mayor subidón químico.

Ahora tienes que apostar 25.000 dólares en lugar de 10.000, porque de lo contrario no te excita. En cuanto gastarte 5.000 dólares ya no te estimula, tienes que quemar dos tarjetas de crédito para sentir el mismo subidón de antes. Y todo esto es para no sentir quién eres en realidad. Todo cuanto haces para sentir el mismo subidón tienes que ir aumentándolo con una creciente intensidad. Más drogas, más alcohol, más sexo, más juegos de azar, más compras, más televisión. Ya te habrás hecho una idea.

Con el tiempo, nos volvemos adictos a algo para apaciguar el dolor, la ansiedad o la depresión con los que vivimos a diario. ¿Es esto malo? En realidad, no. La mayoría de la gente lo hace porque no sabe cómo cambiar desde dentro. Sólo están siguiendo su deseo innato de sentirse mejor e inconscientemente creen que su salvación se encuentra en el mundo exterior. Nunca les han explicado que usar el mundo exterior para cambiar el mundo interior sólo empeora las cosas, sólo agranda el vacío.

Pongamos que nuestra ambición en la vida es triunfar y acumular más cosas. Cuando lo hacemos, fortalecemos quien somos sin observar cómo nos sentimos realmente por dentro. Yo lo llamo *estar poseídos por nuestras pertenencias*. Estamos poseídos por los objetos materiales y estas cosas refuerzan el ego, que necesita el entorno para que le recuerde quién es.

Si queremos que algo del exterior nos haga felices, no estamos siguiendo la ley cuántica. Estamos dependiendo de lo de fuera para cambiar lo de dentro. Si creemos que en cuanto tengamos el dinero para comprar más cosas seremos de lo más felices, lo estamos viendo al revés. Tenemos que sentirnos felices *antes* de que la abundancia aparezca en nuestra vida.

¿Y qué ocurre si los adictos no pueden aumentar su dosis? Se sienten más enojados, más frustrados, más amargados, más vacíos. Quizá prueben otros métodos: añadiendo el juego a la bebida, o las compras a la televisión y a las películas como válvulas de escape. Pero al final nada les bastará. Los centros del placer se habrán recalibrado a un nivel tan alto que cuando el mundo exterior no les provoca ningún cambio químico les parece que no pueden disfrutar con las cosas más sencillas.

La cuestión es que la verdadera felicidad no tiene nada que ver con el placer porque depender de cosas tan estimulantes para sentirnos bien sólo nos aleja de la auténtica dicha.

El mayor vacío: la adicción emocional

No es mi intención subestimar la gravedad del daño que causan las adicciones que yo llamo «materiales»: a las drogas, al alcohol, al sexo, al juego, al consumismo y otras. Estos problemas pueden causar un gran daño a las numerosas personas que pasan por ellos y a los que quieren o trabajan con esta clase de «adictos». Aunque muchas personas que han contraído estas adicciones y otras pueden utilizar los pasos de estas páginas para superarlas —ya que forman parte de los Tres Grandes—, está más allá del alcance de este libro tratarlas. Pero es fundamental comprender que detrás de cada adicción hay alguna emoción memorizada que motiva la conducta.

Lo que no está fuera del alcance de este libro y es en realidad su propósito principal es ayudar a cambiar el hábito de ser el mismo de siempre, tanto si uno se considera un alcohólico, un adicto al sexo, un jugador, un adicto a las compras o alguien que se siente solo, deprimido, enojado, amargado o mal físicamente de manera crónica.

Al pensar en este vacío, seguramente te has dicho: *Claro que escondemos a los demás nuestros miedos, inseguridades, debilidades y el lado oscuro. Si les diéramos rienda suelta expresándolos, seguramente nadie se ocuparía de nosotros; nos dejarían solos, cuidándonos de nosotros mismos.* En cierto sentido, es verdad. Pero si queremos ser libres debemos afrontar nuestro verdadero yo y sacar a la luz este lado oscuro de nuestra personalidad.

La ventaja del sistema que empleo es que puedes enfrentarte a esos aspectos tuyos más oscuros sin sacarlos a la luz en la vida cotidiana. No tienes por qué anunciar en el trabajo o en una reunión familiar: «¡Escuchadme! Soy una mala persona porque durante mucho tiempo les he guardado rencor a mis padres por haberle dedicado mucho tiempo a mi hermano pequeño mientras yo sentía que a mí no me hacían caso. Por eso ahora soy una persona tan egoísta que necesita recibir atención y gratificaciones instantáneas para dejar de sentir que nadie me quiere y que no estoy a la altura de las circunstancias».

En lugar de esto, en la privacidad de tu hogar y de tu propia mente, puedes intentar eliminar los aspectos negativos de tu yo y reemplazarlos por unas cualidades más positivas y productivas (o al menos, metafóricamente hablando, reducir mucho su papel para que aparezcan en escena sólo de vez en cuando).

No intentes analizar los episodios del pasado validando las emociones memorizadas que ya forman parte de tu personalidad. Aunque los analices, no resolverás tus problemas mientras sigas atrapado en esas emociones. Observar la experiencia o revivir el episodio que creó el problema tan sólo te hará volver a sentir las mismas antiguas emociones y te dará una razón para sentirte igual que siempre. Cuando intentas resolver tus problemas con el mismo estado mental que los creó, te limitas a analizarlos disculpándote por no cambiar nunca.

Es mejor que trates de desmemorizar las emociones que te limitan. Un recuerdo sin la carga emocional se llama *sabiduría*. Es entonces cuando puedes observar objetivamente un episodio del pasado, contemplarlo y ver quién estabas siendo, sin el filtro de esa emoción. Si intentas desmemorizar el estado emocional que te provocó (o eliminarlo lo mejor posible), podrás vivir, pensar y actuar sin las limitaciones o las trabas de ese sentimiento.

Si una persona superara su infelicidad y siguiese adelante con su vida, manteniendo una nueva relación sentimental, consiguiendo un nuevo trabajo, mudándose a otro lugar y haciendo nuevas amistades, al recordar aquel episodio del pasado vería que fue el obstáculo que necesitaba para superar quien era y convertirse en otra persona. Su perspectiva cambiaría sólo al ver que fue capaz de superar el problema.

Reducir e incluso eliminar el vacío entre quien somos y quien aparentamos ser es seguramente el mayor reto de nuestra vida. Tanto si lo llamamos vivir con autenticidad, superar nuestras propias limitaciones o «lograr» que los demás nos acepten tal como somos, es algo que la mayoría deseamos. El cambio —cerrar el espacio del vacío— debe empezar dentro de nosotros.

Sin embargo, solemos cambiar sólo cuando nos enfrentamos a una crisis, un trauma o a alguna clase de diagnóstico deprimente. Esta crisis suele venir en forma de un reto *físico* (tal vez un accidente o una enfermedad), *emocional* (por ejemplo, la pérdida de un ser querido), *espiritual* (por ejemplo, una acumulación de contratiempos que nos hacen plantear nuestra propia valía y el funcionamiento del universo), o *económico* (quizá, la pérdida del trabajo). Advierte que en todos estos casos hemos *perdido* algo.

¿Por qué esperar a que un trauma o una pérdida te hagan perder el equilibrio por el estado emocional negativo que te producen? Cuando te ocurre un desastre tienes que ocuparte de él, no puedes seguir encargándote de tus negocios como si nada cuando estás hecho trizas, como dice la expresión.

En esos momentos tan críticos, cuando ya estamos hartos, hartísimos, de que las circunstancias nos hagan sufrir, exclamamos: *¡Esto no puede seguir así! No me importa lo que me cueste o cómo me sentiré* [cuerpo]. *No me importa cuánto tarde* [tiempo]. *No me importa lo que esté ocurriendo en mi vida* [entorno]. *Voy a cambiar. Tengo que hacerlo.*

Podemos aprender y cambiar en un estado de pena y sufrimiento, o hacerlo en un estado de alegría e inspiración. No es necesario esperar a sentirnos tan mal que nos veamos obligados a cambiar.

Efectos secundarios de cerrar el vacío

Como ya sabes, una de las habilidades más importantes que necesitas adquirir para crecer interiormente es la autoconciencia/autoobservación. Es una definición concisa de aquello a lo que me refiero al hablar de la meditación en el siguiente capítulo. Cuando medites observarás el estado emocional negativo que tanto te ha impactado en tu vida. Reconocerás el principal estado de tu personalidad que motiva tus pensamientos y conductas para conocer íntimamente todos sus matices. Con el tiempo, usarás este poder de la observación para desmemorizar ese estado emocional negativo. Así entregarás esta emoción a una mente superior, cerrando el vacío entre quien eres y la imagen que has estado dando al mundo.

Imagínate de pie en una habitación empujando con los brazos extendidos las dos paredes opuestas. ¿Tienes una idea de la energía que gastarías si intentaras evitar que las dos paredes te aplastaran? En lugar de hacerlo, ¿qué pasaría si las soltaras, dieras un par de pasos hacia delante (después de todo, ese espacio es como una puerta), salieras de esa habitación y entraras en otra totalmente nueva? ¿Qué pasaría con la habitación que has dejado atrás? Las paredes se han juntado tanto que ni siquiera puedes volver a entrar. El vacío se ha cerrado y las partes separadas de ti se han unificado. ¿Y adónde irá a parar toda esa energía que estuviste gastando? La física afirma que la energía no se puede crear ni destruir, sólo se traslada o se trasforma. Eso es exactamente lo que te pasará cuando llegues a un punto en que ningún pensamiento, emoción o conducta subconsciente te pase desapercibido.

También lo puedes ver de esta otra forma: entrarás en el sistema operativo del subconsciente y te llevarás toda la información y las instrucciones a tu mente consciente para ver dónde están esos deseos irreprimibles y esas tendencias que han estado controlando tu vida. Te vuelves consciente de tu parte inconsciente.

Cuando rompemos estas cadenas, liberamos el cuerpo. Ya no sigue siendo la mente viviendo en el pasado día tras día. Cuando liberamos el cuerpo emocionalmente, cerramos el vacío. Y cuando cerramos el va-

CERRAR EL VACÍO

Capa por capa, cuando desmemorizas las emociones, liberas energía

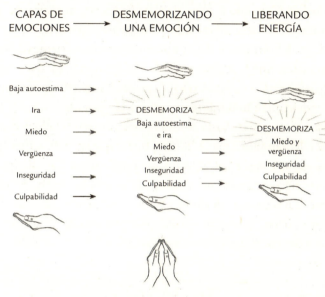

CAPAS DE EMOCIONES	→	DESMEMORIZANDO UNA EMOCIÓN	→	LIBERANDO ENERGÍA

Baja autoestima →

Ira →

Miedo →

Vergüenza →

Inseguridad →

Culpabilidad →

DESMEMORIZA
Baja autoestima
e ira
Miedo →
Vergüenza →
Inseguridad →
Culpabilidad →

DESMEMORIZA
Miedo y
vergüenza
Inseguridad
Culpabilidad

La meta final: TRANSPARENCIA

Cuando eres como quien aparentas ser

Figura 7E. A medida que desmemorizas una emoción que se ha convertido en parte de tu identidad, cierras el vacío entre quien aparentas ser en el mundo y quien eres en realidad. El efecto secundario de este fenómeno es la liberación de energía en forma de una emoción almacenada en el cuerpo. En cuanto la mente de esta emoción se libera del cuerpo, la energía regresa al campo cuántico para que puedas usarla como creador.

cío, liberamos la energía que estábamos gastando para producirlo. Esta energía es la materia prima con la que podemos crear una vida nueva.

Otro efecto secundario de romper los vínculos que te atan a tus adicciones emocionales es que esta energía liberada equivale a tomarte una saludable dosis de un elixir maravilloso. Además de estar lleno de energía, sientes algo que no experimentabas desde hace mucho tiempo:

dicha. Cuando liberas el cuerpo de las cadenas de una dependencia emocional, te sientes animado e inspirado. ¿Has hecho alguna vez un largo viaje en coche? Si cuando te bajas de él y puedes por fin estirar las piernas y respirar aire fresco, sin el ruido de los neumáticos deslizándose por la carretera o del ventilador del aire acondicionado, te sientes de maravilla, imagínate cómo te sentirías si hubieras estado viajando tres mil kilómetros ¡encerrado en el maletero! Para muchas personas así es como se han estado sintiendo durante una buena temporada.

Ten en cuenta que no basta con advertir cómo has estado pensando, sintiendo y actuando. En la meditación tienes que ser más activo. También debes decirte la verdad. Sé sincero y revela lo que has estado ocultando en ese rincón oscuro del vacío. Sácalo a plena luz del día. Y cuando veas lo que te has estado haciendo a ti mismo, tendrás que contemplar ese desastre y decir: *Esto ya no me beneficia para nada. Ya no me sirve. Esto no es quererse.* Y decidir entonces ser libre.

Del victimismo a la abundancia inesperada: cómo una mujer cerró el vacío

Pamela, que asistió a uno de mis seminarios, cosechó los beneficios de afrontar su vida con el coraje de una observadora cuántica. Estaba teniendo problemas económicos porque su ex marido, que llevaba dos años en el paro, no le mandaba la manutención de sus hijos. Frustrada, enojada y decepcionada, incluso había reaccionado negativamente a situaciones que no tenían nada que ver.

La meditación que hicimos aquel día trataba de cómo el producto final de cualquier experiencia es una emoción. Como tenemos tantas experiencias con la familia y los amigos, compartimos las emociones que nos provocan con ellos. Normalmente, esto es bueno: los vínculos relacionados con los lugares donde hemos estado, las cosas que hemos hecho —incluso los objetos que hemos compartido— pueden fortalecer nuestra conexión con los demás. Pero la desventaja es que también compartimos las emociones de las experiencias negativas.

Nos vinculamos energéticamente unos con otros en un lugar más allá del tiempo y el espacio. Como estamos enredados con los demás (para usar términos cuánticos) y con frecuencia nos vinculamos por medio de emociones que tienen que ver con la supervivencia, cuando seguimos conectados a experiencias y emociones negativas nos es casi imposible cambiar. Por eso la realidad sigue siendo la misma.

En el caso de Pamela, los sentimientos de ansiedad, culpa e inferioridad de su ex marido por no poder pasarle el dinero de la manutención estaban entretejidos en la trama del estado emocional de ella, junto con sus sentimientos de victimización, resentimiento y carencia. A la menor oportunidad, su victimismo levantaba su fea cabeza y creaba un resultado negativo. Sus emociones destructivas y la energía que generaban la habían paralizado en un estancamiento mental, físico y existencial. Como ella y su ex marido estaban unidos por las vivencias, emociones y energías negativas que compartían, todos sus intentos de cambiar sus circunstancias en relación con él eran inútiles.

El taller ayudó a Pamela a ver que debía romper este vínculo. Desprenderse de las emociones que la definían en su realidad actual. También aprendió que el ciclo de pensar, sentir y actuar de la misma forma durante años puede producir un efecto cascada y activar los genes que causan enfermedades, y ella no quería que le pasara eso. *Algo tenía que cambiar.*

Me gusta esta frase, porque como Pamela me contó más tarde, durante la meditación reconoció las emociones perjudiciales que su victimización había creado: impaciencia con sus hijos, quejas y acusaciones, y los sentimientos de desesperación y carencia. Se desprendió de estas emociones causadas por experiencias pasadas y de su egocéntrico estado del ser, y los entregó a una mente superior.

Pamela liberó así en el campo cuántico toda su energía estancada, cerrando así el vacío entre quien creía ser y la imagen que proyectaba al mundo. Lo hizo tan bien —empezó a sentirse tan contenta y agradecida— que no sólo deseaba la abundancia para ella, sino para todo el mundo. Reemplazó sus emociones *egoístas* por otras *altruistas*. Al levantarse de la sesión de meditación, ya no era la misma mujer de antes.

La energía liberada de Pamela le indicó al campo que empezara a organizar resultados que coincidieran con la nueva persona en la que se estaba convirtiendo. Recibió casi al instante la evidencia de ello de dos formas.

La primera tenía que ver con sus negocios en Internet. Cuando en el pasado había intentado crear uno, estuvo consultando constantemente su página web, preocupada, y sólo obtuvo unos resultados mediocres. La mañana del seminario había empezado su segundo negocio en la Red, pero estaba demasiado ocupada como para pensar en los resultados durante el día. Pero por la noche, mientras sentía los efectos positivos de haber dejado de aferrarse al pasado, se sintió incluso mejor al descubrir que ¡había ganado 10.000 dólares con su negocio en Internet!

Pamela recibió la segunda evidencia al cabo de tres días, cuando su asistenta social le llamó para comunicarle que su ex marido le había mandado un cheque, pero no con la cantidad de aquel mes, sino de 12.000 dólares, para pagarle el dinero atrasado de la manutención. Estaba más que encantada de haber «ganado» cerca de 22.000 dólares después de hacer aquella meditación. No había hecho nada en el reino físico para crear estos resultados y nunca se habría imaginado que fuese el dinero el que la encontrara a ella, pero se sentía de lo más agradecida.

La historia de Pamela ilustra el poder de desprenderse de las emociones negativas. Cuando estamos envueltos en nuestro viejo modo de pensar y en nuestras conductas y percepciones habituales, nos resulta imposible encontrar una solución para los problemas arraigados en el pasado. Y estos problemas (en realidad, experiencias) producen emociones de un gran poder energético. En cuanto renunciamos a ellas, sentimos que se libera una gran cantidad de energía y la realidad vuelve a organizarse como por arte de magia.

Al dejar atrás el pasado empezamos a divisar el futuro

Piensa en cuánta energía creativa te está consumiendo la culpabilidad, los juicios, el miedo o la ansiedad que te causan las personas y experiencias del pasado. Imagínate cuántas cosas positivas más podrías hacer si transformaras la energía destructiva en energía *productiva*. Contempla lo que podrías alcanzar si en lugar de centrarte en sobrevivir (una emoción egoísta) intentaras generar intenciones positivas (una emoción altruista).

Pregúntate: *¿A qué energía procedente de experiencias pasadas (en forma de emociones limitadoras) me estoy aún aferrando que refuerza mi anterior identidad y me ata a mis circunstancias actuales? ¿Podría transformarla en un estado elevado que me permitiera crear un resultado nuevo y distinto?*

Meditar te ayudará a eliminar algunas de las capas, a sacarte algunas máscaras que te has puesto. Ambas cosas impedían que esta inteligencia superior fluyera dentro de ti. Al sacar estas capas te vuelves *transparente*. Lo eres cuando la imagen que das al mundo es la de *quien eres* de verdad. Y cuando vivas de este modo sentirás un estado de gratitud, o una gran dicha, que es en realidad nuestro estado natural del ser. Y entonces empezarás a dejar atrás el pasado para divisar el futuro.

A medida que apartas los velos que le impiden a esta inteligencia fluir dentro de ti, te vuelves más *como ella*. Te vuelves más afectuoso, más generoso, más consciente, más resuelto, porque ésta es *su* mente. El vacío se cierra.

En este punto, te sientes feliz y completo. Ya no dependes del mundo exterior para que te defina. Las emociones elevadas que sientes son incondicionales. Nadie ni nada pueden hacerte sentir así. Eres feliz y quien eres es simplemente lo que te inspira a serlo.

Ya no sigues viviendo en un estado de carencia o de deseo. Y lo más curioso es que cuando ya no necesitas nada ni quieres nada es cuando puedes empezar a hacer que las cosas se manifiesten de manera natural. La mayoría de la gente, cuando intenta crear algo, lo hace en un estado de carencia, de baja autoestima, de separación, o sintiendo alguna otra clase de emoción limitadora, en lugar de hacerlo en un estado de gratitud, entusiasmo o plenitud. Es entonces cuando el campo cuántico te responde mejor.

Todo este proceso empieza reconociendo que existe este vacío en ti y meditando sobre los principales estados emocionales negativos de tu personalidad que lo han creado. A no ser que estés preparado para observarte atentamente y analizar tus inclinaciones con sinceridad y bondad (sin maltratarte por tus defectos), estarás siempre envuelto en algún episodio del pasado y en las emociones negativas que te causó. Obsérvalas. Entiéndelas. Suéltalas. Y crea algo nuevo con la energía que liberas al separar de tu cuerpo la mente y entregársela al campo.

Las artimañas de la publicidad

Las agencias publicitarias y sus clientes conocen a la perfección la idea de carencia y el papel que desempeña al condicionar nuestra conducta. Quieren hacernos creer que tienen la solución para nuestro problema, que si nos identificamos con sus productos desaparecerá el vacío que sentimos por dentro.

Los anunciantes incluso ponen caras famosas en sus anuncios sembrando la semilla en el subconsciente de los consumidores para que identifiquen su «nuevo yo» con esas personas. *¿No te gusta ser como eres? ¡Compra algo! ¿No encajas en la sociedad? ¡Compra algo! ¿Sientes una emoción negativa causada por una pérdida, separación o deseo? Este microondas/televisión panorámica/vehículo/móvil, etc., lo que sea... es la solución. Te sentirás mejor, la sociedad te aceptará y ¡también tendrás un 40 por ciento menos de sensación de vacío!* A todos nos controlan emocionalmente con esta idea de carencia.

Cómo empezó mi transformación...
(quizá te sirva de inspiración)

He empezado el capítulo contándote que mientras estaba sentado en el sofá descubrí que había una buena brecha entre quien era yo y la imagen que daba al mundo. Por eso me gustaría concluirlo contándote el resto de la historia.

En aquella época estaba viajando mucho para dar charlas a las personas que me habían visto en la película *¡¡Y tú qué sabes!?* Cuando hablaba ante un grupo de gente, me sentía muy vivo, y estoy seguro de que incluso hasta feliz. Pero en aquel momento me sentía como anestesiado. Fue entonces cuando descubrí lo que me pasaba. Me estaba mostrando tal como los demás esperaban que fuera, basándose en la imagen que daba en la película. Había empezado a creer ser otra persona de la que era y necesitaba al mundo para que me la recordara. Era como si estuviera llevando dos vidas. Y ya no quería seguir atrapado en esta dualidad.

Aquella mañana, mientras reflexionaba en soledad, sentí mi corazón latiendo y me pregunté quién lo hacía palpitar. Comprendí de golpe que me había alejado de esta inteligencia innata. Cerré los ojos y me concentré en ella. Empecé a admitir quién había estado siendo, qué había estado ocultando, lo desdichado que era. Empecé a entregar algunos aspectos míos a una mente superior.

Después pensé en quién no quería seguir siendo. Decidí que no quería seguir viviendo con la misma personalidad. Observé mi conducta, mis pensamientos y mis sentimientos inconscientes que alimentaban mi antiguo yo y los repasé hasta conocerlos a fondo.

A continuación pensé en quién quería ser como una nueva personalidad... hasta *convertirme en ella*. De súbito me sentí distinto, feliz. Este cambio no tenía nada que ver con el mundo exterior; era parte de una identidad que no dependía de lo externo. Sabía que había dado con algo importante.

Después de meditar en el sofá vi que algo en mí había cambiado y me llamó la atención, porque al levantarme ya no era la misma persona. Al ponerme en pie me sentí de lo más consciente y vivo. Era como si estuviera viendo un montón de cosas por primera vez. Me había quitado algunas máscaras, pero quería llegar todavía más lejos.

Decidí apartarme de mi vida habitual durante seis meses. Seguí con mi práctica clínica hasta cierto punto, pero cancelé todas las conferencias previstas. Mis amigos creyeron que estaba perdiendo el juicio (era verdad), porque la película *¿¡Y tú que sabes!?* estaba arrasando y me recordaron el montón de dinero que podía ganar si aprovechaba el filón. Pero les dije que no pensaba subirme a la tarima hasta no ser la persona ideal que *yo* quería ser y no la que el mundo esperaba. No quería dar ninguna charla más hasta no ser un fiel ejemplo de todo cuanto enseñaba. Necesitaba tomarme un tiempo para meditar y cambiar de verdad en mi vida, y quería que la felicidad me viniera de dentro y no de fuera. Y además deseaba transmitir todo esto en mis charlas.

Mi transformación no fue inmediata. Meditaba cada día, observando mis emociones negativas, y empecé a desmemorizarlas una por una. Empecé el proceso meditativo de desaprender y reaprender, y me dediqué durante meses a cambiar por dentro. Mientras tanto desmantelé mi antigua identidad y dejé el hábito de ser el mismo de siempre.

Fue entonces cuando comencé a sentirme contento porque sí. Cada vez era más y más feliz, y esta emoción no tenía nada que ver con el mundo exterior. Hoy en día sigo reservándome un rato para meditar cada mañana porque quiero conservar este estado del ser.

Sea cual sea la razón por la que este libro te ha atraído, has de saber que cuando decides cambiar debes adquirir otro estado mental. Sé muy consciente de lo que haces, lo que piensas, de cómo vives, de lo que sientes y de cómo estás *siendo*... hasta ver que esa persona no eres tú y que no quieres seguir siéndolo. Y este cambio deberás hacerlo incluso a nivel visceral.

Estás a punto de aprender lo que *yo* aprendí, los pasos que di para cambiar a nivel personal. Pero, ánimo, *es muy posible que en tu vida ya hayas hecho algo parecido*. No obstante, para transformar este método en una habilidad, necesitas conocer algunas cosas más del proceso meditativo. Veámoslas.

8

La meditación, la desmitificación de lo místico y las ondas de tu futuro

En el capítulo anterior he hablado sobre la necesidad de cerrar el vacío entre quien somos y la imagen que damos al mundo. Cuando lo hacemos podemos dar los pasos para liberar la energía que nos permitirá convertirnos en el yo ideal que deseamos ser, inspirándonos en algunas de las grandes figuras de la historia, como Gandhi y Juana de Arco.

Y como he señalado antes, uno de los secretos para abandonar el hábito de ser el mismo de siempre es intentar ser mejor observador, ya sea siendo más metacognitivo (observar tus pensamientos), aquietando la mente o prestando más atención a tu conducta y a las respuestas emocionales desencadenadas por los elementos de tu entorno. Pero la gran pregunta es: *¿cómo puedes hacerlo?*

Es decir, ¿cómo puedes ser más observador, romper los vínculos emocionales con el cuerpo, el entorno y el tiempo y cerrar el vacío?

La respuesta es sencilla: con la *meditación*. Tal vez hayas advertido que a estas alturas del libro te he despertado la curiosidad con mis breves alusiones a la meditación como medio para dejar de ser el mismo de siempre y empezar a crear una vida nueva como tu yo ideal. También he señalado que la información ofrecida en la primera y la segunda parte de este libro te prepara para entender lo que estarás haciendo cuando apliques los pasos meditativos en la tercera parte. Ha llegado el momento de explicarte el funcionamiento interior del proceso al que me refiero como meditación.

Cuando vemos la palabra *meditación*, lo primero que nos viene a la cabeza es alguien sentado con las piernas cruzadas ante un altar en su casa, o un yogui barbudo cubierto con una túnica sentado en una aislada cueva del Himalaya, o alguna otra imagen parecida. Esta persona quizá sea una representación de lo que tú entiendes como un método para «aquietarse», vaciar la mente, concentrarse en un pensamiento o dedicarse a cualquier otra de las distintas prácticas de la meditación.

Existen muchas técnicas meditativas, pero en este libro espero ayudarte a sacar el mayor provecho posible de la meditación: a acceder y entrar en el sistema operativo de la mente subconsciente para dejar de *ser* el mismo de siempre y pensar, creer, actuar y sentir de distinta manera; para *observar* todo esto y, en cuanto te hayas metido en el sistema operativo, reprogramar desde el subconsciente el cerebro y el cuerpo para renovar tu mente. Cuando tus pensamientos, ideas, acciones y emociones dejan de ser *inconscientes* y te das cuenta de ellos mediante la atención, rompes las cadenas de ser el mismo de siempre y te conviertes en una persona nueva. En el resto del libro te explicaré cómo llegar al punto de acceder al sistema operativo y ser consciente de tu inconsciente.

Primera definición de meditación: el autoconocimiento

En el lenguaje tibetano *meditar* significa «conocer algo». Por esta razón utilizo la palabra *meditación* como sinónimo de autoobservación y crecimiento personal. Después de todo, para conocer cualquier cosa debemos pasar un tiempo observándola. El momento crucial de cualquier cambio es cuando pasamos de ser algo a observar ese algo.

Otra forma de ver esta transición es cuando pasamos de ser un actor a ser un actor/espectador. Una analogía sencilla sería cuando los atletas o artistas —golfistas, esquiadores, nadadores, bailarines, cantantes o actores— quieren cambiar algo de su técnica y su entrenador les hace mirar un vídeo en el que aparecen. ¿Cómo iban a cambiar su técnica si no ven la diferencia entre lo antiguo y lo nuevo?

Con tu antiguo yo y tu nuevo yo ocurre lo mismo. ¿Cómo vas a dejar de actuar de un modo en particular si no eres consciente de él? A menudo uso la palabra *desaprender* para describir esta etapa del cambio.

El proceso de conocerte funciona en ambas direcciones: necesitas «ver» tu antiguo yo y tu nuevo yo. Debes observarte con una gran precisión y atención, como he descrito, para que ningún pensamiento, emoción o conducta inconsciente te pase desapercibido. Como gracias al tamaño del lóbulo frontal dispones del equipo necesario para llevar este proceso a cabo, puedes observarte y decidir lo que quieres cambiar para dar lo mejor de ti en la vida.

Decide dejar de ser el mismo de siempre

Cuando adviertes esos aspectos inconscientes de tu antiguo yo que residen en el sistema operativo del subconsciente, estás empezando el proceso de cambiar todo lo que no te gusta de ti.

¿Qué pasos das cuando decides actuar de otro modo? Te distancias del mundo exterior lo bastante para pensar en lo que debes hacer o no hacer. Tomas conciencia de muchos aspectos de tu antiguo yo y planeas una línea de acción relacionada con este nuevo yo.

Por ejemplo, si quieres ser feliz, el primer paso es dejar de ser infeliz, es decir, deja de *tener* pensamientos que te hacen desdichado y de *sentir* emociones de pena, dolor y amargura. Si deseas ser rico, deja de *hacer* lo que te empobrece. Si quieres estar sano, deja de llevar un estilo de vida *poco* sano. Estos ejemplos son para mostrarte que primero debes decidir dejar de ser el mismo de siempre hasta tal punto que con tu nueva forma de pensar, actuar y ser adquieres una personalidad nueva.

Si eliminas los estímulos del mundo exterior cerrando los ojos y calmándote (reduciendo los estímulos sensoriales), aquietando el cuerpo y dejando de centrarte en un tiempo lineal, advertirás lo que estás pensando y sintiendo. Y si empiezas a fijarte en tus estados inconscientes de la mente y el cuerpo y logras «conocer» tus programas automáticos inconscientes hasta ser consciente de ellos, ¿estarás meditando?

La respuesta es sí. Meditar es «conocerse a sí mismo».

Si ya no eres esa antigua personalidad y en su lugar estás advirtiendo distintos aspectos de ella, ¿no crees que eres la conciencia observando los programas de tu identidad pasada? Es decir, si estás observando tu antiguo yo, ya no lo estás *siendo*. Al pasar de la inconsciencia a la consciencia, has empezado a objetivizar tu mente subjetiva. En otras palabras, al fijarte en tu viejo hábito de ser el mismo de siempre, comienzas a distanciarte de esos programas inconscientes y tienes más control sobre ellos.

Por cierto, si logras contener estos estados habituales de la mente y el cuerpo, las «células nerviosas dejan de activarse juntas, y ya no siguen conectándose». A medida que podas el *hardware* neurológico de tu antiguo yo, dejas de enviar las mismas señales a los mismos genes. Estás abandonando el hábito de ser *tú*.

Contempla una expresión de tu yo nueva y mejor

Vamos a dar un paso más. En cuanto conoces tu antiguo yo hasta el punto de que ningún pensamiento, conducta ni sentimiento te hace caer sin darte cuenta en las pautas de antes, coincidirás conmigo en que sería una buena idea empezar a conocer tu *nuevo* yo. Por lo tanto, puedes preguntarte: *¿Cuál es la mejor expresión de mí mismo que me gustaría ser?*

Al contemplar estos aspectos de tu yo, el lóbulo frontal se activa y empiezas a hacer que tu cerebro ya no funcione como antes. Mientras el lóbulo frontal (el jefe) se hace esta nueva pregunta, contempla el paisaje del resto del cerebro y combina a la perfección todos los conocimientos y experiencias que ha almacenado en un nuevo modelo de pensamiento. Te ayuda a crear una representación interior para que te concentres en ella.

Este proceso contemplativo construye nuevas redes neurológicas en tu cerebro. Mientras te haces esta pregunta fundamental, las neuronas empiezan a activarse y conectarse en nuevas secuencias, estructuras y combinaciones porque estás pensando de distinta manera. Y cuando haces que tu cerebro ya no funcione como antes, estás cambiando tu mente. Mientras planeas tus acciones, especulas sobre nuevas posibilidades, piensas en formas innovadoras de ser y sueñas con nuevos estados mentales y físicos, llega un momento en que el lóbulo frontal baja el volumen de los circuitos que procesan los Tres Grandes. En cuanto esto ocurre, el/los pensamiento(s) que estás teniendo se convierte(n) en una experiencia interior e instalas en tu sistema nervioso nuevos programas de *software* y *hardware*. Es como si en tu cerebro ya hubiera ocurrido la experiencia de ser tu nuevo yo. Y si repites este proceso cada día, tu yo ideal se convertirá en un estado mental al que te habrás habituado.

Me gustaría señalar otra cosa. Si te concentras tanto en el pensamiento que se convierte literalmente en una experiencia, lo que produce es una emoción. Y en cuanto se crea la emoción, empiezas a sentirte como tu nuevo yo ideal y te acabas acostumbrando a este nuevo sentimiento. Recuerda que cuando el cuerpo comienza a responder como si la experiencia ya fuera una realidad presente, les estás enviando nuevas señales a tus genes... y tu cuerpo empieza a cambiar ahora, antes de materializarse el episodio físico en tu vida. Te has adelantado al tiempo y lo más importante es que adquieres un estado del ser en el que el cuerpo y la mente trabajan como una unidad. Y si repites este proceso a diario, también te acostumbras a este estado del ser.

Si puedes conservar este nuevo estado de la mente y el cuerpo, al margen del entorno exterior y de las necesidades emocionales físicas, en el que trasciendes el tiempo, sucederá algo distinto en tu vida. Ésta es la ley cuántica.

Es decir, según el modelo de meditación con el que trabajarás, todo cuanto necesitas hacer es recordar quién no quieres seguir «siendo» hasta conocer tu antiguo yo —los pensamientos, conductas y emociones relacionados con él que quieres cambiar—, hasta el punto de «desactivar» y «desconectar» tu antigua mente para que no siga enviando las mismas señales a los mismos genes. Después debes contemplar a diario quién quieres «ser». De este modo activarás y conectarás nuevos niveles mentales, con lo que entrenarás emocionalmente tu cuerpo para que se habitúe a esta mente nueva y surja de manera automática. Cambiar a nivel personal es esto.

Una segunda definición de meditación:
el autocultivarse

Además de su significado tibetano, *meditar* en sánscrito significa «autocultivarse». Esta definición me gusta en especial por las posibilidades
metafóricas que ofrece, ya que se puede comparar, por ejemplo, con la
jardinería o la agricultura. Cuando cultivamos un campo, sacamos la tierra apelmazada que ha estado en barbecho y la removemos con una pala
o con otra herramienta. Añadimos tierra y los nutrientes «nuevos» para
que las semillas germinen y los retoños arraiguen con más facilidad.
Para cultivar la tierra también es necesario arrancar las plantas de la temporada anterior, ocuparse de las malas hierbas que crecen sin que nos
demos cuenta y sacar las piedras que salen a la superficie pasando un
rastrillo.

Las plantas de la temporada anterior representan tus creaciones pasadas derivadas de los pensamientos, acciones y emociones que definen tu antiguo yo al que te has acostumbrado. Las malas hierbas sim-
bolizan las actitudes arraigadas, ideas o percepciones que tienes sobre
ti que están socavando a nivel subconsciente tus esfuerzos y que no has
advertido por estar demasiado distraído en otras cosas. Y las piedras representan las numerosas capas de obstáculos y las limitaciones personales (que con el tiempo salen a la superficie y te impiden crecer). Debes ocuparte de todo ello para preparar un espacio en el que plantar un
nuevo jardín en tu mente. Ya que si plantas un jardín o un huerto sin
preparar la tierra, te dará muy poco fruto.

Espero que a estas alturas entiendas que es imposible crear un nuevo futuro si sigues arraigado en el pasado. Tienes que limpiar los restos
del antiguo jardín (de la mente) antes de cultivar un nuevo yo al sembrar las semillas de nuevos pensamientos, conductas y emociones que
crean una nueva vida.

Otra cosa importante es asegurarte de no hacerlo al tuntún. No se
trata de dejar crecer plantas silvestres que difunden las semillas al azar
y de las que muy pocas fructifican. Autocultivarse consiste en tomar decisiones a conciencia: saber cuándo labrar la tierra, cuándo sembrar,

qué plantar, cómo cada una de las plantas escogidas crecerá en armonía con las otras, cuánta agua y abono necesitan y otros detalles parecidos. Planear y preparar el terreno es esencial para alcanzar la meta que te has fijado. Requiere tu «atención plena» diaria.

De igual modo, cuando hablo de alguien que cultiva un tema que le interesa, me estoy refiriendo a investigar a fondo este campo. Una persona cultivada también es alguien con un caudal de conocimientos y experiencias que ha elegido cuidadosamente a qué quiere exponerse. Nada de esto es fruto del azar, sino de un continuo esfuerzo.

Cuando cultivas algo estás intentando controlarlo. Y esto es lo que necesitas cuando cambias cualquier parte *de ti*. En lugar de dejar que la vida siga su «curso», intervienes en él y das los pasos para reducir la posibilidad de fracasar. Haces todo este esfuerzo para cosechar frutos. Cuando cultivas una nueva personalidad mediante la meditación, el gran fruto que deseas obtener es una *realidad nueva*.

Crear una mente nueva es como cultivar un jardín. Las manifestaciones que produces en el jardín de tu mente son como las cosechas que crecen de la tierra. Cuídalo bien.

El proceso meditativo para cambiar: de lo inconsciente a lo consciente

En resumen, el proceso meditativo consiste en dejar el hábito de ser el mismo de siempre y reinventarte, en desprenderte de tu mente y crear otra nueva, en eliminar algunas conexiones sinápticas y generar otras, en desmemorizar las emociones pasadas y preparar el cuerpo para una mente y unas emociones nuevas, y en dejar atrás el pasado y crear un nuevo futuro.

Vamos a analizar más detenidamente varios elementos de este proceso.

Como es natural, para evitar que un pensamiento o sentimiento que no quieres tener te pase desapercibido, debes desarrollar las poderosas aptitudes de la observación y la concentración. Los humanos tenemos

MODELO BIOLÓGICO del CAMBIO

PASADO CONOCIDO	FUTURO NUEVO
Desaprender	Reaprender
Cambiar el hábito de ser el mismo de siempre	Reinventarte
Eliminar conexiones sinápticas	Generar nuevas conexiones
Desactivar y desconectar	Activar y conectar
Desmemorizar una emoción en el cuerpo	Condicionar al cuerpo a una nueva mente/emoción
Desprenderte de tu mente	Crear una nueva mente
Conocer tu antiguo yo	Conocer el nuevo yo
Desprogramar	Reprogramar
Vivir en el pasado	Crear un futuro nuevo
Energía antigua	Energía nueva

Figura 8A. El modelo biológico del cambio implica transformar el pasado conocido en un nuevo futuro.

una capacidad limitada de concentración y de asimilación de estímulos, pero podemos mejorar mucho el estado inconsciente en el que solemos vivir.

Para dejar el hábito de ser el mismo de siempre, te aconsejo que elijas un rasgo de la personalidad, una tendencia o una característica y te fijes solamente en este aspecto de tu antiguo yo que quieres cambiar. Por ejemplo, puedes preguntarte: *Cuando me enfado, ¿cuáles son mis pautas mentales? ¿Qué les digo a los demás y a mí? ¿Cómo actúo? ¿Qué otras emo-*

ciones provoca mi enojo? ¿Qué efecto me produce en el cuerpo? ¿Cómo puedo saber lo que me hace enojar y cómo puedo cambiar mi reacción?

El proceso de cambiar exige primero *des*aprender y después aprender. Lo segundo es una función cerebral de activar y conectar, y lo primero consiste en eliminar algunos circuitos. Cuando dejas de pensar como siempre, cuando controlas tus habituaciones y dejas esas adicciones emocionales, empiezas a eliminar neurológicamente al antiguo yo.

Y si cada conexión entre las células nerviosas constituye un recuerdo, en tal caso al desmantelar esos circuitos también desaparecen los recuerdos de tu antiguo yo. Y cuando pienses en la vida que llevabas y en cómo era, te parecerá como si fuera otra vida. ¿Dónde están ahora almacenados esos recuerdos? Los habrás entregado al alma como sabiduría.

Cuando al prestarles atención dejas de tener esos pensamientos y sentimientos que enviaban unas señales en particular a tu cuerpo, la energía liberada de esas emociones limitadoras regresa al campo cuántico. Ahora dispones de energía para diseñar y crear un nuevo destino.

Cuando usamos la meditación para cambiar, cuando nos volvemos conscientes y atentos, llegamos a conocernos y estamos dispuestos a hacer lo que sea necesario para eliminar los rasgos negativos de nuestra personalidad y cultivar los positivos, estamos haciendo lo que los místicos han estado llevando a cabo durante siglos.

Aunque trate el cambio desde una perspectiva biológica, los místicos también lo hicieron. La única diferencia es que ellos utilizan otra terminología para describir el proceso. Pero el resultado final es el mismo: abandonar la adicción al cuerpo, al entorno y al tiempo. Sólo podremos cambiar cuando nos distanciemos de ellos. Es al pensar más allá de los Tres Grandes cuando nos independizamos de ellos y volvemos a tener el control sobre nuestros pensamientos y sentimientos a diario.

Durante demasiado tiempo hemos estado viviendo con programas inconscientes que nos han estado controlando. La meditación nos permite volver a hacernos con el control.

Lo primero que debemos hacer es ser conscientes de estas respuestas programadas, es fundamental advertir cuándo y cómo surgen. Cuando tomas conciencia de tus aspectos inconscientes, empiezas a cerrar el vacío entre quién aparentas ser y quién eres.

Las ondas de tu futuro

Dado que el conocimiento es, como hemos visto, el precursor de la experiencia, tener los conocimientos básicos de lo que ocurre en el cerebro durante la meditación te será muy útil cuando empieces a aprender y experimentar el proceso meditativo que encontrarás en la tercera parte.

Seguramente ya sabes que el cerebro tiene una naturaleza electroquímica. Cuando las células nerviosas se activan, se intercambian cargas eléctricas que generan campos electromagnéticos. Como la diversa actividad eléctrica del cerebro se puede medir, estos efectos nos proporcionan una información importante sobre lo que estamos pensando, sintiendo, aprendiendo, soñando y creando, y cómo procesamos la información. La técnica más común empleada por los científicos para registrar los cambios en la actividad eléctrica cerebral es el electroencefalograma (EEG).

Las investigaciones han descubierto una gran variedad de frecuencias de ondas cerebrales en los humanos, que abarcan desde los bajísimos niveles de actividad registrados en el sueño profundo (*ondas delta*), el estado crepuscular entre el sueño profundo y el estado de vigilia (*zeta*) y el estado creativo e imaginativo (*alfa*), hasta las frecuencias superiores registradas durante los pensamientos conscientes (*ondas beta*) y las frecuencias más altas (*ondas gama*), vistas en estados elevados de conciencia.[1]

Para ayudarte a comprender mejor tu viaje a la meditación, te explicaré por encima cómo cada uno de estos estados se relaciona contigo. En cuanto los conozcas, reconocerás mejor cuándo las ondas cerebrales que transmites indican que el ego está intentando en vano cambiar al ego (¡por Dios! he vivido este estado muchas veces), y cuándo tu estado de onda es el terreno ideal para un verdadero cambio.

Conforme los niños crecen, las frecuencias predominantes en su cerebro progresan de delta a zeta, luego a alfa y después a beta. Nuestra tarea en la meditación es volvernos como un niño, pasando de beta a alfa, para llegar a zeta, y (para el experto o místico) después a delta. Entender la progresión de los cambios en las ondas cerebrales durante el desarrollo humano ayuda a desmitificar el proceso de la experiencia meditativa.

La evolución de las ondas cerebrales en los niños: de la mente subconsciente a la consciente

Delta. Desde el nacimiento hasta los 2 años de edad el cerebro humano funciona sobre todo con las ondas cerebrales de menor frecuencia, de 0,5 a 4 ciclos por segundo. Este rango de actividad electromagnética se conoce como ondas delta. Los adultos durante el sueño profundo se encuentran en delta, lo cual explica por qué los recién nacidos normalmente no pueden estar despiertos durante más de varios minutos seguidos (y por qué los bebés pueden dormir incluso con los ojos abiertos). Cuando los niños de 1 año están despiertos, se encuentran la mayor parte del tiempo en delta, porque funcionan sobre todo desde el subconsciente. Apenas corrigen, censuran o juzgan la información recibida del mundo exterior. A esta edad la actividad del cerebro pensante —la neocorteza o mente consciente— es muy baja.

Zeta. De los 2 a los 5 o 6 años, los niños empiezan a manifestar unas pautas del EEG un poco más altas. Las frecuencias de las ondas zeta son de 4-8 ciclos por segundo. Los niños que funcionan en zeta viven en un estado similar al del trance y están conectados sobre todo a su mundo interior. Viven en el reino de lo abstracto y de la imaginación y muestran pocos matices del pensamiento crítico y racional. Por esta razón, los niños pequeños tienden a aceptar lo que se les dice. (P.D.: Papá Noel es real.) A esta edad les impacta mucho frases como las siguientes: *Los niños mayorcitos no lloran. Las niñas buenas se están calladitas. Tu hermana es más lista que tú. Si pasas frío, cogerás un resfriado.* Esta clase de afirmaciones van directamente al subconsciente porque los estados de ondas cerebrales lentas son el reino del subconsciente (¿lo pillas?).

LA EVOLUCIÓN
DE LAS ONDAS CEREBRALES

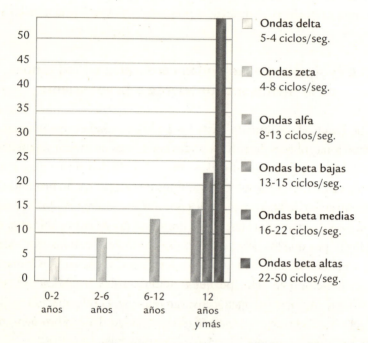

Figura 8B. Progresión de la evolución de las ondas delta
en la infancia a las ondas beta en la adultez. Observa
la diferencia en las tres variedades de ondas beta: la beta
alta es el doble de alta que la media.

Alfa. De los 5 a los 8 años las ondas cerebrales vuelven a cambiar a una
frecuencia alfa: de 8 a 13 ciclos por segundo. En esta etapa del desarrollo
infantil empieza a formarse la mente analítica, que permite interpretar
y extraer conclusiones sobre las leyes de la vida exterior. Al mismo tiempo, el mundo interior de la imaginación tiende a ser tan real como el
mundo exterior de la realidad. Los niños de este grupo de edad suelen
tener un pie en cada mundo. Por eso les gustan tanto los juegos de ro-
les. Por ejemplo, si le pides a un niño que haga de delfín nadando en el

mar, que se convierta en un copo de nieve arrastrado por el viento o en un superhéroe yendo a rescatar a alguien, al cabo de horas seguirá metido en este papel. Pero si le pides a un adulto que haga lo mismo, bueno..., ya sabes lo que te responderá.

Beta. De los 8 a los 12 años y en adelante la actividad cerebral aumenta incluso a frecuencias más altas. Cualquier onda en los niños superior a 13 ciclos por segundo es la frontera de las ondas beta. Estas ondas perduran en la adultez y van aumentando en diversos grados. Representan el pensamiento analítico. Después de los 12 años la puerta entre la mente consciente y la subconsciente suele cerrarse. Las ondas beta se dividen en bajas, medias y altas. Conforme los niños se acercan a la adolescencia pasan de las ondas beta de rango bajo a las de rango medio y alto, como se aprecia en la mayoría de adultos.

Resumen de los estados de ondas cerebrales en los adultos

Beta. Si estás leyendo este capítulo, seguramente estarás en el estado de vigilia habitual de actividad de las ondas beta. Tu cerebro está procesando la información sensorial e intentando crear un significado entre el mundo exterior y el interior. Mientras estás leyendo el contenido del libro, tal vez sientas el peso de tu cuerpo sobre la silla, oigas la música de fondo, alces los ojos y mires por la ventana. Toda esta información está siendo procesada por tu neocorteza pensante.

Alfa. Imagínate ahora que cierras los ojos (el 80 por ciento de la información sensorial procede de la vista) y miras en tu interior. Como has reducido mucho la información del entorno, entra menos información en el sistema nervioso. Tus ondas cerebrales se vuelven más lentas y entran en el estado alfa. Te relajas. Te preocupas menos por los elementos de tu mundo exterior y te empiezas a fijar en tu mundo interior. Tiendes a pensar y analizar menos. En alfa, el cerebro se halla en un ligero estado meditativo (cuando practiques la meditación al llegar a la tercera parte de este libro entrarás en un estado alfa incluso más profundo).

En la vida cotidiana el cerebro pasa a un estado alfa sin ningún esfuerzo. Por ejemplo, cuando estás aprendiendo algo nuevo en una conferencia, por lo general el cerebro funciona en una banda baja o media de ondas beta. Estás escuchando el mensaje y analizando los conceptos presentados. Pero cuando has oído lo suficiente o te gusta algo muy interesante aplicable a ti, haces una pausa y tu cerebro pasa a un estado alfa, porque esa información se está grabando en la materia gris. Y mientras miras al vacío absorto en tus pensamientos, estás haciendo que éstos sean más reales que el mundo exterior. El lóbulo frontal instala entonces la información en la arquitectura cerebral... y, como por arte de magia, puedes recordar lo que acabas de aprender.

Zeta. En los adultos las ondas zeta surgen en el *estado crepuscular o en el estado de lucidez* en el que estamos medio despiertos y medio dormidos (la mente consciente está despierta y el cuerpo medio dormido). Es el estado en que un hipnoterapeuta puede acceder al subconsciente. En zeta es cuando más programables somos porque no hay ningún velo entre la mente consciente y la subconsciente.

Delta. Para la mayoría de nosotros las ondas delta representan el sueño profundo. En este reino hay muy poca actividad consciente y el cuerpo se está renovando.

Como este resumen demuestra, al pasar a un estado de ondas cerebrales más lentas, nos sumergimos más en el mundo interior del subconsciente. Lo contrario también es cierto, a medida que pasamos a estados de ondas cerebrales más altas, más conscientes nos volvemos y más nos centramos en el mundo exterior.

A base de práctica, empezarás a conocer estos terrenos de la mente. Si persistes en ello, llegarás a advertir la sensación que te produce cada patrón de ondas cerebrales. Sabrás que cuando estás analizando o pensando algo demasiado te encuentras en beta; advertirás cuándo no estás

ONDAS CEREBRALES

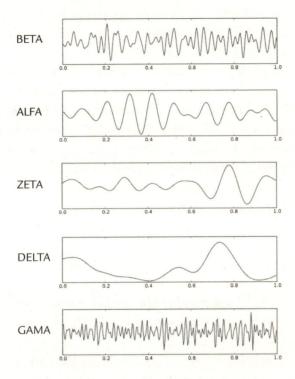

Figura 8C. Comparación de distintos patrones
de ondas cerebrales en los adultos.

presente en la vida porque estás pasando de las emociones del pasado a intentar prever un futuro conocido. También notarás cuándo estás en alfa o en zeta, porque sentirás su coherencia. Con el tiempo, sabrás cuándo estás ahí y cuándo no lo estás.

———————●———————

Gama: las ondas cerebrales más rápidas

Las ondas cerebrales de frecuencia más rápida documentada son las *ondas gama*, de 40 a 100 hercios. (Las ondas gama están más comprimidas y son de menor amplitud comparadas con las otras cuatro clases de ondas cerebrales de las que he hablado, así que, aunque en cuanto a ciclos por segundo se parezcan a las ondas beta altas, no existe una correlación exacta entre ellas.) Una gran cantidad de actividad gama coherente en el cerebro suele asociarse con estados mentales elevados como la felicidad, la compasión e incluso una mayor atención, que suele implicar una mejor formación de los recuerdos. Es un nivel de conciencia muy alto que la gente tiende a describir como una «experiencia trascendente o cumbre». Para nuestro propósito, considera las ondas gama como el efecto secundario de un cambio en la conciencia.

Tres niveles de ondas beta
gobiernan nuestro estado de vigilia

Como pasamos la mayor parte del estado de vigilia centrados en el entorno exterior y funcionando en beta, voy a hablar de los tres niveles de patrones de estas ondas cerebrales.[2] Conocerlos te ayudará a pasar cuando medites de beta a alfa y, por último, a zeta.

1. Beta de rango bajo podría definirse como un estado de atención relajada e interesada que se encuentra entre los 13 y los 15 hercios (ciclos por segundo). Si disfrutas leyendo un libro y te es familiar el tema del que trata, tu cerebro seguramente está funcionando en beta baja porque estás prestando un cierto grado de atención sin encontrarte en un estado de alerta.

2. Beta de rango medio se genera cuando estás concentrado en un continuo estímulo exterior. El aprendizaje es un buen ejemplo de ello: si te hicieran un examen de lo que has leído mientras disfrutabas del libro en beta baja, tendrías que espabilarte un poco y se daría una mayor actividad neocortical, como en el caso del pensamiento analítico. La beta media funciona entre los 16 y los 22 hercios.

La frecuencia de beta de rango medio e incluso hasta cierto punto la de rango bajo reflejan el pensamiento consciente o racional y un estado de alerta. Son el resultado de la actividad de la neocorteza al asimilar los estímulos del entorno por medio de los sentidos y reunir la información en un bloque para crear un nivel mental. Como te imaginarás, centrarnos en lo que vemos, oímos, saboreamos, sentimos y olemos requiere una gran complejidad y actividad cerebral para producir este grado de estimulación.

3. Beta de rango alto se caracteriza por un patrón de ondas cerebrales de 22 a 50 hercios. Los patrones de beta alta se observan en las situaciones estresantes, momentos en los que se producen en el cuerpo las peligrosas sustancias químicas del estado de supervivencia. Mantener esta continua concentración en un estado de excitación tan alto no es la clase de atención que se da al aprender, crear, soñar, resolver un problema o incluso curarnos. En realidad, se podría decir que un cerebro en beta alta está funcionando con *demasiada* concentración. La mente está demasiado excitada y el cuerpo demasiado estimulado para funcionar bien. (Cuando te encuentras en beta alta, lo único que por ahora debes saber es que te estás concentrando demasiado en algo y que te cuesta dejarlo.)

Beta alta: un mecanismo de supervivencia a corto plazo, fuente de estrés y desequilibrio a largo plazo

Las emergencias siempre crean una considerable necesidad de aumentar la actividad eléctrica en el cerebro. La naturaleza nos ha dotado con la respuesta de lucha o huida para ayudarnos a centrarnos rápidamente en posibles situaciones peligrosas. La fuerte estimulación fisiológica del corazón, los pulmones y el sistema nervioso simpático produce un drástico cambio en los estados psicológicos. Nuestra percepción, conductas, actitudes y emociones se alteran. Esta clase de atención es muy distinta de la que normalmente usamos. Nos hace actuar como un animal acelerado con un gran banco de memoria. La balanza de la atención se decanta por el entorno exterior, lo que provoca un estado mental demasiado focalizado. La ansiedad, la preocupación, la ira, el dolor, el sufrimiento, la frustración, el miedo e incluso los estados mentales competitivos producen ondas beta de rango alto que predominan durante la crisis.

A corto plazo es un mecanismo muy útil para el organismo. Esta clase de intensa atención tan focalizada no es mala. «Salimos del apuro» porque nos permite realizar muchas cosas.

Pero si seguimos en «estado de emergencia» durante mucho tiempo, las ondas beta altas nos hacen perder el equilibrio por la gran cantidad de energía que gastamos en mantener ese estado y porque es el patrón de ondas cerebrales más reactivo, inestable e irregular de todos. Cuando el estado de beta alta se vuelve crónico e incontrolado, el cerebro se ve obligado a trabajar más allá de sus límites saludables.

Por desgracia, la mayoría de la población funciona en beta alta la mayor parte del tiempo. Somos obsesivos y compulsivos; sufrimos insomnio o fatiga crónica; estamos ansiosos o deprimidos; intentamos, cueste lo que nos cueste, ser todopoderosos o nos aferramos irremediablemente a nuestro dolor para sentirnos de lo más impotentes; competimos por ser los primeros o nos hundimos arrastrados por nuestras circunstancias.

La continuidad de ondas beta altas afecta al cerebro

Para entenderlo mejor, piensa en el funcionamiento normal del cerebro como parte del sistema nervioso central, que controla y coordina todos los otros sistemas del cuerpo: hace latir al corazón, se ocupa de la digestión, regula el sistema inmunitario, mantiene el ritmo respiratorio, equilibra las hormonas, controla el metabolismo y elimina los desechos, por citar algunas funciones. Mientras la mente sea coherente y ordenada, los mensajes que viajan del cerebro al cuerpo por la médula espinal producen señales sincronizadas para que el cuerpo se mantenga equilibrado y sano.

Pero mucha gente vive las horas de vigilia en un constante estado de ondas beta de alta frecuencia. Para ellos todo es una emergencia. El cerebro les funciona siempre en un ciclo muy rápido, con lo que el sistema se sobrecarga. Vivir en ese escaso margen de ondas cerebrales es como conducir un coche con la primera puesta dándole gas al mismo tiempo. Estas personas «van» por la vida sin pararse nunca a pensar que deberían cambiar de marcha y entrar en otros estados cerebrales.

Tener continuamente pensamientos basados en la supervivencia genera sentimientos de ira, miedo, tristeza, ansiedad, depresión, competitividad, agresividad, inseguridad y frustración, entre otros. Estas emociones tóxicas se nos pegan tanto que intentamos analizar nuestros problemas *desde* ese estado mental, con lo que generamos aún más pensamientos de supervivencia. Ten en cuenta también que la respuesta de estrés se puede activar con un simple pensamiento; nuestra forma de pensar favorece un estado mental y físico en particular, y este estado nos hace pensar a su vez de la misma forma... perpetuando este círculo sin fin. Es la serpiente que se muerde la cola.

Cuando las ondas beta altas duran demasiado tiempo, generan un cóctel poco sano de sustancias químicas del estrés que altera el equilibrio del cerebro como una orquesta sinfónica desafinada. Unas partes del cerebro dejan de coordinarse bien con otras, y regiones enteras empiezan a funcionar por separado y en oposición con otras. El cerebro, como un hogar dividido, deja de comunicarse de un modo organizado y holístico. A medida que las sustancias químicas del estrés obligan a la neocorteza/cerebro pensante a segregarse más aún, funcionamos como alguien con un trastorno de personalidad múltiple, sólo que experimentamos todas las personalidades al mismo tiempo, en lugar de por separado.

Cuando las señales desordenadas e incoherentes procedentes del cerebro envían mensajes electroquímicos erráticos y contradictorios por el sistema nervioso central al resto de los sistemas fisiológicos, el cuerpo se altera, perdiendo la homeostasis o equilibrio y preparando el terreno para la enfermedad.

Si vivimos durante largos periodos en este altísimo estado de estrés que genera una función cerebral caótica, el corazón trabaja demasiado (provocando arritmias o tensión alta), la digestión se altera (causando indigestión, reflujo y otros síntomas relacionados), y el sistema inmunitario se debilita (produciendo resfriados, alergias, cáncer, artritis reumatoide y otras enfermedades).

Todas estas consecuencias se derivan de un sistema nervioso desequilibrado que funciona incoherentemente debido a la acción de las sustancias químicas del estrés y a las ondas beta de alto rango que nos hacen experimentar el mundo exterior como la única realidad.

La continuidad de ondas beta altas hace que nos cueste mirar en nuestro interior

El estrés del que he estado hablando es producto de nuestra adicción a los Tres Grandes. El problema no está en ser conscientes o estar alerta, sino en que en nuestro estado de ondas beta altas estamos concentrados casi exclusivamente en el entorno (personas, objetos, lugares), en las partes y funciones de nuestro cuerpo (*Estoy enojado; Estoy demasiado delgado; Quiero una nariz más bonita; Comparada con ella, estoy gorda*) y en el tiempo (*¡Apresúrate! ¡El tiempo se me está acabando!*).

En el estado de ondas beta altas el mundo exterior parece más real que el mundo interior. La atención y la mente están puestas sobre todo en las cosas del entorno. Por eso nos identificamos más fácilmente con estos elementos materiales: criticamos a la gente que conocemos, juzgamos el aspecto de nuestro cuerpo, nos centramos demasiado en nuestros problemas, nos aferramos a nuestros bienes por miedo a perderlos, nos entretenemos pensando en los lugares a los que tenemos que ir y nos preocupamos con el tiempo. Toda esta actividad nos deja con muy poca energía para fijarnos en los cambios que realmente queremos hacer: mirar en nuestro interior, observar y seguir nuestros pensamientos, conducta y emociones.

Cuando estamos tan obsesionados con el mundo exterior, nos cuesta centrarnos en nuestra realidad interior. No podemos concentrarnos más que en los Tres Grandes, nuestra mente no puede ir más allá de los límites de nuestro restringido foco de atención y nos obsesionamos con los problemas, en lugar de pensar en soluciones. ¿Por qué nos cuesta tanto dejar de aferrarnos a lo externo y mirar en nuestro interior? El cerebro, al funcionar en beta alta, no puede cambiar fácilmente de marcha para pasar al reino imaginario de alfa. Los patrones de nuestras ondas cerebrales hacen que sigamos atrapados en esos elementos del mundo exterior como si fueran reales.

Cuando estamos atrapados en las ondas beta altas, nos cuesta aprender, porque la mayor parte de la información que entra en nuestro sistema nervioso tiene que ver con la emoción que estamos sintiendo. Lo cierto es que los problemas que tanto intentamos analizar no pueden resolverse *desde* la emoción con la que los analizamos. ¿Por qué no? Porque nuestro análisis crea unas ondas beta de una frecuencia cada vez más alta. Cuando pensamos en este estado, el cerebro reacciona de forma exagerada, razonamos mal y reflexionamos con poca claridad.

Al ser presa de estas emociones, estamos pensando en el pasado —e intentamos predecir el siguiente instante basándonos en él— y el cerebro no puede procesar el momento presente. No hay espacio para que lo desconocido surja en nuestro mundo. Nos sentimos separados del campo cuántico y ni siquiera podemos considerar nuevas posibilidades para nuestras circunstancias. El cerebro, en lugar de estar en un estado creativo, está obsesionado con la supervivencia, preocupado con los peores escenarios posibles. Y además la mayoría de la información que el sistema registra es afín a este estado de emergencia, porque cuando todo nos parece una crisis, el cerebro antepone la supervivencia al aprendizaje.

La solución se encuentra fuera de las emociones con las que forcejeamos y de los pensamientos que analizamos con exceso porque nos mantienen atados al pasado: a lo familiar y lo conocido. Para resolver nuestros problemas tenemos que ir más allá de estos sentimientos conocidos y reemplazar nuestra dispersa fijación en los Tres Grandes con un estado mental más ordenado.

Las señales incoherentes de las ondas beta altas nos dispersan

Como te puedes imaginar, cuando el cerebro funciona en ondas beta altas y está procesando la información sensorial —relacionada con el entorno, el cuerpo y el tiempo—, se puede crear un cierto caos. Además de entender que los impulsos eléctricos del cerebro se dan en una determinada cantidad (ciclos por segundo), también es importante advertir la *calidad* de la señal. Al igual que al hablar de la creación cuántica hemos visto lo vital que es enviar una señal coherente al campo para indicarle el resultado futuro que deseamos, también es esencial que nuestros pensamientos y nuestras ondas cerebrales sean coherentes.

Siempre que estés en un rango de frecuencias beta, tu atención estará puesta sobre todo en uno de los Tres Grandes. Si piensas en que vas a llegar tarde, te estás centrando en el tiempo, y este pensamiento está enviando una onda de frecuencia más alta a través de la neocorteza. Como por supuesto también eres consciente del cuerpo y el entorno, estás enviando impulsos electromagnéticos relacionados con ellos. Lo único que en el caso de estos dos últimos factores, los distintos patrones de ondas que estás enviando a través de la neocorteza son de una frecuencia más baja.

Tus ondas cerebrales centradas en el tiempo podrían tener esta forma:

Tus ondas cerebrales centradas en el entorno podrían tener esta forma:

Tus ondas cerebrales centradas en el cuerpo podrían tener esta forma:

Tu atención dividida, al intentar centrarte en los Tres Grandes a la vez, podría crear un patrón de ondas cerebrales como éste:

Como puedes ver, estos tres distintos patrones combinados producen durante el estrés una señal incoherente de ondas beta altas. Si te pareces a mí, has experimentado el estado mental que la última imagen representa: la dispersión.

Cuando estamos centrados en las tres dimensiones —el entorno, el cuerpo y el tiempo—, el cerebro intenta integrar las diversas frecuencias y los patrones de ondas que generan, lo cual exige una enorme cantidad de tiempo de procesamiento y de espacio. Pero si logramos dejar de centrarnos en una de estas dimensiones, los patrones de ondas de nuestro cerebro serán más coherentes y los procesaremos mejor.

La toma de conciencia y no el análisis es lo que nos permite entrar en el subconsciente

Si estás siempre analizándolo todo (yo lo llamo ser una mente analítica), es que te encuentras en una frecuencia de onda beta y no puedes entrar en el subconsciente.

DIFERENCIA ENTRE una SEÑAL COHERENTE y una INCOHERENTE

Ondas coherentes

Ondas incoherentes

Figura 8D. En la primera imagen la energía está organizada de manera ordenada y rítmica. Cuando la energía presenta una gran sincronización y armonía, es mucho más potente. La luz emitida por un rayo láser es un ejemplo de ondas de energía coherentes; todas se mueven al unísono. En la segunda imagen, los patrones energéticos son caóticos, desintegrados y desfasados. Un ejemplo de una señal incoherente menos potente es la luz de una bombilla incandescente.

La expresión «parálisis por análisis» le viene como anillo al dedo a este estado. Es lo que nos pasa cuando vivimos la mayor parte del tiempo en el rango beta. El único momento en que no estamos en esta frecuencia es cuando dormimos (en el sueño la actividad cerebral se encuentra en rango delta).

Tal vez pienses: *Pero si dijiste que debemos ser conscientes, conocer nuestros pensamientos, sentimientos, pautas de respuestas etc. ¿Todo ello no es analizar?*

En realidad, podemos ser conscientes de algo sin analizarlo. Cuando eres, por ejemplo, consciente de tus sentimientos, puedes pensar: *Estoy enojado.* Pero cuando los analizas vas más allá de esta simple observación para añadir: *¿Por qué esta página tarda tanto en cargarse? ¿Quién ha diseñado esta estúpida página web? ¿Por qué siempre que tengo prisa, como ahora que estoy intentando bajarme una película, Internet va tan lento?* La toma de conciencia a la que me refiero no es más que advertir (observar) un pensamiento o un sentimiento y seguir adelante.

Modelo del proceso meditativo

La información básica que te acabo de ofrecer sobre las ondas cerebrales en los niños y los adultos te proporciona el modelo (véase las cinco figuras siguientes) para entender el proceso meditativo.[3]

Empecemos por la figura 8E de la página siguiente. Gracias a las investigaciones realizadas sobre los patrones de las ondas cerebrales en los niños, sabemos que al nacer vivimos totalmente en el reino del subconsciente.

Observa ahora la figura 8F. Los signos «más» y «menos» representan la mente en desarrollo de un niño aprendiendo de las identificaciones y asociaciones positivas y negativas que dan origen a los hábitos y las conductas.

Una identificación positiva es, por ejemplo, cuando un niño, al tener hambre y estar incómodo, se echa a llorar en su intento de comunicarse para que su madre le preste atención. A medida que los padres le responden dándole de comer o cambiándole los pañales, el bebé establece una importante conexión entre su mundo interior y su mundo exterior. Tras repetirlo varias veces, aprende a asociar el llanto con el alimento o la comodidad de los pañales limpios. Se convierte en una conducta.

Un buen ejemplo de una asociación negativa es cuando un niño de 2 años toca una estufa caliente. Aprende muy deprisa a identificar el objeto que ve en el exterior —la estufa— con el dolor que siente

LA MENTE EN SUS INICIOS

Figura 8E. Este círculo representa la mente.
Cuando nacemos, vivimos todo el tiempo
en el reino del subconsciente.

en el interior, y después de tocarla varias veces extrae una valiosa lección.

En ambos ejemplos se podría decir que, en cuanto el niño nota un cambio químico interior en su cuerpo, el cerebro reacciona y se fija en aquello del entorno que ha causado esta alteración, ya sea agradable o dolorosa. Esta clase de identificaciones y asociaciones empiezan a generar lentamente muchos hábitos, habilidades y también conductas.

Como ya has aprendido, hacia los 6 o los 7 años de edad, cuando las ondas cerebrales cambian a alfa, el niño empieza a desarrollar la mente *analítica* o *crítica*. En la mayoría de los niños, la mente analítica acaba de formarse entre los 7 y los 12 años.

LA MENTE EN DESARROLLO

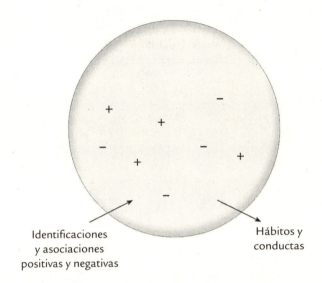

Identificaciones
y asociaciones
positivas y negativas

Hábitos y
conductas

Figura 8F. Con el tiempo, empezamos a aprender
al asociar por medio de los sentidos distintas
interacciones entre nuestro mundo interior y
nuestro mundo exterior.

La meditación nos lleva al subconsciente, más allá de la mente analítica

En la figura 8G la línea de la parte superior del círculo es la mente analítica, que actúa como una barrera que separa la mente consciente de la inconsciente. En los adultos, a esta mente crítica le encanta razonar, evaluar, anticipar, prever, comparar lo que conoce con lo que está aprendiendo o contrastar lo conocido con lo desconocido. Como la mente analítica de la mayoría de adultos siempre está activada durante el estado de vigilia, funcionan en alguna de las esferas de las ondas beta.

Echa ahora un vistazo a la figura 8H. Por encima de la línea que re-

MENTE ANALÍTICA

Figura 8G. Entre los 6 y los 7 años de edad se empieza a formar la mente analítica. Actúa como una barrera para separar la mente consciente de la mente subconsciente y normalmente acaba de desarrollarse a los 7-12 años.

presenta la mente analítica se encuentra la mente consciente, un 5 por ciento del total de la mente. Es la sede de la lógica y el razonamiento, que dan lugar a la fuerza de voluntad, la fe, las intenciones y las capacidades creativas.

La mente subconsciente, que forma el 95 por ciento restante, consiste en aquellas identificaciones y asociaciones positivas y negativas que crean los hábitos y las conductas.

La figura 8I ilustra el objetivo principal de la meditación (representado con la flecha): ir más allá de la mente analítica. Cuando nos encontramos en este estado, no podemos cambiar realmente. Aunque analicemos nuestro antiguo yo, no podemos desinstalar los programas antiguos e instalar otros nuevos.

LA MENTE CONSCIENTE
y LA MENTE SUBCONSCIENTE

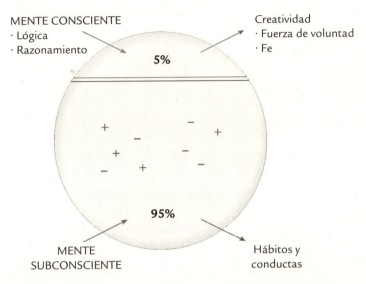

Figura 8H. La mente está formada por un 5 por ciento de mente consciente y un 95 por ciento de mente subconsciente. La primera funciona sobre todo usando la lógica y el razonamiento, que dan lugar a la fuerza de voluntad, la fe, las capacidades creativas y las intenciones. La mente subconsciente contiene millares de identificaciones positivas y negativas que crean los hábitos, las conductas, las habilidades, las creencias y las percepciones.

La meditación abre la puerta que separa la mente consciente de la subconsciente. Meditamos para entrar en el sistema operativo del subconsciente, donde residen todos los hábitos y conductas negativos, y cambiarlos por otros más provechosos que nos apoyen en la vida.

LA MEDITACIÓN NOS LLEVA MÁS ALLÁ
de la MENTE ANALÍTICA

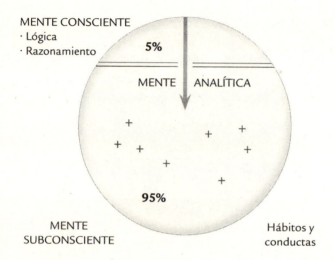

MENTE CONSCIENTE
· Lógica
· Razonamiento

5%

MENTE ANALÍTICA

95%

MENTE
SUBCONSCIENTE

Hábitos y
conductas

Figura 81. Uno de los principales objetivos de la meditación es ir más allá de la mente consciente y entrar en la subconsciente para cambiar los hábitos, las conductas, las creencias, las reacciones emocionales y las actitudes autodestructivas y ser conscientes de los estados inconscientes del ser.

La meditación nos hace pasar
de las ondas beta a las ondas alfa y zeta

Veamos ahora cómo puedes aprender a cambiar de marchas y acceder a otros estados de ondas cerebrales para trascender tu relación con el cuerpo, el entorno y el tiempo. Es posible reemplazar el estado de sobrealerta del cerebro y el cuerpo con otro de un patrón de ondas cerebrales más relajado, ordenado y sistematizado.

A base de práctica, podrás pasar de las ondas beta de alta frecuencia a las ondas alfa y zeta (aprenderás a subir y bajar por la escala de las ondas cerebrales). Y a medida que lo consigas, abrirás las puertas a un auténtico cambio personal. Irás más allá del estado mental más común alimentado por las reacciones del estado de supervivencia, y entrarás en el reino de la mente subconsciente.

Durante la meditación trasciendes los sentimientos del cuerpo, dejas de estar a merced del entorno y pierdes la noción del tiempo. Te olvidas de *ti* como identidad. Al cerrar los ojos reduces los estímulos del mundo exterior y la neocorteza tiene menos cosas en las que pensar y analizar, por eso logras contener la mente analítica y la actividad eléctrica de la neocorteza se calma.

Luego, cuando te encuentras en un estado atento, sereno y concentrado, y te centras en algo de manera relajada, el lóbulo frontal se activa automáticamente, con lo que disminuye la actividad sináptica del resto de la neocorteza. Al bajar el volumen de los circuitos cerebrales que procesan el tiempo y el espacio, el cerebro también empieza a emitir ondas alfa. Acabas de pasar del estado de supervivencia a un estado más creativo, y el cerebro se reajusta de manera natural a estos patrones de ondas cerebrales más ordenados y coherentes.

Y si sigues meditando, uno de los últimos pasos es pasar a la frecuencia de ondas zeta, cuando el cuerpo está dormido y la mente, en cambio, despierta. Estás en el reino mágico. Ahora te encuentras en el sistema más profundo del subconsciente y puedes cambiar de inmediato las asociaciones negativas en positivas.

Es importante recordar que si has preparado tu cuerpo para convertirse en mente y el cuerpo está en cierto modo dormido mientras la mente está despierta, se podría decir que el cuerpo-mente ya no opone ninguna resistencia. En el estado zeta, el cuerpo ya no tiene el control y puedes con toda libertad soñar, cambiar programas subconscientes y crear por fin desde un estado que no te limita en lo más mínimo.

En cuanto el cuerpo deja de gobernar a la mente, el sirviente deja de ser el amo y funcionas en un reino de lo más poderoso. Eres de nuevo como un niño, entrando en el reino de los cielos.

---●---

Durante el sueño puedes bajar
y subir las escaleras... como si nada

Cuando te duermes pasas por todo el espectro de las ondas cerebrales, desde las ondas beta a las alfa, zeta y delta. Al despertar por la mañana, pasas de las ondas delta a las zeta, alfa y beta y recobras la conciencia. Cuando «recuperas el sentido» al abandonar el mundo de las profundidades, recuerdas quién eres, los problemas de tu vida, la persona que duerme a tu lado, la casa que posees, dónde vives... y ¡sorpresa!, por medio de la asociación, vuelves a beta y a ser el mismo de siempre.

Algunas personas pasan muy deprisa por estos niveles como una bola de acero cayendo desde lo alto de un edificio. Su cuerpo está tan cansado que bajan las escaleras que conducen a los estados subconscientes con demasiada rapidez.

Otras no pueden cambiar de marcha y bajar las escaleras para conciliar el sueño; están tan hiperconcentradas en los estímulos de su vida que aumentan sus estados adictivos mentales y emocionales. Se vuelven insomnes y recurren a los fármacos para alterar químicamente el cerebro y sedar el cuerpo.

De cualquier modo, los problemas de sueño pueden indicar que el cerebro y la mente están desincronizados.

---●---

La mejor hora para meditar: por la mañana y la noche, cuando se abre la puerta del subconsciente

Debido a los cambios en la química cerebral que tienen lugar a diario (el cerebro produce *serotonina*, un neurotransmisor diurno que nos hace estar alerta, y *melatonina*, un neurotransmisor nocturno que nos relaja

LA FUNCIÓN DE LAS ONDAS CEREBRALES

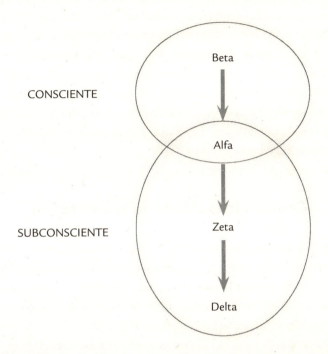

Figura 8J. El diagrama muestra cómo las funciones de las ondas cerebrales nos hacen pasar del estado de actividad más alto y rápido (beta) al más bajo y lento (delta). Ten en cuenta que las ondas alfa tienden un puente entre la mente consciente y la subconsciente. Cuanto más bajas/lentas sean las ondas cerebrales, más te encuentras en el subconsciente, y cuanto más altas/rápidas sean, más te encuentras en la mente consciente.

para el sueño), la puerta del subconsciente se abre dos veces: al acostarnos por la noche y al despertar por la mañana. Por eso es una buena idea meditar por la mañana o por la noche, porque te resultará más fácil entrar en un estado de alfa o zeta.

A mí me gusta despertarme temprano para empezar el proceso, porque mientras aún estoy medio dormido sigo estando en alfa. Prefiero crear en ese estado fresco.

Otros prefieren meditar por la noche. Saben que su cuerpo (que ha estado tomando la batuta durante el día) está ahora demasiado cansado como para «ser» la mente. Mientras aún están despiertos pueden crear sin ningún problema inspirándose en la fase alfa e incluso entrando en zeta.

En cambio, meditar en mitad de la jornada diaria cuesta más, sobre todo si trabajas en una oficina ajetreada, estás volcado cuidando a tus hijos o haces alguna actividad que requiere una gran concentración. Como en esos momentos te encuentras en el estado de ondas beta altas, te costará más cruzar la puerta.

Controla la evolución en la meditación

Las prácticas contemplativas interiores hacen que la mente, el cuerpo y el cerebro estén presentes, en lugar de estar estresados anticipando alguna situación futura con la que nos hemos obsesionado. La meditación hace que el cuerpo-mente deje de estar anclado en el pasado y nos libera de las emociones que nos enganchan a la misma vida de siempre.

El objetivo de la meditación es caer desde lo alto de un edificio con la lentitud y constancia de una pluma. Primero aprendes a relajar el cuerpo y a concentrar la mente al mismo tiempo. En cuanto aprendes a hacerlo, dejas que el cuerpo se duerma mientras la mente está despierta o activa.

La evolución es la siguiente: si en el estado de vigilia te encuentras en ondas beta (de bajas a altas, dependiendo de tus niveles de estrés), en cuanto te sientas con la columna derecha, cierras los ojos, respiras hondo varias veces y miras en tu interior, se desactiva el sistema nervioso simpático y se activa el parasimpático. El sistema de protección del estado de emergencia (lucha/miedo/huida) se desactiva y se activa el mecanismo de protección interno para la regeneración a largo plazo (el crecimiento y la reparación). A medida que el cuerpo se relaja, tus patrones de ondas cerebrales empiezan a pasar a alfa.

Si realizas bien la meditación, los patrones de onda de tu cerebro se volverán más coherentes y ordenados. Dejarás de concentrarte en los Tres Grandes para convertirte en *sin cuerpo, sin espacio, sin tiempo*. Ahora empiezas a sentirte conectado, completo y equilibrado, y sientes las emociones elevadas más sanas de la confianza, la dicha y la inspiración.

Una buena orquestación genera coherencia

Si mi definición de *mente* es el cerebro en acción o la actividad del cerebro procesando distintos flujos de conciencia, la meditación producirá de manera natural estados mentales más sincronizados y coherentes.[4]

Por el contrario, cuando el cerebro está estresado, su actividad eléctrica es como una orquesta de instrumentos musicales sonando mal. La mente pierde el ritmo, el equilibrio y el tono.

LA DIFERENCIA ENTRE LAS ONDAS CEREBRALES COHERENTES y las INCOHERENTES

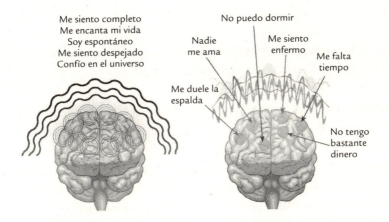

Figura 8K. En la primera imagen el cerebro está equilibrado y sumamente integrado. Las distintas áreas están sincronizadas, forman una comunidad más ordenada y holística de redes neurales funcionando juntas. El cerebro de la segunda imagen está desordenado y desequilibrado. Muchos de los distintos compartimentos ya no trabajan en equipo, por eso el cerebro está «enfermo» y desintegrado.

Tu tarea es interpretar una obra maestra. Así que, si ante esta banda de músicos indisciplinados, egocéntricos y engreídos, que creen que su instrumento musical tiene que oírse por encima de los otros, insistes en que toquen juntos siguiendo la dirección de tu batuta, llegará un momento en que asumirán tu liderazgo como director y actuarán como un equipo.

Es el momento en que las ondas cerebrales se vuelven más sincronizadas y pasan de beta a alfa y zeta. Aumenta la cantidad de circuitos individuales que empiezan a comunicarse de manera ordenada y a procesar una mente más coherente. Tu mente deja de ser estrecha de miras, sobreconcentrada, obsesiva, compartimentalizada y deja de pensar en el estado de supervivencia, para volverse más abierta, relajada, holística, presente, ordenada, creativa y simple. Es el estado natural del ser en el que se supone que deberíamos vivir.

Échale un vistazo al estado de coherencia o a lo que también se denomina *sincronicidad*, el estado en el que el cerebro funciona armoniosamente.

Un cerebro coherente es el escenario idóneo para la curación

Esta nueva señal ordenada y *sincronizada* que el cerebro le envía al cuerpo organiza los diversos sistemas en homeostasis: el sistema cardiovascular, el sistema digestivo, el sistema inmunitario, etc., también se vuelven coherentes. A medida que el sistema nervioso se reajusta a sí mismo, la enorme cantidad de energía que consumía el estado de supervivencia ahora se puede utilizar para la creación. El cuerpo empieza a curarse.

Por ejemplo, Jose, un hombre que asistió a una de mis conferencias, me contó lo que le ocurrió cuando empezó a meditar a los 20 años. En aquel tiempo tenía en la mano izquierda diez verrugas del tamaño de una aceituna. Le avergonzaban tanto que solía ir con la mano metida en el bolsillo para que no se las vieran.

Un día alguien le dio un libro de meditación. El libro le enseñó a concentrarse en la respiración y a dejar que la mente se expandiera más allá de las barreras del cuerpo. Una noche antes de acostarse, decidió probar el proceso. En cuestión de segundos pasó de un estado sobreconcentrado y tenso a otro más expandido, abierto y centrado. Mientras se desprendía de su personalidad y de sus pensamientos y sentimientos usuales, dejó atrás las pautas mentales habituales motivadas por el ego de siempre y adquirió un sentido del yo más expandido. Cuando le ocurrió, algo cambió en él.

A la mañana siguiente al despertar descubrió que las diez verrugas habían desaparecido. Impactado y rebosante de alegría, miró debajo de las sábanas para buscarlas, pero no encontró ninguna. Le dije que habían vuelto al campo cuántico de donde habían venido. Le sugerí que la inteligencia universal que mantenía su cuerpo en orden había hecho lo que siempre hace: crear más orden para reflejar una mente más coherente. Cuando su nueva mente más subjetiva y coherente coincidió con la mente objetiva y coherente, ese poder superior que fluía en su interior le curó.

Todo esto sucedió porque al salirse de lo habitual y convertirse en sin cuerpo, sin espacio, sin tiempo —al olvidarse de sí mismo— pasó del desorden continuo al orden continuo, de la supervivencia a la creación, de la contracción a la expansión, de la incoherencia a la coherencia. Entonces la conciencia ilimitada restableció el orden en su cuerpo y se curó.

Meditación + acción:
una mujer abandona su estado de carencia

En mis talleres suelo pedir a los participantes que compartan historias asombrosas de los cambios ocurridos en su vida. Monique, una terapeuta de Montreal, en Quebec, me contó hace poco su asombrosa experiencia.

Durante la mayor parte de la adultez había estado viviendo sin darse cuenta en un casi constante estado de carencia. No tenía bastante dinero. No tenía bastante energía. Le faltaba tiempo para hacer todo lo que quería. Ahora estaba pasando una temporada especialmente mala: el alquiler de su consulta había subido considerablemente (no podía convertir su hogar en un consultorio), su marido y ella no podían pagar la universidad a la que su hijo deseaba ir, la lavadora se había estropeado y la inestable economía había obligado a varios pacientes a prescindir de sus servicios.

Un día, mientras hacía la meditación que aprenderás en este libro y reflexionaba en las decisiones que había tomado en la vida, comprendió que no podía seguir haciendo lo que había hecho hasta ahora: agacharse y capear el temporal con la mentalidad seudopositiva de «¡Pobre-de-mí!-Pero-las-cosas-me-podían-haber ido-peor». Admitió que siempre tomaba decisiones o intentaba resolver los problemas desde la perspectiva de la carencia: la falta de tiempo, de dinero y de energía. Había memorizado este estado del ser, la *carencia* se había convertido en su personalidad. Monique era la apatía personificada, tendía a decirse: «Que pase lo que tenga que pasar». Lo más irónico del caso es que había ayudado a sus pacientes a superar estos rasgos y a ser más proactivos y menos reactivos.

Se hizo el firme propósito de cambiar de personalidad. Ya no dejaría que la vida la pisoteara ni permitiría que las cosas le pasaran porque sí.

Después creó un modelo de quién quería ser, de cómo quería pensar y sentir. Se imaginó como una mujer que tomaba las decisiones disponiendo de una gran cantidad de energía, tiempo y dinero. Y lo más importante es que su meta de convertirse en esta persona era tan firme como precisa era su visión. Sabía quién no deseaba seguir siendo y había planeado cómo quería que su nuevo yo pensara, sintiera y se comportara.

Cuando estamos tan decididos a conseguir lo que nos proponemos y vemos con tanta claridad la nueva realidad deseada, la claridad y la coherencia de estos pensamientos producen las emociones correspondientes. Por eso nuestra química interior cambia, la configuración neurológica se modifica (eliminamos algunas antiguas conexiones sinápticas y generamos otras nuevas) e incluso expresamos nuestro código genético de distinta forma.

Monique empezó a vivir su vida desde la perspectiva de alguien con un montón de energía y dinero que ha satisfecho todas sus necesidades. Se sentía de maravilla. Por supuesto no desaparecieron todos los problemas de su catálogo de preocupaciones, pero estaba aprendiendo a vivir con otra mentalidad.

Al cabo de varias semanas de tomar esta decisión, mientras se ocupaba de su última paciente del día —una mujer que había crecido en Francia—, ésta, recordando viejos tiempos, le contó que cada mes sus padres compraban un boleto de lotería francesa, tradición que ella mantenía.

Aquella noche, al volver Monique en coche a casa, no estuvo pensando en la lotería. Nunca jugaba, porque como iba corta de dinero darse este lujo le parecía una frivolidad. Pero al detenerse para poner gasolina y entrar en la tienda a pagar, vio en el mostrador varias clases de tarjetas de rasca y gana. Reconociendo que la nueva Monique que vivía en la abundancia podía darse el lujo de jugar a la lotería, se dejó llevar por sus impulsos y compró una tarjeta.

De camino a casa también se detuvo en una pizzería del barrio para comprar la cena, pero cuando llegó a su hogar ya se había olvidado de la tarjeta de rascar. Al coger la pizza descubrió que la caja estaba impregnada de aceite, con lo que la tarjeta se había pegado a ella y el asiento del pasajero se había manchado. Dejó la caja de la pizza en la mesa del comedor con la tarjeta pegada y le dijo a su familia que empezaran a cenar sin ella porque iba al garaje a limpiar la mancha de aceite. Mientras la estaba limpiando, su marido se acercó gritando:

—¿Sabes lo que ha ocurrido? ¡La tarjeta que has comprado tiene premio!

Como recordarás, cuando el campo cuántico responde, lo hace de la manera más imprevisible. Tal vez pienses: *Por supuesto ganó millones de dólares y desde entonces vive felizmente.*

Pues no fue así exactamente.

Monique ganó 53.000 dólares. ¿Se sintió feliz? Más bien se quedó estupefacta. La pareja debía justamente 53.000 dólares en tarjetas de crédito y préstamos.

Monique nos contó la historia entusiasmada, pero admitió tímidamente que la siguiente vez, en lugar de generar la intención de satisfacer sus necesidades, imaginaría que colmaba éstas y otras más.

La historia de Monique ilustra lo poderoso que es crear un nuevo estado del ser. Imaginando ser solamente otra persona no lo habría logrado; su nuevo yo debía también actuar. La Monique de antes no habría comprado un boleto de lotería, pero su nueva personalidad se alineó con su conducta para concordar con su objetivo y el campo le respondió de una forma totalmente inesperada, aunque desde luego muy adecuada.

Como Monique había creado una nueva personalidad que aprovechaba las oportunidades y actuaba de otro modo, obtuvo mejores y nuevos resultados en su vida. Su nueva personalidad había creado una realidad personal nueva.

Para que tu vida cambie no necesitas que te toque la lotería, pero debes decidir dejar de ser el mismo de siempre y entrar en el sistema operativo, donde residen los programas inconscientes, para concebir otro nuevo.

Cómo el cerebro coherente nos ayuda en el día a día

Antes de terminar este capítulo me gustaría hablar de otro tema que menciono en *Desarrolla tu cerebro*. Trata de unos monjes budistas que fueron objeto de estudio en la Universidad de Wisconsin, en Madison. Estos «supermeditadores» podían entrar en un estado de ondas cerebrales coherentes que iba mucho más allá de lo que la mayoría de nosotros somos capaces. Cuando meditaban en pensamientos de bondad y compasión, la coherencia de la señal que enviaban casi ni figuraba en los gráficos.

Durante el estudio, cada mañana meditaban mientras los investigadores monitorizaban la actividad de sus ondas cerebrales. Después de la sesión, al abandonar el campus, los mandaban a la ciudad para que hicieran lo que les apeteciese: visitar museos, ir de compras o cualquier otra cosa. Al regresar al centro de investigación, les monitorizaban de nuevo la actividad del cerebro *sin que antes volvieran a meditar*. Lo más asombroso es que, pese a no haber meditado el resto del día y haber estado recibiendo las señales incoherentes y caóticas del mundo exterior a las que todos estamos expuestos, mantenían el mismo patrón de ondas cerebrales coherentes que habían alcanzado en la meditación.[5]

La mayoría de personas, al enfrentarnos a la profusión y confusión de los estímulos del mundo exterior, nos refugiamos en el estado de supervivencia y producimos las sustancias químicas del estrés. Estas reacciones al estrés trastocan las señales del cerebro. En lugar de actuar así, nuestra meta debe ser volvernos más como esos monjes. Si podemos generar patrones de señales coherente —ondas sincrónicas— a diario, descubriremos que esta coherencia en las señales se manifiesta en algo tangible.

Con el tiempo, si puedes de manera repetida crear una coherencia interior como la de esos monjes, tú también podrás relacionarte con el entorno exterior sin seguir sufriendo los efectos limitadores de sus perturbadores estímulos. Y gracias a ello no tendrás las reacciones nerviosas que te obligaban a volver a tu antiguo yo conocido que tanto deseabas cambiar.

Si sigues meditando y creando coherencia dentro de ti, además de eliminar un montón de condiciones físicas negativas que acosan a tu cuerpo, progresarás hacia el yo ideal que has visualizado. Tu coherencia interior contrarrestará los estados emocionales reactivos negativos y te permitirá desmemorizar las conductas, pensamientos y sentimientos que los crean.

En cuanto alcances un estado neutral/vacío te será mucho más fácil experimentar uno más elevado como la compasión, o sentir una pura alegría, amor, gratitud o cualquier estado emocional elevado, porque estas emociones ya son de lo más coherentes. Y cuando al progresar en el proceso meditativo produzcas un estado de ondas cerebrales que reflejen esta pureza, empezarás a ir más allá del cuerpo, el entorno y el tiempo, los factores que antes te generaban estados emocionales limitadores. Ya no serán ellos los que manden, sino tú.

Al encarnar los conocimientos
estás preparado para la experiencia

Ahora dispones de los conocimientos necesarios para pasar a la meditación que se describe en la tercera parte, pues ahora ya sabes muy bien qué vas a hacer y por qué.

Recuerda que el conocimiento es el precursor de la experiencia. Toda la información que has leído te ha estado preparando para una experiencia. En cuanto aprendas a meditar y lo apliques en tu vida, empezarás a ver los frutos. En la siguiente parte aprenderás a poner en práctica toda esta información y todos los aspectos de tu vida comenzarán a cambiar de manera apreciable.

Ahora me viene a la cabeza el viaje en dos etapas que muchos alpinistas emprenden al ascender el monte Rainier del estado de Washington, el volcán más alto de los Estados Unidos continentales (4.392 metros). Tras aparcar el coche en el Paradise Jackson Visitor Center (1.645 metros), suben andando hasta Camp Muir (3.072 metros). Detenerse en este campo base les permite contemplar la distancia recorrida, evaluar lo que han aprendido de la preparación y la experiencia alpina, recibir el entrenamiento práctico adicional y descansar por la noche. Cuando prosiguen la ascensión a la mañana siguiente, esta perspectiva general les resulta vital para coronar la majestuosa cumbre del Rainier.

Los conocimientos reunidos te han permitido ascender hasta este punto. Ahora estás listo para aplicar todo lo aprendido. Y la sabiduría recién adquirida te inspirará para llegar a la tercera parte, donde dominarás las habilidades para cambiar tu mente y, por consiguiente, tu vida.

Te invito a hacer un breve alto en el camino para contemplar agradecido la información aprendida en la primera y segunda parte, y repasar, si lo necesitas, cualquier área que te parezca importante..., y después acompáñame mientras haces los últimos preparativos para emprender el viaje meditativo a tu propia cumbre personal.

TERCERA PARTE

AVANZA
HACIA TU
NUEVO DESTINO

9

El proceso meditativo: introducción y preparación

Como ya he señalado, el objetivo principal de la meditación es dejar de poner la atención en el entorno, el cuerpo y el paso del tiempo para fijarte en tus intenciones y pensamientos, en lugar de en todas las cosas exteriores. Así podrás cambiar tu estado interior independientemente del mundo exterior. Meditar también te permite ir más allá de la mente analítica para acceder al subconsciente. Algo importantísimo, porque es en el subconsciente donde residen todos los malos hábitos y conductas que deseas cambiar.

Introducción

Toda la información que has recibido hasta ahora es para que comprendas lo que estarás haciendo en esta parte, mientras aprendes a crear una realidad nueva usando el proceso meditativo. Y en cuanto conozcas y des de manera repetida los pasos de «cómo» hacerlo que encontrarás aquí, podrás aplicar este método a *cualquier* cosa que desees cambiar en tu vida. Recuérdate a menudo que al dar los pasos para cambiar estás eliminando el hábito de ser el mismo de siempre para crear una mente nueva para tu nuevo futuro. Cuando *yo* hago el proceso que estás a punto de aprender, lo que quiero es fundirme con la conciencia, desligarme de mi realidad conocida y dejar atrás los pensamientos y sentimientos que definen mi antiguo yo.

Al principio, como no estás acostumbrado a meditar, tal vez te sientas agitado o incómodo. Pero no te preocupes. Sólo significa que tu cuerpo, que se ha convertido en tu mente, se resiste a este nuevo proceso de entrenamiento. Tenlo en cuenta antes de empezar y relájate, ya que cada paso está pensado para que te resulte fácil de entender y de dar. Yo estoy deseando meditar por la mañana, como me sucede con cualquier otra actividad de las que realizo, porque como me da tanta armonía, paz, claridad e inspiración, es muy raro que me salte la sesión algún día. Pero me tomó un tiempo llegar a este punto, o sea, que sé paciente contigo mismo.

Transforma los pasos en un hábito fácil

Cuando aprendiste algo nuevo que te exigió mucha atención y práctica, seguramente seguiste los pasos de las instrucciones iniciales. Este método te permitió desglosar las complejidades de la habilidad o la tarea para que tu mente se concentrara sin agobiarse. En cualquier intento de este tipo, tu objetivo es memorizar lo que estás aprendiendo para llegar a hacerlo sin ningún esfuerzo, de manera automática. Quieres que esta nueva habilidad se convierta en un hábito.

Es más fácil adquirir y realizar cualquier habilidad cuando a base de repetirla dominas una pequeña tarea o procedimiento y después pasas a la siguiente. Y con el tiempo unes cada uno de los pasos como parte de un proceso coordinado. Sabes que le estás empezando a coger el tranquillo cuando todos los pasos te parecen una secuencia fácil y fluida y produces el resultado deseado. Esto es lo que harás al aprender a meditar como un proceso paso a paso.

Por ejemplo, cuando aprendes a jugar al golf, hay un montón de detalles que tienes que procesar para que tus acciones concuerden con tus intenciones. Imagínate que mientras te preparas para golpear la pelota por primera vez tu mejor amigo te grita: «¡Baja la cabeza! ¡Dobla las rodillas! ¡Echa los hombros hacia atrás y mantén la espalda erguida! ¡Mantén recto el brazo delantero, pero sin que la muñeca esté tensa! ¡Al hacer el *swing* traslada el peso del cuerpo! ¡Golpea la pelota y síguela con la mirada!» Pero mi instrucción preferida es: «¡Relájate!»

Si recibes todas esas instrucciones de un tirón, puedes quedarte paralizado. ¿Y si en su lugar las practicas una a una en el orden correspondiente? Con el tiempo, seguro que tu *swing* parecerá un solo movimiento.

Asimismo, si estuvieras aprendiendo a cocinar una receta francesa, también empezarías siguiendo cada uno de los pasos. Y si los repitieras lo suficiente, llegaría un momento en que ya no necesitarías preparar la receta paso a paso, sino que lo harías de corrido. Habrías integrado las instrucciones en tu cuerpo-mente, uniendo los numerosos pasos en unos pocos y podrías cocinar el plato en la mitad de tiempo que antes. Habrías pasado de pensar a actuar, tu *cuerpo* habría memorizado lo que habías estado haciendo tan bien como tu mente. La memoria procedimental es esto. Este fenómeno se da cuando repites algo lo bastante. Empiezas a saber que *sabes cómo hacerlo*.

Crea una red neural para la meditación

Recuerda que cuantos más conocimientos tengas, más preparado estarás para una nueva experiencia. Cada paso de la meditación que practiques tendrá un significado para ti basado en lo que has aprendido en este libro, como todos tienen una base científica o filosófica, no hay ninguno que sea una mera conjetura. Los pasos se presentan en un orden en concreto para ayudarte a memorizar este proceso para el cambio personal.

Aunque te sugiera un programa de cuatro semanas de duración para aprender el proceso entero, tómate todo el tiempo que necesites para practicar cada paso hasta conocerlo al dedillo. Hazlo a tu propio ritmo, así no te agobiarás.

Empieza cada sesión dando los pasos previos que has aprendido y después practica el material nuevo para esa semana. Como es más eficaz aprender varios pasos juntos, algunas semanas te pediré que practiques dos o más pasos nuevos. También te aconsejo practicar cada paso nuevo de toma de conciencia, o grupo de pasos, al menos durante una semana antes de pasar a los siguientes. ¡A las pocas semanas ya habrás creado una red neural para la meditación!

Programa sugerido de cuatro semanas

Primera semana (capítulo 10):   Haz cada día el paso 1: **inducción**

Segunda semana (capítulo 11):   Empieza cada sesión diaria practicando el primer paso y después añade el paso 2: **reconoce,** el paso 3: **admite y declara** y el paso 4: **entrégate.**

Tercera semana (capítulo 12):   Empieza cada sesión diaria practicando del paso 1 al 4 y luego añade el paso 5: **observa y recuerda** y el 6: **redirige.**

Cuarta semana (capítulo 13):   Empieza cada sesión diaria practicando del paso 1 al 6 y después añade el paso 7: **crea** y **repítelo.**

Tómate tu tiempo y construye una base sólida. Si ya eres un meditador experimentado y quieres practicar más pasos a la vez, adelante, pero sigue todas las instrucciones y memoriza los pasos.

Cuando logres concentrarte en lo que estás haciendo sin que la mente se distraiga con ningún estímulo exterior, llegarás a un punto en el que tu cuerpo se alineará con ella. Ahora cada vez meditarás con más facilidad gracias a la regla de Hebb sobre la activación y la conexión de las células nerviosas. Los elementos del aprendizaje, la atención, las instrucciones y la práctica crearán una red neural que reflejará tus intenciones.

Preparativos

Prepara tus herramientas

Lee el texto. Además de las sesiones de meditación, leerás el texto en el que se describe cada paso, que irá a menudo acompañado de preguntas y apuntes titulados «Oportunidad para escribir». Ten una libreta a mano para anotar tus respuestas. Revísalas antes de empezar la sesión de meditación diaria. Así los pensamientos que escribas te servirán como un mapa de carreteras guiándote a través de los procedimientos meditativos con los que accederás al sistema operativo del subconsciente.

Escucha la grabación. Cuando empieces a aprender los pasos de la meditación, tal vez desees escuchar las sesiones dirigidas pregrabadas. Por ejemplo, aprenderás una técnica de inducción que usarás en tus sesiones diarias para alcanzar un estado de ondas cerebrales alfa sumamente coherente que te preparará para el método en el que se centran los capítulos que van del 11 al 13. Los pasos que aprenderás cada semana también los encontrarás en una serie de meditaciones dirigidas.

Dos métodos para meditar

Primera opción: el icono de los auriculares te indica

que dispones de una inducción o meditación dirigida. Para escuchar estas sesiones guiadas, puedes bajártelas de **www.drjoedispenza.com** y escucharlas en inglés en formato MP3 o grabarlas en un CD. Las traducciones al castellano, que también puedes grabar, las encontrarás en los apéndices A, B y C, al final de la presente obra.

Después de leer cada capítulo y anotar tus respuestas en una libreta, puedes bajarte de mi web la meditación correspondiente. Cada semana, al añadir el siguiente paso o pasos a los que has practicado la semana anterior, bájate la siguiente meditación relacionada con ellos. Las encontrarás en «Primera semana de meditación», «Segunda semana de meditación», «Tercera semana de meditación» y «Cuarta semana de meditación». La cuarta semana incluye la meditación entera.

Por ejemplo, la segunda semana de meditación te guiará en el paso de la primera semana —consiste en una técnica de inducción— y en los otros tres pasos que practicarás durante la segunda semana. En la tercera semana de meditación, repetirás los pasos aprendidos en la primera y la segunda semanas, y además añadirás los pasos nuevos de la semana tres.

Segunda opción: en los apéndices encontrarás los textos de estas sesiones dirigidas para que puedas leerlos hasta memorizar la secuencia o grabarlas con una grabadora.

Los apéndices A y B contienen dos técnicas para la inducción. El apéndice C incluye el texto de la meditación entera con todos los pasos que aprenderás en la tercera parte. Si decides usar el texto del apéndice C para la meditación guiada, empieza cada semana la sesión con los pasos aprendidos en las semanas anteriores y después añade los de la meditación de la semana.

Prepara tu entorno

Lugar, lugar, lugar. Has aprendido que ir más allá de tu entorno es un paso fundamental para cambiar el hábito de ser el mismo de siempre.

Encontrar el entorno adecuado donde meditar, uno con las mínimas distracciones, te permitirá superar el primero de los Tres Grandes (hablaré de los otros dos, el cuerpo y el tiempo, más adelante). Busca un lugar confortable donde puedas estar solo sin que te seduzca la adicción del mundo exterior. Haz que ese lugar esté aislado y sea privado y accesible. Ve cada día a él y conviértelo en tu espacio especial. Establecerás una fuerte conexión con este lugar. Representará el lugar que frecuentas para dominar al distraído ego, desprenderte de tu antiguo yo, crear uno nuevo y forjar un nuevo destino. Con el tiempo estarás deseando estar en él.

Una participante de un evento que dirigí me dijo que cuando meditaba siempre se dormía. Mantuvimos la siguiente conversación:

—¿Dónde practicas tu entrenamiento para ser consciente?

—En la cama.

—¿Qué dice la ley de las asociaciones sobre la cama y el sueño?

—Que asocio la cama con el sueño.

—¿Qué demuestra la ley de la repetición sobre dormir en la cama cada día?

—Que si duermo en el mismo lugar por la noche, estoy creando una asociación entre la *cama* y el *sueño*.

—Como las redes neurales se forman al combinar la ley de las asociaciones con la ley de la repetición, ¿crees que has creado una red neural en la que *la cama* significa *dormir* para ti? Y dado que las redes neurales son programas automáticos que usamos sin darnos cuenta cada día, ¿no crees que cuando estás en la cama tu cuerpo (como mente) te dirá de manera automática e inconsciente que caigas dulcemente en los brazos de Morfeo?

—¡Anda, pues es verdad! Supongo que tendré que buscar un lugar mejor para meditar.

Además de sugerirle que no meditara en la cama, le dije que lo hiciera en un lugar que no fuera el dormitorio. Cuando deseas crear una nueva red neural, lo mejor es hacer la práctica de ser consciente en un espacio que represente el crecimiento, la regeneración y un nuevo futuro.

Y no se te ocurra ver este lugar como una cámara de tortura en la que *tienes* que meditar por narices. Esta clase de actitud minaría tus esfuerzos.

Elimina todas las distracciones de tu entorno. Asegúrate de que ninguna persona o mascota te pueda interrumpir ni distraer (si quieres, cuelga en la puerta un letrero de «No molestar»). Intenta lo máximo posible eliminar los estímulos sensoriales que podrían hacer que tu mente volviera a la personalidad de antes o a ser consciente del mundo exterior, sobre todo los elementos de tu entorno habitual. Desconecta el teléfono y el ordenador, ya sé que cuesta, pero esas llamadas, SMS, *tuits*, mensajes instantáneos y correos electrónicos pueden esperar. Tampoco querrás que en este lugar te llegue el aroma del café recién hecho o de la comida cocinándose. Asegúrate de que en la habitación haga una temperatura agradable, sin corrientes de aire. Yo me pongo un antifaz para no distraerme.

Música. La música puede ayudarte si la que eliges no te trae a la mente asociaciones que te distraigan. Yo suelo poner música suave y relajante, con instrumentos que induzcan al trance, o canciones sin letra. Cuando no escucho música, me pongo tapones en los oídos.

Prepara el cuerpo

Postura, postura, postura. Yo me siento muy derecho, con la espalda erguida, el cuello enderezado, los brazos y las piernas descansando apoyados y quietos, y el cuerpo relajado. No te aconsejo usar un sillón reclinable porque es como estar sentado en la cama, y mucha gente se queda dormida en él. Lo mejor es meditar sentado con la espalda recta en una silla cómoda, sin cruzar las piernas. Si lo prefieres, siéntate en el suelo con las piernas cruzadas «a lo indio».

Evita las distracciones corporales. Supongo que querrás «olvidarte del cuerpo» para concentrarte sin que te distraiga. Por ejemplo, ve al lavabo antes de empezar la sesión. Ponte ropa holgada, quítate el reloj, bebe un poco de agua y ten más de beber a tu alcance. Asegúrate de no estar hambriento antes de empezar.

El cabeceo frente al quedarse dormido. Como estoy hablando del cuerpo, me gustaría tratar un tema con el que quizá te topes al meditar. Aunque estés sentado con la espalda recta, tal vez descubras que se te inclina la cabeza como si te fueras a dormir. Pero no te preocupes porque es una buena señal: significa que estás entrando en el estado de ondas alfa y zeta. Tu cuerpo está acostumbrado a estar echado cuando las ondas de tu cerebro se calman. Pero si sigues practicando la meditación, te acostumbrarás a que el cerebro se calme mientras estás sentado con la espalda recta. Dejarás de cabecear y no tenderás a quedarte dormido.

Hazte un hueco para meditar

Cuándo meditar. Como ya sabes, los cambios diarios en la química del cerebro hacen que puedas entrar con más facilidad en el subconsciente por la mañana al despertar y por la noche antes de acostarte. Son los mejores momentos del día para meditar porque puedes deslizarte más fácilmente en los estados alfa y zeta. Yo prefiero meditar siempre por la mañana, a la misma hora. Si estás tan entusiasmado que deseas meditar en ambos momentos, hazlo. Pero si eres nuevo en esto de meditar, te sugiero que sólo medites una vez al día.

Cuánto tiempo debes meditar. Resérvate varios minutos antes de la sesión de meditación para repasar lo que hayas escrito relacionado con los pasos que estás a punto de practicar. Como ya he señalado, considera estas notas como el mapa de carreteras para el viaje que vas a emprender. O si lo prefieres, antes de empezar la sesión también puedes releer partes del texto para recordar lo que estás a punto de hacer.

Mientras estás aprendiendo el proceso de meditar, empieza cada sesión con una inducción de 10-20 minutos. A medida que añadas pasos, ve alargando la sesión destinando 10-15 minutos a cada paso. Con el tiempo, pasarás con más rapidez de un paso a otro porque ya los conocerás. Cuando los domines, tu meditación diaria (incluyendo la inducción) te tomará unos 40-50 minutos.

Si necesitas terminar la sesión a una hora en concreto, pon la alarma del despertador diez minutos antes para «despabilarte» y no levantarte de sopetón sin concluirla como es debido. Resérvate el tiempo suficiente para no estar pendiente del reloj, porque si cuando estás meditando te descubres pensando en la hora que es, es que no has ido más allá del tiempo. Si te ocurre esto, tendrás que acostarte antes para levantarte más temprano y disponer de más tiempo para meditar.

Prepara tu estado mental

Controla el ego. Para serte sincero, algunos días tengo que defenderme de mi ego a capa y espada porque quiere ser él el que manda. Algunas mañanas al empezar la sesión, mi mente analítica se pone a pensar en el vuelo que debo coger, en las reuniones con mi equipo de trabajo, en mis pacientes lesionados, en los informes y los artículos que debo escribir, en mis hijos y sus complejidades, en las llamadas telefónicas que debo hacer, y en un montón de otros pensamientos más. Me obsesiono con todas las cosas previsibles de mi vida exterior. Por lo general, mi mente, como nos ocurre a la mayoría, está pensando en el futuro o recordando el pasado. Cuando me sucede esto, tengo que calmarme y ver que todos esos pensamientos no son sino asociaciones que no tienen nada que ver con crear algo nuevo en el presente. Si a ti también te pasa, ve más allá del aburrimiento de los pensamientos corrientes y entra en un momento creativo.

Controla el cuerpo. Si tu cuerpo se encabrita como un semental desenfrenado porque quiere *ser* la mente, levantarse, hacer *algo*, pensar en *algún lugar* al que tienes que ir en el futuro o recordar una *experiencia emocional* del pasado con alguna *persona* de tu vida, haz que se calme y relaje en el momento presente. Cada vez que lo haces, estás entrenando tu cuerpo para una nueva mente, y con el paso del tiempo tu cuerpo aceptará esta nueva situación. Ha sido adiestrado por una mente inconsciente y debes reajustarlo, así que quiérelo, adiéstralo y sé bueno con él. Al final te aceptará como su amo. Recuerda, sé resuelto, persistente, entusiasta, alegre, flexible y siéntete inspirado. Así estarás tendiendo la mano para alcanzar la de lo divino.

Empecemos...

Abre la puerta a tu estado creativo
(*Primera semana*)

En los inicios de mi carrera profesional aprendí hipnosis y autohipnosis y con el tiempo llegué incluso a enseñar estas técnicas. Una de las técnicas que los hipnoterapeutas usan para hacer entrar a sus pacientes en trance se denomina *inducción*. En pocas palabras, les enseñamos a cambiar sus ondas cerebrales. Todo cuanto uno tiene que hacer para ser hipnotizado o hipnotizarse es pasar de las ondas beta altas o medias a un estado más relajado de ondas alfa o zeta. Por eso la meditación se parece a la autohipnosis.

En el último capítulo podía haber incluido la inducción con la información de los preparativos porque te prepara para entrar en un estado de ondas cerebrales coherente que favorece la meditación. Cuando domines la inducción, habrás establecido una sólida base para las prácticas meditativas que aprenderás en los próximos pasos. Pero a diferencia de los preparativos que harás *antes* de empezar la meditación diaria, como desactivar el teléfono y poner al perro o al gato en otra habitación, la inducción *es un paso que incluirás durante la sesión, de hecho, será el primero que domines y con el que empezarás cada sesión.*

Pero no te preocupes, porque después de hacer la inducción al empezar la sesión de meditación, no entrarás en el estado que la industria del ocio describe de forma errónea como trance hipnótico, sino que estarás totalmente lúcido y serás capaz de dar todos los pasos del proceso descritos en los tres capítulos siguientes.

Paso 1: inducción

Inducción: abre la puerta a tu estado creativo

Te animo a dedicar al menos una semana de sesiones diarias, o más si es necesario, a practicar la inducción. Recuerda que este proceso te tomará los veinte primeros minutos de la sesión de meditación. Para que se vuelva un hábito conocido y cómodo, no la realices a toda prisa. Tu objetivo es «estar presente».

Preparación para la inducción. Aparte de los preparativos de los que te he hablado, aquí tienes algunos consejos más: siéntate con la columna derecha y cierra los ojos. En cuanto lo hagas, al bloquear parte de los estímulos sensoriales/ambientales que recibes, las ondas del cerebro bajarán de frecuencia y entrarán en el estado alfa conveniente. Ahora déjate ir, mantente presente y quiérete lo bastante como para realizar este proceso. Quizá descubras que poner música relajante te ayuda a pasar de las ondas beta altas a las alfa, aunque no es necesario usarla.

Técnicas de inducción. Hay muchas variaciones parecidas de las técnicas de inducción. Tanto si usas la de «las partes del cuerpo» como la del «agua ascendiendo», altérnalas en distintos días, utiliza algún otro método que hayas empleado en el pasado o invéntate uno, da lo mismo. Lo más importante es que pases del estado analítico de beta al estado sensorial de alfa, y que te concentres en el cuerpo, que es la mente subconsciente y el sistema operativo, donde puedes hacer los cambios que quieres.

Resumen: inducción de las partes del cuerpo

Una técnica de inducción que al principio puede parecer contradictoria es concentrarte en el cuerpo y el entorno. Son dos de los Tres Grandes que debes superar, pero en este caso vas a controlar los pensamientos que tienes sobre ellos.

¿Por qué es bueno concentrarse en el cuerpo? Recuerda que el cuerpo se ha fusionado con el subconsciente. Cuando somos muy conscientes del cuerpo y de las sensaciones corporales, entramos en el subconsciente. Nos encontramos en el sistema operativo que cito tan a menudo. La inducción es una herramienta para acceder al sistema operativo.

El cerebelo desempeña un papel en la propiocepción (la capacidad de sentir la posición del cuerpo en el espacio). En esta inducción, mientras te fijas en distintas partes de tu cuerpo en el espacio y en el espacio que rodea tu cuerpo en el espacio, usas el cerebelo para realizar esta función. Y como el cerebelo es la sede del subconsciente, al fijarte en la posición de tu cuerpo en el espacio accedes al subconsciente saltándote el cerebro pensante.

Además, la inducción silencia la mente analítica al obligarte a entrar en el estado sensorial. Las sensaciones son el lenguaje del cuerpo, que a su vez es la mente subconsciente, por eso la inducción te permite usar el lenguaje natural del cuerpo para interpretar y cambiar el lenguaje del sistema operativo. En otras palabras, cuando estás notando o fijándote en distintos aspectos del cuerpo, piensas menos, tus pensamientos analíticos van menos del pasado al futuro, tu foco de atención se vuelve más amplio —no es estrecho y obsesivo, sino creativo y abierto— y pasas de beta a alfa.

Todo esto ocurre al cambiar tu restringido foco de atención por otro mucho mayor centrado en el cuerpo y el espacio. Los budistas se refieren a él como un *foco abierto*, se da cuando las ondas cerebrales se vuelven ordenadas y sincronizadas.[1] Un foco abierto de atención produce una señal nueva muy coherente que permite que partes del cerebro que no se comunicaban con otras lo hagan ahora. Te permite transmitir una señal sumamente coherente. Este cambio se aprecia en una tomografía, pero lo más importante es que puedes notar la diferencia en la claridad y la concentración de tus pensamientos, intenciones y sentimientos.

Inducción de las partes del cuerpo: cómo se realiza*

En esta inducción te concentras en el lugar o la orientación de tu cuerpo en el espacio. Por ejemplo, piensa en el lugar donde está la cabeza, empezando por la coronilla y descendiendo poco a poco. Mientras la inducción progresa de una parte del cuerpo a otra, siente y advierte el espacio que cada una ocupa. Percibe también la densidad, el peso (o pesadez) o la cantidad de espacio que ocupa. Concéntrate en el cuero cabelludo, después en la nariz, los oídos y en otras partes, ve descendiendo por el cuerpo hasta concentrarte en las plantas de los pies; notarás algunos cambios. El paso de una parte a otra del cuerpo y el énfasis que se dé a los espacios que ocupan y en los que están incluidas, es el secreto de esta técnica.

Advierte ahora la zona en forma de lágrima que rodea tu cuerpo y el espacio que ocupa. Cuando sientas este espacio alrededor de tu cuerpo, tu atención ya no estará puesta *en* él. Ahora ya no eres tu cuerpo, sino algo superior. Así es como te vuelves menos cuerpo y más mente.

Sé consciente, por último, de la zona que ocupa en el espacio la habitación en la que estás. Percibe el volumen que llena. Cuando llegues a este punto, tu cerebro empezará a cambiar sus patrones de ondas desordenados por otros más equilibrados y ordenados.

El porqué

Estas distintas formas de pensar se registran en un EEG donde se refleja que acabas de pasar de la actividad de ondas beta a la de ondas alfa. Pero lo que nos interesa no es sólo entrar en alguno de los estados alfa, aunque desees alcanzar un estado alfa *sumamente coherente* y organizado. Por esta razón, primero te concentras en el cuerpo y en su orientación

---

* Encontrarás la versión completa en el apéndice A.

en el espacio, luego en sus distintas partes y en el volumen o el perímetro del espacio que rodea tu cuerpo y, por último, en la habitación entera. Si puedes sentir la densidad del espacio, si puedes advertirla y fijarte en ella, pasarás de manera natural del estado de pensar al de sentir. Cuando esto ocurre, es imposible mantener las ondas beta altas que caracterizan el estado de emergencia de supervivencia y el de fijación.

Inducción del agua ascendiendo*

Otra técnica de inducción parecida que puedes usar es imaginar que la habitación donde estás sentado se va llenando de agua poco a poco. Observa (siente) el espacio en el que la habitación está situada y el que el agua ocupa. El agua te empieza a cubrir los pies, las espinillas y las rodillas, y luego te va llegando a la altura del regazo, la barriga y el pecho, te cubre los brazos, el cuello, la barbilla, los labios y la cabeza, hasta que la habitación se llena de agua. A algunas personas no les gusta imaginar que están totalmente cubiertas de agua, en cambio otras lo encuentran muy relajante y agradable.

PRIMERA SEMANA
MEDITACIÓN GUIADA

Recuerda que durante la primera semana de meditación tu tarea es practicar la técnica de inducción. Si grabas esta inducción, asegúrate de repetir las mismas frases que incluyo en las

---

* Encontrarás la versión completa en el apéndice B.

instrucciones sobre la inducción guiada que encontrarás en los apéndices, enfatizando palabras o frases como *siente, advierte, percibe, nota, sé consciente de* y *fíjate en*. Palabras como *volumen, densidad, perímetro del espacio, peso del espacio* y otras similares te ayudarán también a concentrarte en lo que estás observando.

En vez de ir rápidamente de una parte a otra, deja pasar algún tiempo (de veinte a treinta segundos o más) para percibir los estímulos sensoriales y las sensaciones de estas partes en el espacio. Dedica unos veinte minutos a la inducción de las partes del cuerpo, desde la cabeza hasta la punta de los pies, o en el caso de la inmersión en el agua, desde la punta de los pies a la cabeza. Si ya has meditado antes, entenderás que cuando las ondas del cerebro bajan de frecuencia pierdes la noción del tiempo y entras en ese estado alfa sereno y relajado en el que el mundo interior es más real que el exterior.

11

Deja de ser
el mismo de siempre
(*Segunda semana*)

Durante la segunda semana ha llegado la hora de añadir tres pasos relacionados con eliminar el hábito de ser el mismo de siempre: *reconoce, admite y declara*, seguido de *entrégate*. Lee primero estos pasos y responde a las preguntas que tienen que ver con ellos. Después dedica al menos una semana a hacer en las sesiones diarias de meditación primero la inducción y luego los tres pasos. Pero si ves que necesitas más de una semana en aprenderlos, no importa; tómate el tiempo que precises.

PASO 2: RECONOCE

Reconoce: identifica el problema

El primer paso necesario para arreglar algo es comprender por qué no funciona. Para resolver un problema necesitas primero saber cuál es ese problema y luego ponerle nombre.

Muchas personas que han tenido una experiencia cercana a la muerte han visto su vida pasar ante sus ojos como si estuvieran mirando una película; ante sus ojos han pasado todas sus acciones encubiertas y conocidas, sus sentimientos expresados y reprimidos, sus pensamientos públicos y privados y sus actitudes conscientes e inconscientes. Vieron quién eran y cómo sus pensamientos, palabras y obras afectaron a los demás y a todo lo de su vida. Después de esta experiencia, afirman conocerse mejor y desear mejorar en su vida. Y gracias a ella perciben nuevas posibilidades y formas «de ser» en cualquier oportunidad. Tras haberse visto desde un punto de vista objetivo, saben claramente lo que quieren cambiar.

El paso de reconocer es como revisar tu vida cada día. Como en el cerebro ya tienes todo el equipo necesario para advertir quién estás siendo, ¿por qué no hacerlo *antes* de morir y renacer en esta misma vida? A base de práctica esta toma de conciencia te ayudará a anular lo que de otro modo sería el destino predeterminado de tu cerebro y tu cuerpo: los esclavizantes programas automáticos almacenados en la mente y las emociones memorizadas que te han condicionado químicamente el cuerpo.

Sólo cuando adquieres esta plena conciencia y autoconocimiento es cuando empiezas a despertar del sueño. Calmarte, aquietarte, ser paciente y estar relajado y luego observar los hábitos de tu antigua personalidad libera a tu mente subjetiva de las actitudes de siempre y de los estados emocionales extremos. Tu mente cambia, porque ahora estás rompiendo las cadenas de la naturaleza egocéntrica del ego que sólo piensa en sí mismo. Y cuando veas quién has estado siendo al contemplarlo con la atenta mirada del observador, te apasionará más la vida si cabe porque desearás cambiar más aún al día siguiente.

A medida que desarrollas habilidades como la contemplación y la autoobservación, estás cultivando la capacidad de separar tu conciencia de los programas subconscientes que han estado definiendo tu antiguo yo. Al dejar la conciencia de ser el antiguo yo para convertirte en *observador,* la conexión con el antiguo yo desaparece. Y al reconocer quién has estado siendo gracias a la metacognición (la capacidad de observar quién estás siendo a través del lóbulo frontal), por primera vez tu conciencia no está inmersa en los programas inconscientes, tomas conciencia de lo inconsciente. Éstas son tus primeras zancadas hacia el cambio personal.

Empieza a repasar tu vida

Para descubrir y explorar los aspectos de tu antiguo yo que quieres cambiar, debes hacerte varias preguntas.

Oportunidad para escribir

Dedica unos momentos a hacerte preguntas como éstas, o cualquier otra que se te ocurra, y escribe las respuestas:

- ¿Qué clase de persona he estado siendo?
- ¿Qué clase de persona aparento ser ante el mundo? (¿Cómo es un aspecto de mi «vacío»?)
- ¿Qué clase de persona soy por dentro? (¿Cómo es el otro aspecto de mi «vacío»?)
- ¿Siento cada día alguna sensación —con la que incluso lucho— a diario?
- ¿Cómo me describirían mis amigos íntimos y mi familia?
- ¿Hay algo de mí que oculte a los demás?
- ¿Qué parte de mi personalidad tengo que trabajar para mejorarla?
- ¿Qué es lo que quiero cambiar de mí?

Elige una emoción y desmemorízala

Elige a continuación un estado emocional negativo tuyo, un estado mental limitador (los siguientes ejemplos te ayudarán a elegirlo), un hábito de ser el mismo de siempre que quieras eliminar. Como los sentimientos memorizados condicionan al cuerpo a ser la mente, las emociones que te limitan son las responsables de tus procesos mentales automáticos, los cuales crean tus actitudes, que a su vez influyen en tus ideas limitadas (sobre ti con relación a los demás o a todo), contribuyendo a tus percepciones personales. Cada una de las emociones enumeradas más abajo procede de sustancias químicas del estado de supervivencia, que acrecientan el control del ego.

Oportunidad para escribir

Elige una emoción que sea una gran parte de quien eres (puede que la emoción elegida no esté enumerada debajo) y que desees desmemorizar. Recuerda que esta palabra tiene significado para ti porque es un sentimiento que te resulta familiar. Es un aspecto del yo que quieres cambiar. Te aconsejo que escribas la emoción elegida, porque trabajarás con ella en este paso y en los otros posteriores.

Ejemplos de emociones de supervivencia

Inseguridad	Vergüenza	Tristeza
Odio	Ansiedad	Aversión
Juicios	Arrepentimiento	Envidia
Victimismo	Sufrimiento	Ira
Preocupación	Frustración	Resentimiento
Culpabilidad	Miedo	Baja autoestima
Depresión	Avidez	Carencia

La mayoría de las personas, al ver estos ejemplos, preguntan: «¿Puedo elegir más de una?» Al principio es importante trabajar con una sola emoción. En cualquier caso, neurológica y químicamente están todas ligadas. Por ejemplo, ¿has advertido alguna vez que cuando estás enojado, estás frustrado; que cuando estás frustrado, odias; que cuando odias, juzgas; que cuando juzgas, tienes envidia; que cuando tienes envidia, te sientes inseguro; que cuando te sientes inseguro, eres competitivo; que cuando eres competitivo, eres egoísta? Todas estas emociones se derivan de las mismas sustancias químicas de supervivencia combinadas, que estimulan a su vez estados mentales relacionados con ellas.

Por otro lado, con los estados mentales elevados también sucede lo mismo. Cuando eres feliz, amas; cuando amas, eres libre; cuando eres libre, estás inspirado; cuando estás inspirado, eres creativo; cuando eres creativo, eres innovador; y así sucesivamente. Todos estos sentimientos proceden de distintas sustancias químicas que influyen en cómo piensas y actúas.

Por ejemplo, si eliges trabajar con una emoción recurrente como la ira, cuando la desmemorizas también experimentas menos las otras emociones limitadoras. Si te enojas menos, te sentirás menos frustrado y odiarás, juzgarás y envidiarás menos a los demás.

La buena noticia es que estás controlando al cuerpo para que no vuelva a manifestarse como si fuera la mente. A medida que cambias uno de estos estados emocionales destructivos, el cuerpo tiende a descontrolarse menos y podrás cambiar muchos otros rasgos de tu personalidad.

Observa la sensación que la emoción negativa te produce en el cuerpo

Ahora cierra los ojos y piensa en cómo te sientes cuando experimentas una emoción en particular. Si puedes observarte cuando la emoción se apodera de ti, fíjate en la sensación que te produce en el cuerpo. Hay distintas sensaciones asociadas a distintas emociones. Quiero que adviertas todas estas señales físicas. ¿Te sientes sulfurado, irritado, nervioso, débil, acalorado, deprimido, tenso? Observa tu cuerpo con la mente y advierte el área en la que sientes esta emoción. (Si no sientes nada en el cuerpo, no te preocupes. Recuerda simplemente lo que quieres cambiar de ti. Lo que estás observando cambia de un momento a otro.)

Observa ahora el estado de tu cuerpo. ¿Ha cambiado tu respiración? ¿Te sientes impaciente? ¿Te duele el cuerpo? Si es así, si el dolor tuviera una emoción, ¿cuál sería? Advierte lo que te ocurre fisiológicamente en este momento y no intentes huir de ello. *Obsérvalo* simplemente. El cúmulo de distintas sensaciones en tu cuerpo se convierte en una emoción cuando le pones un nombre: ira, miedo, tristeza... Sé consciente de todos estos sentimientos y sensaciones físicas que crean la emoción que deseas desmemorizar.

Siente esta emoción sin que nada ni nadie te distraiga. No hagas nada ni intentes hacerla desaparecer. Casi todo lo que has hecho en tu vida ha sido para huir de ella. Has utilizado todo lo del exterior para intentar hacerla desaparecer. Sé consciente de esta emoción en ti y siéntela como energía en tu cuerpo.

Esta emoción ha hecho que te apropiaras de todo cuanto conoces de tu entorno para formar una identidad. Debido a este sentimiento, has creado un yo ideal para el mundo, en lugar de un yo ideal para ti.

Este sentimiento es el que eres realmente. Reconócelo. Es una de las muchas máscaras de tu personalidad que has memorizado. Surgió de una reacción emocional a un episodio de tu vida que acabó creando un estado de ánimo, y después un temperamento y al final tu personalidad. Esta emoción se ha convertido en el recuerdo de ti. No tiene nada que ver con tu futuro. Tu apego a ella significa que estás atado al pasado mental y físicamente.

Si las emociones son el producto de las experiencias, al sentir esta misma emoción cada día el cuerpo cree que tu mundo exterior sigue siendo el mismo de siempre. Y si haces que tu cuerpo reviva las mismas circunstancias en tu entorno, nunca evolucionarás ni cambiarás. Mientras vivas sintiendo esta emoción a diario, sólo podrás pensar en el pasado.

Define el estado mental asociado a la emoción

A continuación hazte esta simple pregunta: «¿Cómo pienso cuando me siento así?»

Pongamos que quieres que la ira deje de ser uno de los rasgos de tu personalidad. Pregúntate: «¿Cuál es mi actitud cuando estoy enojado?» La respuesta podría ser *controladora* u *odiosa*, o tal vez *engreída*. Del mismo modo, si deseas superar el miedo que sientes, tendrás que resolver tu estado mental de agobio, ansiedad o desesperanza. El sufrimiento quizá te lleve a sentirte victimizado, deprimido, perezoso, resentido o necesitado.

Ahora sé consciente de lo que piensas cuando te sientes así o recuérdalo. ¿Cuál es el estado mental que esta emoción fomenta? Este sentimiento influye en todo lo que haces. Los estados mentales representan una actitud motivada por los sentimientos memorizados anclados subconscientemente en el cuerpo. Una actitud es una serie de pensamientos conectados a un sentimiento, o viceversa. Es el ciclo repetitivo de pensar y sentir, sentir y pensar. Por esta razón debes definir el hábito neural que tu adicción emocional ha creado.

Oportunidad para escribir

Sé consciente de cómo piensas (tu estado mental) cuando estás sintiendo la emoción que deseas cambiar. Elígela de la lista de abajo o añade cualquier otra que desees. Tu elección se basará en la emoción negativa que has identificado previamente, pero es normal sentir uno o más de los estados mentales limitadores relacionados con esta emoción. Escribe uno o dos que tengan que ver contigo, porque trabajarás con ellos en este paso y en los siguientes.

Ejemplos de estados mentales limitadores

Competitivo	Carencial	Controlador
Agobiado	Demasiado cerebral	Engañoso
Quejicoso	Sobrado	Presuntuoso
Acusador	Tímido/cohibido/ introvertido	Catastrofista
Confundido	Necesidad de reconocimiento	Apresurado

Distraído	Poco/demasiado seguro	Necesitado
Autocompasivo	Vago	Egocéntrico
Desesperado	Deshonesto	Susceptible/insensible

La mayoría de tus conductas, decisiones y actos tienen que ver con el sentimiento elegido. Por eso piensas y actúas de manera previsible y rutinaria. En tu vida no puede surgir un futuro nuevo, sólo el mismo pasado de siempre. Ya es hora de dejar de distorsionar la realidad y de ver la vida a través del filtro del pasado. Tu tarea es ser consciente de esta actitud emocional sin hacer nada más que observarla.

Acabas de identificar una emoción negativa y el estado mental correspondiente que deseas desmemorizar. Pero recuerda que todavía te quedan por leer un par de pasos antes de integrarlos en tu meditación diaria.

PASO 3: ADMITE Y DECLARA

Admite: reconoce tu verdadero yo, aquel diferente al que muestras a los demás

Permitiéndote ser vulnerable, vas más allá del reino de los sentidos y empiezas a entrar en contacto con la conciencia universal que te ha dado la vida. Entablas una relación con esta inteligencia superior diciéndole quién has sido y lo que quieres cambiar de ti, y admitiendo lo que has estado ocultando.

Admitir quién somos en realidad y los errores que hemos cometido y pedir ser aceptados es una de las cosas que más nos cuesta hacer. Piensa en cómo te sentiste de niño cuando tuviste que reconocer un error ante tus padres, un maestro o un amigo. ¿Han cambiado esos sentimientos de culpa, vergüenza y rabia ahora que eres un adulto? Lo más probable es que los sigas sintiendo, aunque con menos fuerza.

Lo que nos permite dar el paso 3 es saber que estamos admitiendo nuestros fallos y fracasos ante un poder superior y no ante otro ser humano tan imperfecto como nosotros. Por esta razón cuando admitimos algo ante nosotros mismos y el poder universal:

No hay castigo.
No hay enjuiciamientos.
No hay manipulación.
No hay abandono emocional.
No hay acusaciones.
No hay chantaje afectivo.
No hay rechazo.
No hay desamor.
No hay condena.
No hay separación.
No hay prohibiciones.

Todos los actos anteriores proceden del antiguo paradigma de un Dios que ha sido reducido a la imagen y semejanza de un hombre inseguro, completamente ególatra, sumido en los conceptos del bien y del mal, de lo justo y lo injusto, de lo positivo y lo negativo, del éxito y el fracaso, del amor y el odio, del cielo y el infierno, del dolor y el placer, y del miedo y más miedo. Pero es necesario revisar este modelo tradicional, porque debemos entrar en esta conciencia con una *nueva conciencia*.

Este enigma se puede llamar *inteligencia innata*, chi, *mente divina, espíritu, el cuanto, la fuerza vital, mente infinita, el observador, inteligencia universal, campo cuántico, poder invisible, padre-madre vida, energía cósmica* o *poder superior*. La llames como la llames, debes ver esta energía como una fuente ilimitada de poder dentro y alrededor de ti con el que creas a lo largo de la vida.

Es la conciencia de la intención y la energía del amor incondicional.

A esta energía le es imposible juzgar, castigar, amenazar o prohibir nada a nadie porque se lo estaría haciendo a sí misma.

No da más que amor, compasión y comprensión. Ya lo sabe todo de ti (eres *tú* el que debe esforzarse en conocerla y mantener una relación con *ella*). Te ha estado observando desde el momento en que fuiste creado. Eres una prolongación suya.

Sólo espera ilusionada, admirada y paciente, sólo quiere que seas feliz. Y si eres feliz siendo infeliz, también lo acepta. Así es de ilimitado su amor.

Este campo invisible que se autoorganiza es sabio más allá de nuestra comprensión porque existe a través de una matriz de energía interconectada que se extiende por todas las dimensiones en el espacio y el tiempo, el pasado, el presente y el futuro. Ha estado registrando los pensamientos, los deseos, los sueños, las experiencias, la sabiduría, la evolución y el conocimiento desde la eternidad. Es un campo inmenso, inmaterial, multidimensional de información. «Sabe» mucho más que tú y que yo (aunque creamos saberlo todo). Su energía se puede comparar a muchos niveles de frecuencia, y como las ondas de radio, cada frecuencia acarrea información. Como toda vida a nivel molecular, vibra, respira, danza, brilla y está viva; es completamente receptiva y dúctil a nuestras intenciones.

Pongamos que, como quieres ser feliz en tu vida, se lo pides al universo a diario. Sin embargo, has memorizado el sufrimiento hasta tal estado del ser que te quejas todo el día, culpas a todo el mundo de cómo te sientes, te niegas a ver tus fallos y andas siempre deprimido lamentándote por tu suerte. Aunque *declares* que sólo quieres ser feliz, ¿no ves que estás *demostrando* ser una víctima? Tu mente va por un lado y tu cuerpo por otro. En un instante piensas de una forma y el resto del día eres de otra. Por eso, ¿puedes con humildad y sinceridad admitir quién has estado siendo, qué has estado ocultando y qué quieres cambiar de ti para eliminar el dolor y el sufrimiento innecesarios antes de crear las experiencias deseadas en tu realidad? Despojarte de tu personalidad habitual, admitirla durante un momento y llamar a la puerta del infinito en un estado de dicha y admiración es mucho mejor para cambiar que dejar que tu personalidad se fracture por el persistente curso de tu destino, creado por quien has estado «siendo» constantemente. Cambiemos en la alegría, en lugar de hacerlo en el sufrimiento.

Oportunidad para escribir

Cierra ahora los ojos y permanece quieto. Contempla la inmensidad de la mente (y dentro de ti) y di quién has estado siendo. Entabla una relación con la conciencia superior que te está dando la vida, sé sincero y habla con ella en tu interior. Comparte con esta conciencia los detalles de las historias que has ido acarreando. En los últimos pasos te será útil escribir lo que te venga a la cabeza.

Ejemplos de lo que podrías admitir
ante el poder superior

* Me da miedo enamorarme porque me hace sufrir demasiado.
* Finjo ser feliz, pero en el fondo estoy sufriendo porque me siento solo.
* Como no quiero que nadie sepa lo culpable que me siento, miento sobre mí.
* Miento a los demás para caerles bien y no sentir que nadie me quiere y que no valgo nada.
* No puedo dejar de compadecerme de mí mismo; pienso, actúo y me siento así todo el día porque no sé sentirme *de otro modo*.
* Como la mayor parte de mi vida me he sentido un fracasado, me desvivo por triunfar.

Dedica ahora unos momentos a repasar lo que has escrito y lo que quieres admitir ante este poder.

Declara: admite en voz alta la emoción que te limita

En esta parte del proceso de meditación dices en voz alta quién has sido y lo que has estado ocultando de ti. Explicas la verdad sobre ti, dejas atrás el futuro y cierras la brecha entre la persona que aparentas ser y la que eres en realidad. Te desprendes de tu fachada y de los constantes esfuerzos por ser otra persona. Al declarar la verdad sobre ti en voz alta, estás rompiendo los vínculos emocionales, acuerdos, dependencias, apegos, lazos y adicciones con todos esos estímulos exteriores de tu vida.

En los talleres que imparto por todo el mundo, éste es el paso más difícil de todos. Ninguna persona quiere que los demás sepan quién es realmente. Todos queremos seguir manteniendo nuestra fachada. Pero como ya has aprendido, intentar conservar esta imagen falsa que damos al mundo consume una enorme cantidad de energía. Éste es el punto en que quieres liberar esta energía.

Y recuerda que como las emociones son energía en movimiento, todo cuanto has experimentado o con lo que has interactuado en tu vida está unido a ti por la energía de una emoción. Estás ligado a alguna persona, objeto o lugar por la energía que existe más allá del tiempo y el espacio. Así es como te acuerdas constantemente de quién eres como un ego con una personalidad, identificándote y vinculándote emocionalmente con todo cuanto hay en tu vida.

Por ejemplo, si odias a alguien, este odio te mantiene ligado emocionalmente a esta persona en particular. Tu vínculo emocional es la energía que mantiene a este individuo en tu vida para que puedas sentir odio y reforzar así un aspecto de tu personalidad. Es decir, usas a esta persona para seguir siendo adicto al odio. Por cierto, a estas alturas deberías ya ver que el odio te perjudica. Mientras tu cerebro secreta las sustancias químicas procedentes de él y éstas circulan por tu cuerpo, te estás odiando a *ti mismo*. Al decir la verdad sobre ti en voz alta te liberas del odio y reduces tu conexión con la persona o el objeto de tu realidad exterior que te recuerda quién has estado siendo.

Si te acuerdas del vacío del que he hablado, sabrás que la mayoría de la gente depende del entorno para recordar que son «alguien». Por lo tanto, si has memorizado una emoción como parte de tu personalidad y eres adicto a ella, cuando declaras quién has sido emocionalmente recuperas la energía que gastabas (al liberarla) con los vínculos emocionales que mantenías con todo y con todo el mundo en tu vida. Al declarar quién ha sido, te liberas de tu antiguo yo.

Además, al admitir en voz alta tus limitaciones y revelar lo que has estado ocultando, liberas al cuerpo de ser la mente y cierras así el vacío entre quien aparentas ser y quien eres realmente. Cuando expresas en voz alta quién has estado siendo, también liberas la energía almacenada en el cuerpo. Y más tarde, mientras meditas, podrás usar la «energía liberada» para crear un nuevo yo y una vida nueva.

Ten en cuenta que tu cuerpo se resistirá a hacerlo. Tu ego esconde automáticamente esta emoción porque no quiere que nadie sepa la verdad sobre él. Quiere seguir teniendo el control. El sirviente se ha convertido en el amo. Pero el amo ahora debe hacerle saber al sirviente que ha estado siendo un irresponsable, un inconsciente y un distraído. Por esta razón es lógico que tu cuerpo no quiera cederte el control, porque no se fía de ti. Pero si abres la boca y se lo dices en voz alta, a pesar de su resistencia, se irá sintiendo cada vez mejor y más aliviado y tú empezarás a recuperar el mando.

Así es como defines quién eres realmente sin hacer ninguna asociación con tu entorno. Estás rompiendo el vínculo energético con el apego emocional a todos los elementos del mundo exterior. Admitir algo es un acto de reconocimiento interior, y declarar algo es reconocerlo exteriormente.

¿Qué es lo que quieres declarar?

Ha llegado el momento de unir esta parte del paso 3 con la parte anterior. Recuerda que estás incorporando esta sección para ejecutarla con fluidez. Usando el ejemplo de la ira, puedes decir en voz alta: «He sido una persona colérica toda mi vida».

Recuerda el objetivo general de lo que quieres declarar. En esta parte de la meditación de la semana, mientras estás sentado con la espalda derecha y los ojos cerrados, abre la boca y di en voz baja la emoción que estás declarando: *ira*.

Mientras te preparas para hacerlo y lo dices luego en voz baja, seguramente te sentirás incómodo. Hazlo de todos modos; esta sensación viene de tu cuerpo hablándote.

El resultado será que te sentirás inspirado, aliviado y lleno de energía. Haz que este paso sea sencillo, fácil y alegre. No analices demasiado lo que has hecho. Simplemente sé consciente de que la verdad te liberará.

Recuerda que todavía no estás preparado para empezar las meditaciones de la segunda semana. En esta parte reconoces la emoción negativa y el estado mental correspondiente que quieres desmemorizar, y después la admites en tu interior y la declaras al exterior. Te queda un paso más que leer, y luego ya podrás practicarlos seguidos en la meditación de la segunda semana...

PASO 4: ENTRÉGATE

Entrégate: abandónate a un poder superior y deja que resuelva tus limitaciones u obstáculos

La entrega es el último paso de esta sección, en la que estás dejando el hábito de ser el mismo de siempre.

A la mayoría de las personas nos cuesta soltarnos o dejar que alguien o algo tengan el control. Tener en cuenta a quién te estás entregando —la fuente, la sabiduría infinita— hará que este proceso te resulte mucho más fácil.

Einstein decía que ningún problema puede resolverse desde el mismo nivel mental que lo creó. El limitado estado mental de tu personalidad es el que está creando tus limitaciones, y como no has encontrado la solución, ¿por qué no recurrir a una conciencia superior con más recursos que tú para que te ayude a superar esta faceta tuya? Dado que en este mar infinito de posibilidades existen todas las situaciones posibles, le estás pidiendo humildemente que cambie tus limitaciones por un estado que te permita resolver este problema. Como aún no se te ha ocurrido la mejor forma de transformarte y lo que has estado haciendo hasta ahora para resolver los problemas de tu vida no te ha funcionado, es hora de conectar con una fuente mayor de recursos.

La conciencia del ego nunca encontrará la solución. Está metida en la energía emocional del dilema y por lo tanto sólo piensa, actúa y siente en este estado. Sólo crea más de lo mismo.

Tu cambio personal ocurrirá de un modo ilimitado desde la perspectiva de la mente objetiva. Ésta te ve desde la óptica de *no ser tú*. Percibe potenciales en los que ni siquiera habías caído porque estabas demasiado ocupado inmerso en el sueño al responder a la vida de formas previsibles.

Pero si por un lado afirmas abandonarte a la ayuda de la conciencia objetiva y por otro intentas hacer las cosas a tu manera, le resultará imposible cambiar nada en tu vida. Estarás desbaratando sus intentos.

La mayoría de las personas coartamos la actividad de esta mente porque volvemos a intentar resolver nuestros problemas viviendo en el mismo estado mental de antes, llevando el mismo estilo de vida de siempre. Somos un obstáculo para nosotros mismos. En realidad, la mayoría esperamos a que el ego toque fondo hasta el punto de no poder seguir con «nuestra vida como siempre». Es entonces cuando solemos entregarnos y recibir alguna clase de ayuda.

Pero no puedes entregarte e intentar controlar el resultado al mismo tiempo. Para poder entregarte debes renunciar a lo que crees saber con tu limitada mente, sobre todo debes renunciar a tus ideas de cómo deberías resolver el problema. Entregarte de verdad es impedir que el ego siga teniendo el control, confiar en un resultado que aún no se te ha ocurrido y del que se ocupará esta inteligencia bondadosa y omnisciente que encontrará la mejor solución para ti. Debes comprender que este poder invisible es real y plenamente consciente de ti, y que puede ocuparse a la perfección de cualquier aspecto de tu personalidad. Cuando lo hagas te organizará la vida del modo más adecuado para ti.

Cuando pides ayuda abandonándote a una mente superior ante la que has admitido y declarado algo, no tendrás que:

- Regatear.
- Suplicar.
- Hacer tratos o promesas.
- Comprometerte a medias.
- Manipular.
- Escabullirte.
- Pedir perdón.
- Sentirte culpable o avergonzado.
- Lamentarlo.
- Sufrir por miedo.
- Poner excusas.

Además, a esta mente superior no le puedes poner condiciones como «Deberías...» y «Será mejor que...». A esta gran esencia ilimitada no puedes decirle cómo tiene que hacer las cosas. Ya que de lo contrario volverás a hacerlas a tu manera y entonces dejará de ayudarte para que hagas lo que quieras. Mejor di «Que se haga tu voluntad».

Simplemente entrégate con una actitud...

- Sincera.
- Humilde.
- Honesta.
- Segura.
- Clara.
- Apasionada.
- Confiada.

Y después apártate de en medio.

Entrega con alegría a una mente más espaciosa la emoción de la que quieres deshacerte *sabiendo* que ella lo hará por ti. Cuando tu voluntad concuerde con la suya, cuando tu mente concuerde con la suya y cuando el amor que sientes por ti concuerde con el que esta conciencia superior siente por ti, responderá a tu llamada.

Las consecuencias indirectas de esta *entrega* son:

- Inspiración.
- Dicha.
- Amor.
- Libertad.
- Maravilla.
- Gratitud.
- Vitalidad.

Cuando eres feliz o vives en un estado de felicidad, ya has aceptado el resultado futuro que deseas como realidad. Cuando vives como si tus plegarias ya hubieran sido escuchadas, esta mente superior puede hacer lo mejor para organizar tu vida de una forma nueva e inusual.

¿Y si supieras que ya se han ocupado de un problema que te preocupaba? ¿Y si estuvieras convencido de que te va a pasar algo excitante o maravilloso? Si lo supieras, ya no estarías preocupado, ni triste, ni asustado, ni estresado. Te sentirías de lo más aliviado. Estarías deseando que llegara el futuro.

Si yo te dijera que dentro de una semana te llevaré a Hawái y supieras que te lo digo en serio, ¿acaso no te sentirías de lo más feliz anticipadamente? Tu cuerpo empezaría a responder fisiológicamente antes de que ocurriera la experiencia. Pues bien, la mente cuántica es como un espejo inmenso: te refleja lo que aceptas y crees como verdad. Tu mundo exterior es un reflejo de tu realidad interior. La conexión sináptica más importante que puedes hacer en lo que se refiere a esta mente es saber que *es real*.

Piensa en cómo funciona un placebo. A estas alturas ya sabes que nuestros tres cerebros nos permiten pasar de pensar a actuar y a ser. Las personas con problemas de salud que creen tomarse un medicamento cuando no es más que una píldora con azúcar *piensan* que se pondrán mejor, empiezan a *actuar* como si estuvieran mejor, comienzan a *sentirse* mejor y al final se *ponen* mejor. Y debido a ello, su subconsciente, que está conectado a la mente universal que les rodea, empieza a cambiar la química del cuerpo para reflejar la nueva idea que ahora tienen de haber recuperado la salud. Aquí también se aplica el mismo principio. *Cree* que la mente cuántica responderá a tu llamada y te ayudará.

Si empiezas a dudar, estás ansioso, te preocupas, te desanimas o analizas demasiado cómo te ayudará, habrás destruido todo lo que habías logrado. De nuevo estarás haciendo las cosas a tu manera. Habrás bloqueado la ayuda que un poder superior quería darte. Como tus emociones demuestran que no crees en las posibilidades cuánticas, pierdes tu conexión con el futuro que la mente divina te estaba organizando.

En este punto es cuando debes volver atrás y adoptar una actitud más poderosa. Háblale a la mente cuántica como si te conociera muy bien y se ocupara de ti lo mejor posible... porque *así es*.

Oportunidad para escribir

Escribe lo que te gustaría decirle a la mente superior en esta conversación al entregarle ese aspecto tuyo que no te gusta.

Ejemplos

- *Mente universal que hay en mí, me perdono por mis preocupaciones, ansiedad y estúpidas angustias y te las entrego. Confío en que sabrás resolverlas mucho mejor que yo. Ocúpate tú de mover los hilos en mi mundo para que se me abran las puertas.*
- *Inteligencia innata, te entrego mi sufrimiento y mi autocompasión. Ya llevo demasiado tiempo sin saber manejar mis pensamientos y mis actos. Te permito que intervengas y mejores mi vida de la forma más adecuada para mí.*

Prepárate para la entrega. Cierra ahora los ojos y empieza a familiarizarte con lo que le deseas decir a esta mente superior. Repasa lo que has escrito para que aparezcan tus limitaciones. Cuanto más presente estés, más te concentrarás en ello. Mientras empiezas a recitar tu plegaria en tu interior, recuerda que esta conciencia invisible te está viendo y es consciente de ti. Sabe todo lo que piensas, haces y sientes.

Pídele ayuda y entrégale tu estado mental negativo. A continuación, pídele a la conciencia universal que tome esta parte tuya y la reorganice en algo mejor. En cuanto lo hagas, entrégasela a esta mente superior. Algunas personas abren mentalmente una puerta y la cruzan, otras entregan una nota o meten aquello que quieren abandonar en una caja preciosa y dejan que se disuelva en la mente elevada. No importa lo que imagines, basta con que te desprendas de ello.

Lo que importa es tu intención, sentirte conectado a una conciencia universal sumamente bondadosa que te ayuda a liberarte de tu antiguo yo. Cuanto más decidido estés a hacerlo y más sientas la alegría de desprenderte de este estado, más afín serás a una voluntad superior y a su mente y amor.

Da las gracias. En cuanto hayas terminado tu plegaria, acuérdate de dar las gracias de antemano a la mente universal por la realidad que se materializará en tu vida. Así envías la señal al campo cuántico de que tu intención ya ha dado fruto. El agradecimiento es el estado supremo del que recibe.

Segunda semana
Meditación guiada

Ahora ya estás preparado para la segunda semana de meditación. A continuación te recuerdo los pasos que has aprendido.

Si crees que ya has realizado cualquiera de estas acciones mientras estabas leyendo y escribiendo tu diario, repítelas durante las meditaciones. Te sorprenderás de los resultados.

- **Paso 1:** haz primero la técnica de inducción y sigue acostumbrándote cada vez más a este proceso para entrar en el subconsciente.
- **Paso 2:** ahora que sabes lo que quieres cambiar de ti en la mente y el cuerpo, «reconoce» tus limitaciones. Es decir, define la emoción que quieras desmemorizar y observa la actitud a la que te ha conducido este sentimiento.
- **Paso 3:** «admite» interiormente ante el poder superior que hay en tu interior quién has estado siendo, lo que quieres cambiar de ti y lo que has estado ocultando. «Declara» después en voz alta la emoción de la que te estás desprendiendo para que el cuerpo deje de ser la mente y romper así los vínculos con los elementos de tu entorno.
- **Paso 4:** «entrega» este estado limitador a una mente superior y pídele que se ocupe de él de la forma más adecuada para ti.

Practica estos pasos a diario en tus sesiones hasta conocerlos tan bien que se fundan en uno solo. Cuando lo logres, estarás preparado para seguir con los otros pasos.

Ahora vas a seguir añadiendo pasos en tu proceso de meditación, pero ten en cuenta que siempre empezarás tu meditación con la serie de cuatro acciones que acabas de aprender.

12

Desmantela el recuerdo de tu antiguo yo

(*Tercera semana*)

Lee y aplica lo que has escrito sobre los pasos 5 y 6 antes de hacer las sesiones de meditación de la tercera semana.

PASO 5: OBSERVA Y RECUERDA

En este paso observas tu antiguo yo y recuerdas quién no quieres seguir siendo.

La meditación, tal como la he definido en la segunda parte del libro, consiste en observar y recordar algo para conocerlo, cultivar el «yo» y conocer lo que de algún modo desconoces. Aquí serás plenamente consciente (al observarlo) de los pensamientos y las acciones inconscientes o habituales de los que se compone ese estado mental y físico que citaste antes en el paso 2: reconoce. Después recordarás (rememorándolos) todos los aspectos de tu antiguo yo que no quieres seguir siendo. Al saber cuándo estás «siendo» tu antigua personalidad —los pensamientos que no quieres seguir teniendo y las conductas que no quieres seguir manifestando—, no vuelves a ser nunca más tu antiguo yo. Y esto te libera del pasado.

Lo que repasas mentalmente y lo que demuestras físicamente es quién eres a nivel neurológico. Tu yo «neurológico» está hecho de la combinación de tus pensamientos y acciones que tienen lugar a cada momento.

Este paso está concebido para que seas más consciente y observes mejor quién has estado siendo (metacognición). Mientras reflexionas en tu antiguo yo y lo repasas, verás claramente lo que ya no quieres seguir siendo.

Observa: sé consciente
de tus estados mentales habituales

En el paso 2: reconoce, ya has observado la emoción que te motiva a actuar de una determinada forma. Ahora quiero que conozcas también tus pensamientos y acciones derivados de tus antiguos sentimientos, que los adviertas en la vida cotidiana. A base de práctica serás tan consciente de tus antiguas pautas que no dejarás que se manifiesten. Al saber de antemano lo que tu antiguo ego haría, podrás controlarlo. Y cuando empieces a advertir el sentimiento que normalmente desencadena tus pensamientos y hábitos inconscientes, lo conocerás tan bien que a la menor señal ya te darás cuenta de él.

Por ejemplo, si estás superando una dependencia a alguna sustancia como el azúcar o el tabaco, cuanto más pronto adviertas las punzadas y los retortijones que te produce la adicción del cuerpo a estas sustancias, antes podrás luchar contra ella. Todos sabemos cuándo empezamos a sentir un deseo irreprimible. Comienzas a notar el impulso incontrolable, la pulsión y a veces los gritos de: «¡Adelante! ¡Tira la toalla! ¡Ríndete! ¡Hazlo por esta vez!» Mientras sigues progresando y mejorando en ello, con el tiempo advertirás cuándo surgen esos imperiosos deseos, y estarás mejor equipado para manejarlos.

Con el cambio personal ocurre lo mismo, la única diferencia es que la sustancia a la que eres adicto no viene del exterior, sino que eres *tú*, ya que tus sentimientos y pensamientos son una parte de ti. No obstante, tu verdadera meta es ser tan consciente de tu estado mental limitador que no se te pase por alto ningún pensamiento o conducta.

Casi todo cuanto manifestamos empieza con un pensamiento. Pero sólo por el hecho de tener un pensamiento no significa que haya de ser cierto. La mayoría de pensamientos no son más que viejos circuitos del cerebro creados por voluntad propia a base de repetirlos. Por eso debes preguntarte: «¿Es cierto este pensamiento o no es más que lo que pienso y creo mientras me siento así? Si me dejo llevar por este impulso, ¿producirá el mismo resultado de siempre en mi vida?» Lo cierto es que son ecos del pasado vinculados a sentimientos fuertes que activan antiguos circuitos del cerebro que te hacen reaccionar de manera previsible.

Oportunidad para escribir

¿Qué pensamientos automáticos tienes al sentir la emoción que has reconocido en el paso 2? Es importante escribirlos y memorizar la lista. Los siguientes ejemplos te ayudarán a reconocer tu singular serie de pensamientos limitadores.

Ejemplos de pensamientos automáticos limitadores (tus repeticiones mentales diarias inconscientes)

- *Nunca encontraré trabajo.*
- *Nadie me escucha nunca.*
- *Siempre me hace enojar.*
- *Todo el mundo me utiliza.*
- *¡Me rindo!*
- *Como hoy es un mal día para mí, no voy a preocuparme en cambiarlo.*
- *Mi vida es así por su culpa.*
- *No soy demasiado listo que digamos.*
- *No puedo cambiar, lo juro. Quizá sea mejor que lo intente otro día.*
- *No me apetece.*
- *Mi vida es una mierda.*
- *Odio mi situación con _____.*
- *Nunca haré nada que valga la pena. Soy un inútil.*

- *A _____ no le caigo bien.*
- *¡Siempre me ha tocado trabajar más que a la mayoría!*
- *Lo llevo en la sangre. Soy clavado a mi madre.*

Tus acciones habituales, como los pensamientos habituales, también crean tus propios estados mentales negativos. Las emociones que han adiestrado al cuerpo a ser la mente hacen que lleves a cabo acciones memorizadas. Éste es quien eres cuando actúas de manera automática. Empiezas haciéndote buenos propósitos, pero acabas descubriéndote sentado en el sofá comiendo patatas fritas con el mando en una mano y un pitillo en la otra. Sin embargo, varias horas antes proclamabas que ibas a ponerte en forma y a dejar tu conducta autodestructiva.

La mayoría de acciones inconscientes las realizamos para reforzar emocionalmente nuestra personalidad y satisfacer una adicción a fin de volver a sentirnos como de costumbre. Por ejemplo, las personas que se sienten culpables a diario tendrán que hacer determinadas acciones para seguir sintiéndose del mismo modo. La mayoría se meterán en problemas para sentirse más culpables aún. Muchas acciones inconscientes las hacemos para satisfacer a quien somos emocionalmente.

Por otro lado, mucha gente manifiesta ciertos hábitos para hacer desaparecer de forma temporal el sentimiento memorizado. Buscan una gratificación instantánea en algo del exterior para evadirse del dolor y el vacío que sienten. La gente se vuelve adicta a los videojuegos, las drogas, el alcohol, la comida, el juego o a las compras para hacer desaparecer el dolor y el vacío interior.

Nuestras adicciones crean nuestros hábitos. Y como nada de lo que existe fuera de ellas hará desaparecer para siempre ese vacío, tendrán que hacer cada vez más la actividad a la que son adictos. Y cuando varias horas más tarde la excitación o el subidón se haya disipado, volverán a la misma tendencia adictiva una vez más, pero esta vez prolongándola. Sin embargo, cuando desmemorizamos la emoción negativa de nuestra personalidad, eliminamos la conducta inconsciente destructiva.

Oportunidad para escribir

Piensa en la emoción negativa que has identificado. ¿Cómo sueles actuar cuando te sientes de este modo? Tal vez reconozcas tus pautas de conducta en los ejemplos de abajo, pero asegúrate de añadir las tuyas a la lista. Escribe cómo te comportas cuando sientes esa emoción.

Ejemplos de acciones/conductas limitadoras
(tus repeticiones físicas diarias inconscientes)

- Estar malhumorado.
- Compadecerte de ti sentado solo.
- Comer para ahuyentar la depresión.
- Llamar a alguien para quejarte de lo mal que te sientes.
- Jugar obsesivamente con el ordenador.
- Meterte con un ser querido.
- Beber demasiado y hacer el ridículo.
- Comprar y gastar más dinero del que tienes.
- Dejar las cosas para más tarde.
- Cotillear y propagar rumores.
- Mentir sobre ti.
- Montar un pollo.
- Faltarle al respeto a los compañeros de trabajo.
- Flirtear estando casado.
- Fanfarronear.
- Gritarle a todo el mundo.
- Excederte en los juegos de azar.

- Conducir temerariamente.
- Intentar ser el centro de atención.
- Levantarte tarde cada día.
- Hablar demasiado del pasado.

Si tienes problemas con las respuestas, pregúntate qué es lo que piensas en diversas situaciones de tu vida y «observa» en tu interior cómo piensas y reaccionas. También puedes mirarte «a través de los ojos de otros». ¿Cómo te ven? ¿Cómo creen que actúas?

Recuerda: rememora los aspectos de tu antiguo yo que no quieres seguir siendo

Ahora repasa y memoriza tu lista. Es una parte fundamental de la meditación. Tu objetivo es «saber» cómo piensas y actúas cuando sientes una emoción en particular. Eso te servirá para recordar quién no quieres seguir siendo y qué es lo que hacías para ser tan infeliz. Este paso te ayuda a percatarte de tu conducta inconsciente y de lo que te dices cuando estás pensando y sintiendo, sintiendo y pensando, para tener un mayor control en el estado de vigilia.

Dar este paso es ir progresando día tras día. Es decir, si meditas cada día durante una semana centrándote en ello, seguramente descubrirás que sigues cambiando y perfeccionando tu lista. Es una buena señal.

Cuando das este paso, entras en el sistema operativo de los programas del «ordenador» del subconsciente y te detienes a examinarlos. Y al final llegas a conocer tan bien estas cogniciones que impides que surjan. Eliminas las conexiones sinápticas de las que está hecho tu antiguo yo. Y como allí donde se ha formado una conexión neurológica hay un recuerdo, lo que estás haciendo es desmantelar el recuerdo de tu antiguo yo.

A lo largo de la siguiente semana continúa repasando la lista una y otra vez para conocer incluso mejor si cabe quién no quieres seguir siendo. Si memorizas estos aspectos de tu antiguo yo, tu mente se distanciará más todavía de él. Cuando conozcas a la perfección tus pensamientos y reacciones habituales y automáticas, ya no te pasarán nunca más desapercibidos. Y los preverás antes de que aparezcan. Es cuando eres libre.

Recuerda que en este paso *tu objetivo es ser consciente.*

A estas alturas ya sabes cómo funciona... Lee el paso 6 y escribe lo que quieras, en cuanto lo hagas ya estarás preparado para las meditaciones de la tercera semana.

Paso 6: redirige

Las herramientas de redirigir te permiten evitar la conducta inconsciente. Al dejar de activar tus antiguos programas y cambiar biológicamente, desactivas y desconectas células nerviosas. También dejas de enviar las mismas señales a los mismos genes.

Si la idea de recuperar el control te ha costado, este paso te permite de una forma más consciente y racional recuperar el control para eliminar el hábito de ser el mismo de siempre. Cuando te vuelves un experto en redirigir, construyes una base sólida en la que crear tu nuevo y mejor yo.

Redirige: juega a decir «¡Cambia!»

Durante las meditaciones de esta semana recuerda algunas de las situaciones que se te ocurrieron en el paso anterior y mientras las visualizas u observas di (en voz alta): «¡Cambia!» Es así de sencillo:

1. Imagínate una situación en la que estés pensando y sintiendo algo en concreto sin darte cuenta.
    Di «¡Cambia!»

2. Imagínate un escenario (con una persona, por ejemplo, o un objeto) donde podrías volver a caer fácilmente en una antigua pauta de conducta.
Di «¡Cambia!»

3. Imagínate en una situación de tu vida donde haya una buena razón para no estar a la altura de tu yo ideal.
Di «¡Cambia!»

La voz con más autoridad en tu cabeza

Después de recordarte a ti mismo que debes estar atento a lo largo del día, tal como has aprendido a hacer en el paso anterior, ahora puedes usar una herramienta para cambiar en este preciso instante. Cuando en la vida real te descubras teniendo un pensamiento limitador o una conducta limitadora, di en voz alta «¡Cambia!» Con el tiempo, tu propia voz se convertirá en una nueva voz en tu cabeza y en la que cuente con *más autoridad*. Se convertirá en la voz de redirigir.

A medida que interrumpes el antiguo programa automático una y otra vez, las conexiones entre las redes neurales de las que está hecha tu personalidad se van debilitando. Según el principio del aprendizaje hebbiano, durante el estado de vigilia deshaces los circuitos vinculados a tu antiguo yo. Al mismo tiempo, ya no les estás enviando epigenéticamente las mismas señales a los mismos genes. Es otro paso para ser más consciente. Aprendes a «controlarte».

Cuando consigues controlar la reacción emocional de ponerte nervioso al ver algo o a alguien de tu vida, estás eligiendo no volver a caer en tu antiguo yo que piensa y actúa de una forma tan limitada. De igual modo, a medida que controlas más los pensamientos provocados por algún recuerdo o asociación relacionado con algún estímulo del entorno, te alejas del destino previsible en el que tienes los mismos pensamientos y realizas las mismas acciones, que crean la misma realidad. Es como instalar en tu mente una nota para refrescarte la memoria.

A medida que eres consciente en tu vida, rediriges tus pensamientos y sentimientos de siempre y reconoces los estados del ser inconscientes, dejas de consumir una valiosa energía. Cuando vives en un estado de supervivencia, le estás señalando al cuerpo que es una situación de emergencia al destruir la homeostasis y movilizar un montón de energía. Estas emociones y pensamientos representan una energía de baja frecuencia que el cuerpo consume. Por eso, cuando eres consciente de ellos y los cambias *antes* de que afecten al cuerpo, cada vez que los adviertes o rediriges, estás conservando una energía vital muy valiosa que te servirá para crear una vida nueva.

Los recuerdos asociativos provocan respuestas automáticas

Como ser consciente es crucial para crear una nueva vida, es importante comprender cómo los recuerdos asociativos han hecho que te costara tanto serlo en el pasado y que aprender a redirigirlos te ayudará a desprenderte de tu antiguo yo.

Antes he hablado del experimento del condicionamiento clásico de los perros de Pavlov que ilustra a la perfección por qué nos cuesta tanto cambiar. La reacción de los perros en el experimento —aprender a salivar en respuesta a la campanilla— es un ejemplo de una respuesta condicionada basada en un *recuerdo asociativo*.

Tus recuerdos asociativos residen en el subconsciente. Se van formando con el tiempo cuando la repetida exposición a una situación exterior produce una respuesta interior automática en el cuerpo, que provoca a su vez una conducta automática. A medida que uno o dos de nuestros sentidos responden al mismo estímulo, el cuerpo reacciona sin que apenas lo advirtamos. Se activa con un simple pensamiento o recuerdo.

De igual modo, vivimos dejándonos llevar por muchos recuerdos asociativos similares provocados por numerosas identificaciones conocidas derivadas de nuestro entorno. Por ejemplo, si ves a alguien al que conoces bien, lo más probable es que respondas automáticamente sin darte cuenta. Al ver a esta persona surge un recuerdo asociado de una experiencia pasada conectada a alguna emoción, que provoca entonces una conducta automática. La química de tu cuerpo cambia en el momento que «piensas» en él o ella, basándote en el recuerdo del pasado. En tu subconsciente se activa el programa del condicionamiento repetido que has memorizado sobre esta persona. Y como los perros de Pavlov, al cabo de unos momentos ya estás respondiendo fisiológicamente sin darte cuenta. El cuerpo coge el volante y empieza a dirigirte subconscientemente, basándose en algún recuerdo del pasado.

Ahora es el cuerpo el que tiene el control. Ya no viajas en el asiento del conductor porque tu cuerpo-mente subconsciente te está controlando. ¿Cuáles son los estímulos que hacen que esto te ocurra tan deprisa? Puede ser cualquier cosa del mundo exterior o todo lo que hay en él. Su origen es tu relación con el entorno, es tu vida, que está conectada con todas las personas y cosas con las que te has encontrado en distintos momentos y lugares.

Por eso, cuando intentamos cambiar, nos cuesta tanto ser conscientes. Vemos a una persona, oímos una canción, visitamos un lugar, recordamos una experiencia, y nuestro cuerpo empieza en el acto a «activarse» por un recuerdo del pasado. Y el pensamiento asociado sobre cómo nos identificamos con alguien o con algo activa una cascada de reacciones inconscientes que nos hace volver a la personalidad de nuestro antiguo yo. Pensamos, actuamos y sentimos de maneras previsibles, automáticas y memorizadas. Nos volvemos a identificar con nuestro entorno conocido del pasado a nivel subconsciente, y esto a su vez nos hace volver a nuestro antiguo yo que vive en el pasado.

Pero Pavlov siguió tocando la campanilla sin recompensar a los perros con comida, y con el tiempo la respuesta automática canina fue disminuyendo porque los animales ya no seguían haciendo las mismas asociaciones. Podría decirse que la repetida exposición de los perros a la campanilla sin la comida hizo que su respuesta neuroemocional disminuyera. Dejaron de salivar porque la campanilla se convirtió en un sonido sin el recuerdo asociativo.

Adviértelo antes de que se te pase por alto

Mientras te imaginas una serie de situaciones en las que dejas de ser tu antiguo yo (emocionalmente), al irte exponiendo una y otra vez al mismo estímulo (mentalmente), con el tiempo tu respuesta emocional a esta situación va disminuyendo. Y a medida que lo vas haciendo y que observas cómo respondías de manera automática, te vuelves en tu vida lo bastante consciente como para descubrir cuándo no lo estás siendo. Y con el tiempo todas esas asociaciones que activaban los antiguos programas se volverán como la experiencia de los perros oyendo la campanilla sin recibir la comida; fisiológicamente ya no condicionarás a tu yo neuroquímico con la reacción visceral que sentías al ver a una persona o un objeto en particular.

Pensar en una persona que te irrita o en la relación con tu ex ya no te produce la misma reacción automática porque al estar atento la has previsto las suficientes veces como para controlarla. A medida que abandonas la adicción a la emoción, la respuesta automática deja de darse. En este paso es la atención que pones en la vida cotidiana la que te libera de la emoción asociada o del proceso mental. La mayor parte del tiempo estas reacciones automáticas se te pasan por alto porque estás demasiado ocupado «siendo» tu antiguo yo.

Es importante racionalizarlo más allá del barómetro de tus sentimientos para comprender que estas emociones de supervivencia son perjudiciales para tus células al pulsar los mismos botones genéticos y hacerte perder la salud. Lo cual hace que nos preguntemos: «¿Tener estos sentimientos, conductas o actitudes es quererme a mí mismo?»

Después de decir «¡Cambia!», me gustaría que dijeras «¡Esto no es bueno para mí! Las recompensas de estar sano, feliz y libre son mucho más importantes que estar atrapado en alguna pauta autodestructiva. No quiero enviar emocionalmente las mismas señales a los mismos genes y afectar de un modo tan negativo a mi cuerpo. No vale la pena».

TERCERA SEMANA
MEDITACIÓN GUIADA

Durante las meditaciones de la tercera semana, añadirás a los pasos anteriores el paso 5: observa y recuerda, y luego el paso 6: redirige, para hacer los seis. Los pasos 5 y 6 acabarán fundiéndose en uno. Cuando a lo largo del día surjan los pensamientos y sentimientos que te limitan, obsérvalos y di en voz alta automáticamente: «¡Cambia!», o escúchalo en tu cabeza como la voz con más autoridad, en lugar de la(s) otra(s) de siempre. En cuanto lo consigas estarás preparado para el proceso de la creación.

- **Paso 1:** empieza haciendo la inducción como siempre.
- **Pasos 2-5:** después de reconocer, admitir, declarar y entregarte, es hora de seguir intentando advertir los pensamientos y acciones que se te pasan por alto. Observa tu antiguo yo hasta conocer al dedillo los programas que lo sostienen.
- **Paso 6:** mientras estás observando en la meditación tu antiguo yo, elige varios escenarios de tu vida y di en voz alta «¡Cambia!»

13

Crea una mente nueva para tu nuevo futuro
(Cuarta semana)

PASO 7: CREA Y REPASA

La cuarta semana es un poco distinta de las anteriores. En primer lugar, cuando leas y escribas en el paso 7, aprenderás a *crear* tu nuevo yo y «cómo» realizar el *repaso mental*. Después leerás la meditación guiada del repaso mental para acostumbrarte a este nuevo proceso.

A continuación, será el momento de *hacer* lo que has aprendido. En esta semana practicarás cada día la meditación de la cuarta semana, que incluye del paso 1 al 7. Mientras la escuchas, aplicarás la concentración y la repetición para crear un nuevo yo y un nuevo destino.

Resumen: crea y repasa tu nuevo yo

Antes de dar la última serie de pasos, quiero señalar que los anteriores están pensados para ayudarte a eliminar el hábito de ser el mismo de siempre, y hacer así un hueco tanto consciente como energéticamente para reinventarte. Hasta el momento te has dedicado a eliminar las viejas conexiones sinápticas. Ha llegado la hora de generar otras nuevas para que la mente nueva que vas a crear sea la plataforma de la persona que serás en el futuro.

Tus esfuerzos anteriores te han ayudado a desaprender algunas cosas de tu antiguo yo. Has eliminado muchos aspectos de él. Has tomado conciencia de tus estados mentales inconscientes que representan cómo pensabas, actuabas y sentías. La práctica de la metacognición te ha permitido observar el modo rutinario y habitual en el que tu cerebro se activaba con tu antigua personalidad. La habilidad de la autorreflexión te ha permitido separar tu mente dotada de libre albedrío de los programas automáticos que hacían que tu cerebro se activara con las mismas secuencias, pautas y combinaciones de siempre. Has analizado cómo tu cerebro ha estado funcionando durante años. Y dado que la definición neurocientífica de mente es el cerebro en acción, has estado observando con objetividad tu mente limitada.

Crea tu nuevo yo

Ahora que estás empezando a «desprenderte» de tu mente es hora de crear otra nueva. Empecemos a «sembrar» este nuevo tú. Tus meditaciones, contemplaciones y repasos diarios serán como ocuparte de un jardín para producir una mejor expresión de ti. Reunir información nueva y leer sobre grandes personajes históricos que representan tu nuevo yo ideal es como sembrar las semillas en este jardín. Cuanto más creativo seas al reinventar esta identidad nueva, más variados serán los frutos que cosecharás en el futuro. Tu firme intención y tu atención plena serán como el agua y el sol para los sueños de tu jardín.

A medida que te alegras de tu nuevo futuro antes de que se manifieste, proteges con una malla y una valla tu posible destino de las plagas y las malas condiciones climatológicas, porque tu energía elevada cuida de tu creación. Y al apasionarte la visión de la persona en la que te estás convirtiendo, estás nutriendo con un abono milagroso las plantas y los frutos que crecerán. El amor es una emoción de frecuencia más elevada que la de esas emociones de supervivencia que permitieron que las malas hierbas y las plagas aparecieran en tu jardín. El proceso de la transformación radica en sacar lo viejo y hacer espacio para lo nuevo.

Repasa tu nuevo yo

Ahora ha llegado el momento de practicar el crear una mente nueva una y otra vez hasta que empieces a conocerla. Como ya sabes, cuanto más se activan los circuitos juntos, más se conectan juntos. Y si activas una serie de pensamientos relacionados con un flujo de conciencia en particular, te será más fácil producir después ese mismo estado mental. Al repetir el mismo estado mental a diario repasando mentalmente tu nuevo yo ideal, con el tiempo se volverá más habitual en ti, más conocido, más natural, más automático y más subconsciente. Empezarás a recordarte como otra persona.

En los pasos anteriores también has desmemorizado una emoción almacenada en el cuerpo-mente. Ahora es hora de volver a condicionar tu cuerpo a una mente *nueva* y de enviarle señales nuevas a los genes.

En este último paso tu objetivo es llegar a dominar una mente nueva en el cerebro y en el cuerpo para conocerla tan a fondo que te parezca natural y fácil de manifestar. Es importante memorizar este nuevo estado mental pensando de nuevas formas. También es igual de importante memorizar un nuevo sentimiento en el cuerpo para que nada del mundo exterior te lo pueda cambiar. Es entonces cuando estarás preparado para crear un nuevo futuro y vivir en él. Cuando repasas este nuevo yo, lo creas de la nada con regularidad y constancia para «saber cómo» manifestarlo cuando quieras.

Crea: usa la imaginación y la inventiva para traer a la existencia un nuevo yo

En este paso empezarás haciéndote algunas preguntas abiertas. Mientras te hacen especular, pensar de manera distinta a la habitual y contemplar nuevas posibilidades, tu lóbulo frontal se activará.

Este proceso contemplativo es el método para crear una mente nueva. Estás creando la plataforma del nuevo yo al obligar al cerebro a activarse de otras formas. ¡Estás empezando a cambiar tu mente!

Oportunidad para escribir

Dedica unos momentos a escribir tus respuestas a las siguientes preguntas. Después repásalas, reflexiona sobre ellas, analízalas y piensa en las posibilidades que te plantean.

Preguntas para activar el lóbulo frontal

- ¿Cuál es mi yo ideal?
- ¿Cómo me gustaría que fuera _____?
- ¿A qué personaje histórico admiro y cómo actuó?
- ¿A quién conozco en mi vida que sea como él o que me produzca esta sensación _____?
- ¿Qué necesito para pensar como _____?
- ¿A quien quiero emular?
- ¿Cómo sería si fuera como _____?
- ¿Qué me diría a mí mismo si fuera esta persona?
- ¿Cómo le hablaría a los demás si yo cambiara?
- ¿Cómo quiero recordar ser o cómo quién deseo ser?

Tu personalidad consiste en cómo piensas, actúas y sientes. Por eso he reunido algunas preguntas para ayudarte a saber cómo quieres que tu nuevo yo se comporte. Recuerda que al responderlas y reflexionar sobre ellas estás instalando un nuevo *hardware* en tu cerebro y señalándoles a los genes que se activen de nuevas formas en tu cuerpo. (Si crees no poder recordar todas las respuestas, sigue escribiéndolas en tu diario.)

¿Cómo quiero pensar?

- ¿Cómo pensaría esta nueva persona (mi yo ideal) en la que quiero convertirme?
- ¿En qué pensamientos quiero invertir mi energía?
- ¿Cuál es mi nueva actitud?
- ¿Qué quiero que los demás crean sobre mí?
- ¿Cómo quiero que me vean?
- ¿Qué me diría a mí mismo si fuera esta persona?

¿Cómo quiero actuar?

- ¿Cómo me gustaría que actuara esta persona?
- ¿Qué es lo que ella haría?
- ¿Cómo me gustaría comportarme?
- ¿Cómo hablaría según esta nueva expresión del yo?

¿Cómo me quiero sentir?

- ¿Cómo quiero que *sea* este nuevo yo?
- ¿Qué es lo que sentiría si lo fuera?
- ¿Cómo sería mi energía según este nuevo ideal?

Cuando meditas para crear un nuevo yo, tu tarea es reproducir el mismo nivel mental cada día, pensar y sentir de distinta manera de la habitual. Debes ser capaz de manifestar el mismo estado mental a voluntad y hacer que sea algo natural en ti. Además, debes permitir que el cuerpo sienta este nuevo sentimiento hasta que *seas* esta nueva persona. Es decir, *no puedes levantarte siendo la misma persona que la que se sentó*. La transformación debe ocurrir en el ahora y tu energía debe ser diferente de cuando empezaste la sesión. Si te levantas siendo la misma persona que eras cuando empezaste la meditación, es que no ha pasado nada. Que sigues teniendo la misma identidad.

Si te dices: *Hoy no me apetece; estoy demasiado cansado; tengo demasiadas cosas que hacer; estoy demasiado ocupado; me duele la cabeza; me parezco demasiado a mi madre; no puedo cambiar; quiero comer algo; empezaré mañana; me resulta incómodo; prefiero poner la tele y mirar las noticias,* y otras cosas parecidas, y si permites que estas vocecitas sean las que predominen en el lóbulo frontal, te levantarás siempre con la misma personalidad.

Supera estos imperiosos deseos del cuerpo con tu fuerza de voluntad, determinación y sinceridad. Reconoce estos sonsonetes y este parloteo como un intento de tu antiguo yo de volver a coger las riendas. Deja que se rebele, pero luego vuelve a llevarlo al momento presente, relájalo y empieza de nuevo. Con el tiempo volverá a confiar en *ti* como su amo.

Repasa: memoriza tu nuevo yo

Ahora, tras haber estado reflexionando en tus respuestas, es hora de repasarlas. Repasa cómo pensarás, obrarás y sentirás cuando seas esta nueva persona. Voy a ser claro. No quiero que seas demasiado mecanicista o rígido, porque es un proceso creativo. Sé imaginativo, libre y espontáneo. No fuerces tus respuestas para que sean de una manera o de otra. No intentes repasar tu lista de la misma forma durante cada sesión de meditación. Hay muchos medios distintos para obtener el mismo fin.

Piensa simplemente en la mejor expresión de ti y acuérdate de cómo actuarás. ¿Qué dirás, cómo andarás, cómo respirarás y cómo te sentirás cuando te conviertas en esta persona? ¿Qué les dirás a los demás y a ti? Tu objetivo es pasar a otro «estado del ser» y *convertirte* en este yo ideal.

Por ejemplo, piensa en los sujetos que repasaban *mentalmente* los ejercicios de piano sin realizarlos físicamente y en cómo su cerebro experimentó casi los mismos cambios que el de los que los practicaron tocando las escalas y los acordes en el piano durante el mismo tiempo. El cerebro de los que los repitieron «mentalmente» mostró casi los mismos cambios que el de los sujetos que los ejecutaron físicamente. Sus pensamientos se convirtieron en su experiencia.

Recuerda que en el experimento de los sujetos que ejercitaron los dedos mentalmente también se produjeron cambios físicos importantes en el cuerpo sin que movieran un dedo. En este paso tus repeticiones diarias cambiarán tu cerebro y tu cuerpo antes de que la experiencia se materialice.

Por eso es tan importante repetir —recordar de nuevo— cómo actuarás como tu nuevo yo. Así es como cambiarás biológicamente el cerebro y el cuerpo para que en lugar de seguir viviendo en el pasado creen un mapa para el futuro. Si el cuerpo y el cerebro cambian, existe la prueba física de que *tú has cambiado*.

Conoce a fondo tu nuevo yo

Esta parte del paso 7 consiste en pasar al siguiente nivel de ser «experto en algo inconscientemente». *Ser experto en algo inconscientemente* significa que lo ejecutas sin apenas pensar o fijarte en ello. Es como pasar de ser un conductor novato a uno experimentado. Es como tejer sin pensar en cada una de las acciones que implica. Es como el antiguo eslogan del anuncio de Nike: ya lo estás haciendo.

Si en esta parte del ejercicio te empiezas a aburrir, es una buena señal. Significa que la actividad ya se está volviendo conocida, habitual y automática. Debes llegar a este punto para almacenar la información recibida en la memoria a largo plazo y encarnarla en tu vida. Intenta superar tu aburrimiento porque cada vez que te dedicas a tu nuevo yo ideal consigues ser más este nuevo tú con menos esfuerzo. Grabas este nuevo modelo de *ti* en un sistema de memoria que se vuelve entonces más subconsciente y natural. Si sigues practicándolo, no tendrás que pensar en *serlo*. Te habrás *convertido* en él. Es decir, la práctica hace al maestro. Te estás entrenando en este proceso, como en cualquier deporte.

Si lo repites bien, cada vez que lo practiques te resultará más fácil de hacer. ¿Por qué? Porque te vas preparando, activas a la vez estos circuitos ejercitando el cerebro. Al producir también las sustancias químicas adecuadas y circular éstas por el cuerpo, crean una nueva expresión genética, tu cuerpo se encuentra en el estado adecuado de manera natural. Además, «silencias» otras regiones del cerebro relacionadas con tu antiguo yo. Por eso los sentimientos asociados con él estimulan menos a tu cuerpo de la misma forma.

Ten en cuenta que la mayoría de ejercicios en los que repites algo mentalmente activan y crean circuitos nuevos en el cerebro que tienen que ver con el aprendizaje, las instrucciones recibidas, la atención prestada y la repetición de las habilidades. Como ya sabes, aprender algo es hacer conexiones nuevas; recibir instrucciones es enseñar al cuerpo «cómo» ejecutar algo para crear una experiencia nueva; prestar atención a lo que estás haciendo es totalmente necesario para renovar el cerebro, porque implica estar presente ante los estímulos, tanto física como mentalmente; y por último la repetición activa unas relaciones duraderas entre las células nerviosas y las conecta entre ellas. Son los elementos necesarios para crear circuitos nuevos en el cerebro y una mente nueva, y esto es exactamente lo que haces en tus meditaciones. La repetición es la parte de este paso que quiero recalcar.

La historia de Caty ilustra cada faceta de la repetición mental. Un derrame cerebral masivo le lesionó el centro del lenguaje en el hemisferio izquierdo del cerebro, dejándola sin poder hablar durante meses. Los médicos le dijeron a Caty, asesora empresarial, que seguramente no volvería a hablar nunca más. Pero ella, que había leído mi libro y participado en uno de mis talleres, se negó a aceptar este terrible pronóstico.

Así pues, aplicando lo que había aprendido y las instrucciones recibidas, a base de prestar atención y de repetirlo, se dedicó a ensayar mentalmente que hablaba ante un grupo de personas. Cada día lo practicaba en su mente. Al cabo de varios meses su cerebro y su cuerpo cambiaron físicamente hasta el punto de que el centro del lenguaje del cerebro se regeneró... y recuperó la capacidad de hablar. En la actualidad, Cathy sigue hablando ante una audiencia con soltura e impecabilidad, sin titubear.

Al estudiar este material has creado en tu cerebro importantes conexiones sinápticas que son las precursoras de nuevas experiencias. Estos dos elementos —estudiar la información y tener las experiencias—

hacen que tu cerebro evolucione. También estás recibiendo las instrucciones adecuadas sobre el proceso del cambio de desaprender y reaprender. Ves la importancia de observar tanto la actividad mental como física para conformar tu cerebro y cambiar tu cuerpo para que refleje tus esfuerzos. Y, por último, gracias a tus repetidos esfuerzos al repasar tu nuevo yo ideal, entras en el mismo estado mental y físico una y otra vez. La repetición refuerza los circuitos duraderos y activa genes nuevos para que al día siguiente vuelvas a hacerlo con más facilidad. El objetivo de este paso es reproducir el mismo estado del ser para que se vuelva más natural en ti.

El secreto está en la *frecuencia*, la *intensidad* y la *duración*. Es decir, cuanto más lo hagas, más fácil te resultará. Cuanto mejor te centres y concentres en ello, con más facilidad entrarás en el estado mental deseado la próxima vez. Cuanto más duren tus pensamientos y emociones sobre tu nuevo yo ideal, sin dejar que tu mente se distraiga con otros estímulos, más memorizarás este estado nuevo del ser. Este paso consiste en *convertirte* en tu nuevo yo ideal en el estado de vigilia.

Cuando cambias tu personalidad, creas una nueva realidad

En este paso tu objetivo es adquirir una personalidad nueva, un estado del ser nuevo. Si tienes otra personalidad, significa que estás siendo otra persona, ¿no? Tu antigua personalidad, basada en lo que pensabas, sentías y hacías, ha creado la realidad que estás viviendo en el presente. Es decir, tu personalidad determina la forma como vives tu realidad personal. Recuerda también que tu realidad personal está hecha de cómo piensas, sientes y actúas. Al pensar, sentir y actuar de una forma nueva, estás creando un nuevo yo y una nueva realidad.

Tu nueva personalidad *debería* producir una nueva realidad. En otras palabras, cuando estás siendo otra persona, tu vida ya no es la misma. Si tu identidad cambiara de repente, serías otra persona y por lo tanto tu vida cambiaría. Si la personalidad llamada Juan se convirtiera en la personalidad llamada Esteban, se podría decir que la vida de Juan cambiará porque ya no sigue siendo Juan, sino que ahora piensa, actúa y siente como Esteban.

Pondré otro ejemplo. En una ocasión, mientras daba una conferencia en California, una mujer se levantó de entre el público, se acercó a mí con los brazos en jarras, y exclamó airada: «Entonces, ¿cómo es que yo no estoy viviendo en Santa Fe?»

Le repuse con calma: «Porque la mujer que acaba de hablar conmigo es la personalidad que está viviendo en Los Ángeles. La personalidad que viviría, y que ya está viviendo, en Santa Fe es muy distinta de la otra».

Desde la óptica del cuanto, esta nueva personalidad es el lugar perfecto desde el que crear. La nueva identidad ya no sigue varada emocionalmente en las situaciones conocidas de tu vida que continúan reciclando las mismas circunstancias, por eso es el lugar perfecto para prever un nuevo destino. Es el lugar en el que quieres estar para crear una vida nueva. En el pasado, tus plegarias apenas fueron escuchadas porque intentabas conseguir algo mientras seguías atrapado en emociones de una frecuencia más baja como la culpabilidad, la vergüenza, la tristeza, la baja autoestima, la ira o el miedo asociados al antiguo yo. Tus pensamientos y actitudes estaban gobernados por esos sentimientos.

El 5 por ciento de tu mente consciente estaba luchando contra el 95 por ciento del cuerpo-mente subconsciente. Si piensas una cosa y sientes otra, no puedes producir nada tangible. Energéticamente le estás enviando una señal contradictoria a la red invisible que orquesta la realidad. Por ejemplo, si te «sentías» culpable porque tu cuerpo ha memorizado la mente de la culpabilidad, seguramente recibiste en tu vida lo que estabas *siendo*, es decir, situaciones que te daban más razones para sentirte culpable. Tu objetivo consciente era más débil que tú *siendo* esa emoción memorizada.

Pero ahora que has adquirido una nueva identidad ya no piensas ni sientes como antes. Tu estado mental y físico está enviando ahora una señal perfecta sin recuerdos pasados. Por primera vez contemplas el paisaje actual sin nada que te lo distorsione para ver un nuevo horizonte. Estás encarando el futuro y no el pasado.

En pocas palabras, no puedes crear una nueva realidad personal si sigues con la personalidad de antes. Tienes que convertirte en otra persona. En cuanto entras en un estado nuevo del ser, *es el momento* de crear un nuevo destino.

Crea un nuevo destino

Esta parte del paso es cuando tú, como este nuevo estado del ser, como esta nueva personalidad, creas una realidad personal nueva. La energía que has liberado del cuerpo es la materia prima con la que creas tu nuevo futuro.

Así que ¿qué es lo que quieres? ¿Quieres curar alguna parte de tu cuerpo o de tu vida? ¿Deseas tener una pareja cariñosa, una carrera que te llene más, un coche nuevo, terminar de pagar la hipoteca? ¿Quieres encontrar la solución para un obstáculo en tu vida? ¿Sueñas con escribir un libro, mandar a tus hijos a la universidad, retomar los estudios, coronar una montaña, aprender a volar, dejar una adicción? En todos estos ejemplos tu cerebro crea automáticamente una imagen de lo que quieres.

En tu mente ves las imágenes de lo que quieres crear en tu nueva vida como esta personalidad nueva en un estado mental y físico elevado, en un estado de amor, alegría, fuerza interior y gratitud; con una energía mayor y más coherente. Da forma a las situaciones que deseas vivir en el futuro visualizándolas en la realidad física. Déjate ir y empieza a hacer asociaciones libres sin analizarlas. Las imágenes que ves en tu mente son los planos vibracionales de tu nuevo destino. Tú, como el observador cuántico, estás ordenando a la materia que se amolde a tus intenciones.

Visualiza con claridad la imagen de cada manifestación durante varios segundos y luego deja que se vaya al campo cuántico para que una mente superior se ocupe de materializarla.

Al igual que cuando en la física cuántica un electrón que es observado se colapsa de una onda de posibilidades en un acontecimiento llamado partícula —la manifestación física de la materia—, tú también estás haciendo lo mismo a una escala mucho mayor. Estás usando tu «energía libre» para colapsar ondas de posibilidades en una situación llamada experiencia nueva en tu vida. Tu energía está ahora entrelazada con esa realidad futura y ya te pertenece. *Tú* estás entrelazado con ella y por lo tanto ella es tu destino.

Y en último lugar no intentes averiguar cómo, cuándo, dónde o con quién se materializará la realidad deseada. Deja todos estos detalles en manos de una mente que sabe mucho más que tú. Y no olvides que lo que has creado llegará a tu vida de la forma más impensada, sorprendiéndote y demostrando sin lugar a dudas que ha venido de un orden superior. Confía en que los acontecimientos de tu vida se amoldarán perfectamente a tus intenciones.

Ahora estás manteniendo una comunicación recíproca con esta conciencia invisible. Ella te muestra que te ha visto emulándola como creador, te habla directamente, te está respondiendo. ¿Cómo lo hace? Crea y organiza eventos inusuales en tu vida, son los mensajes directos que la mente cuántica te envía. Ahora mantienes una relación con una conciencia suprema y bondadosa.

Resumen: meditación guiada del repaso mental

Es hora de reinventarte, de pasar a un estado del ser que refleje tu nueva expresión del yo. Después de hacerlo —al planear una mente y un cuerpo nuevos—, vuelve a repasar este estado mental. Y a medida que te dediques a re-crear el mismo estado conocido, tu cerebro y tu cuerpo cambiarán biológicamente antes de que ocurra la nueva experiencia en tu vida. En cuanto eres un nuevo ser en tu meditación, este nuevo ser es una personalidad nueva, y una personalidad nueva crea una realidad personal nueva. En este punto es cuando, en un estado de energía elevada, creas las situaciones que deseas en tu vida como observador cuántico de tu destino. Esta meditación guiada del repaso mental se divide en tres partes, pero cuando la añades a la meditación de la cuarta semana (véase apéndice C), todas esas partes se funden perfectamente en una.

Meditación guiada del repaso mental
Crea un nuevo yo

Cierra ahora los ojos, desconecta del entorno y déjate llevar al «crear» cómo quieres vivir tu vida.

Tu tarea consiste en entrar en un nuevo estado del ser. Es hora de cambiar tu mente y pensar de otra forma. Cuando lo hagas volverás a preparar emocionalmente tu cuerpo para una nueva mente enviándole nuevas señales a nuevos genes. Deja que el pensamiento se convierta en la experiencia y vive esta realidad futura ahora. Abre tu corazón y agradece de antemano hasta tal punto la experiencia que convenzas a tu cuerpo para que crea que el acontecimiento futuro ya está ocurriendo.

Elige una posibilidad del campo cuántico y vívela completamente. Es hora de cambiar la energía de vivir en las emociones del pasado para vivir en las emociones de un nuevo futuro. No puedes levantarte de la sesión siendo la misma persona que la que se sentó.

Cuando abras los ojos recuerda quién serás. Planea tus acciones en cuanto a cómo <u>serás</u> en tu nueva realidad. Imagina el nuevo yo y cómo <u>hablarás</u> a los demás y lo que te dirás. Piensa en cómo te <u>sentirás</u> al ser este yo ideal. Concíbete como una persona nueva: haciendo determinadas actividades, pensando de una forma en particular y sintiendo emociones de alegría, inspiración, amor, fuerza interior, agradecimiento y poder.

Concéntrate hasta tal extremo en tu intención que tus pensamientos sobre un yo ideal nuevo se <u>conviertan</u> en la experiencia interior de él, y mientras sientes la emoción que te produce la experiencia, pasa de pensar a convertirte en ella. Recuerda quién y qué eres realmente en tu nuevo futuro.

Repasa tu nuevo yo

Ahora relájate durante varios segundos. Después vuelve a contemplar, revivir y repasar lo que acabas de hacer; repítelo de nue-

vo. Déjate ir y averigua si puedes hacerlo de manera repetida y regular.

¿Puedes empezar a ser este yo ideal nuevo con más facilidad que la última vez que lo intentaste? ¿Puedes crearlo de la nada una vez más? Tienes que poder recordar en quién te estás convirtiendo para entrar en este estado cuando lo desees. Tus repetidos esfuerzos significan que lo llevas a cabo tantas veces que acabas «sabiendo cómo» hacerlo. Cuando pases a este nuevo estado del ser, «memoriza el sentimiento que te produce». Es un gran lugar en el que estar.

Crea tu nuevo destino

Ahora ha llegado el momento de dar órdenes a la materia. Desde este elevado estado mental y físico, ¿qué es lo que deseas que ocurra en tu vida en el futuro?

Mientras manifiestas tu nuevo yo recuerda entrar en ese estado mental y físico en el que te sientes invencible, poderoso, absoluto, inspirado y rebosante de alegría. Deja que las imágenes te vengan a la cabeza, contémplalas como una certeza, con la seguridad que te une a estos acontecimientos u objetos. Vincúlate con tu futuro como si fuera tuyo, sin hacer nada más que esperarlo y celebrarlo. Déjate ir y empieza a hacer asociaciones libres sin preocuparte. Siéntete lleno de fuerza por la nueva sensación del yo. Conserva claramente la imagen de cada manifestación en tu mente varios segundos y luego deja que regrese al campo cuántico para que una mente superior se ocupe de materializarla en tu vida, y después pasa a la siguiente imagen, y sigue así... Éste es tu nuevo destino. Experimenta esta realidad futura en el presente hasta convencer emocionalmente a tu cuerpo de que la situación ya te está ocurriendo. Abre tu corazón y siente la dicha que te produce tu nueva vida antes de que se manifieste...

Ten presente que allí donde pones la atención pones la energía.

La energía que antes has liberado del cuerpo se ha convertido aho-ra en la materia prima que usarás para crear un nuevo futuro. En un estado de divinidad, auténtica grandeza y gratitud, créalo ben-diciendo tu vida con tu propia energía y sé el observador cuántico de tu futuro. Entretéjete en la trama de tu nueva realidad. Mien-tras contemplas las imágenes de lo que deseas para vivirlo in-merso en la energía de esta nueva personalidad, sabes que estas imágenes se convertirán en los planos de tu destino. Le estás orde-nando a la materia que se amolde a tus intenciones... Cuando ter-mines, relájate sabiendo que tu futuro acaecerá de una manera perfecta para ti.

CUARTA SEMANA
MEDITACIÓN GUIADA

Ahora que has leído el texto del paso 7 y escrito en tu diario lo que tiene que ver con él, estás listo para practicar las medita-ciones de la cuarta semana. Escucha cada día (o hazla de me-moria) la meditación de la cuarta semana.

Consejo práctico: durante la meditación guiada tal vez te des-cubras sintiéndote tan bien que afirmes en tu interior o en voz alta: *Soy rico, estoy sano, soy un genio,* porque lo *sientes* de verdad. Esto es estupendo. Significa que la mente se ha alineado con el cuerpo. Es importante no analizar lo que estás soñando al-canzar. Si lo haces, abandonarás la fértil tierra de los patrones de ondas alfa, volverás a la de las ondas beta y saldrás del sub-consciente. Crea simplemente un nuevo yo sin juzgarlo.

Consejos para seguir tu meditación

Durante las últimas semanas te has dedicado a aprender una práctica de meditación que puede convertirse en un medio para ayudarte a evolucionar y crear la vida que elijas. También has usado esta nueva habilidad para empezar a eliminar un aspecto de tu antiguo yo y crear un nuevo yo y un nuevo destino.

En este punto, muchas personas se preguntan:

- ¿Cómo puedo seguir mejorando en los pasos y las habilidades de meditar?
- En cuanto domine este proceso, ¿debo continuar haciéndolo de la misma forma indefinidamente?
- ¿Cuánto tiempo debo seguir trabajando los mismos aspectos del yo en los que me he estado centrando hasta ahora?
- ¿Cómo sabré cuándo estoy preparado para sacar otra «capa de la cebolla»?
- A medida que sigo realizando este proceso, ¿cómo puedo saber cuál es la siguiente parte de mi antiguo yo que debo cambiar?
- ¿Puedo usar este proceso para ocuparme de más de un aspecto de mi personalidad a la vez?

Haz tuyo el proceso meditativo

Si sigues haciendo todos los pasos cada día, lo que antes te parecían siete pasos te parecerán menos, los ejecutarás con más soltura. Como ocurre con cualquier otra habilidad en la vida, si sigues meditando a diario cada vez lo harás mejor.

En cuanto a la meditación guiada y a las técnicas de inducción, considéralas como las ruedecitas de apoyo de una bicicleta. Sigue usándolas mientras te ayuden a progresar en este proceso meditativo. Pero cuando ya lo conozcas tanto que lo hagas como si nada y sientas que escuchar las instrucciones guiadas frena tu progreso, deja de hacerlo.

DEJA DE SER TÚ

Sigue sacando capas

Ir haciendo ajustes periódicamente en tus meditaciones es algo natural y lógico, porque no eres la misma persona que eras cuando empezaste. Si sigues con las sesiones diarias, tu estado del ser continuará evolucionando y seguirás reconociendo los aspectos de tu antiguo yo que deseas cambiar.

Sólo tú puedes saber cuándo estás preparado para progresar y la rapidez con la que lo haces. Y como señalo en el siguiente capítulo, tu progreso no sólo depende de tus meditaciones, sino también de hacer que el *cambio* sea una parte de tu vida diaria. Aunque después de haber trabajado con un aspecto tuyo de cuatro a seis semanas en tus sesiones, seguramente sentirás la necesidad interior de sacar otra capa del yo.

Reflexiona en ti cada mes más o menos. Observa si aparece en tu vida alguna respuesta sobre lo que estás creando y cómo lo estás haciendo. Si lo deseas, repasa las preguntas de la tercera parte y averigua si hay alguna a la que ahora responderías de otro modo. Vuelve a analizar cómo te sientes, quién estás «siendo» en tu vida y si aún conservas la actitud que querías abandonar. Si sientes que ha disminuido, ¿has advertido otras emociones, estados mentales o hábitos negativos que ahora sobresalgan?

Si es así, céntrate en ello y vuelve a hacer todo el proceso que acabas de completar. O si no, también puedes seguir ocupándote del aspecto de tu personalidad que estabas trabajando mientras le añades otro.

En cuanto domines la pauta básica de cómo meditar, puedes trabajar tus emociones de un modo más unificado, ocupándote de varios aspectos tuyos al mismo tiempo. Después de haber practicado mucho, yo trabajo ahora con todo mi yo a la vez, usando un método que considero holístico y no lineal.

Ten en cuenta que los elementos del nuevo destino que quieres crear también irán cambiando. Cuando se materialice en tu vida la relación afectiva o la nueva carrera que deseabas seguir, no te detengas ahí. Y de cuando en cuando opta por variar tu meditación para reorganizar un poco las cosas. Confía en tus instintos.

Aumenta aún más tus conocimientos

Si aún no lo has hecho, te invito a visitar mi página web (**www.drjoedis penza.com**). Siempre que desees sentirte inspirado, encontrarás en ella muchas herramientas y técnicas prácticas para reprogramar tus pensamientos y dejar los hábitos autodestructivos, con el objetivo de cambiar de dentro afuera. Tus siguientes pasos podrían ser:

- Lee mi primer libro (*Desarrolla tu cerebro: la ciencia de cambiar tu mente*) para aumentar tus conocimientos que, como ahora ya sabes, son los precursores de las experiencias. Este libro te describe las estructuras del cerebro, te muestra cómo se graban tus pensamientos y emociones y te enseña no sólo a cambiar tu vida, sino a cambiarte a *ti* para convertirte en la persona que siempre quisiste ser.
- Asiste a uno, dos o tres de los talleres que imparto por todo el mundo sobre *Deja de ser tú*.
- Participa en una serie de teleclases en directo que incluyen sesiones de preguntas y respuestas.
- Amplía tus conocimientos básicos con los DVD y los CD que te indico en mi página web.

14

Demuéstralo y sé transparente: vive tu nueva realidad

Demostrar que has cambiado significa que has memorizado un estado interior que es más fuerte que cualquier estímulo exterior y que te permite que tu energía siga siendo elevada y que sigas siendo consciente de tu nueva realidad, al margen de tu cuerpo, al margen del entorno y al margen del tiempo. ¿Cómo vas a ser cuando entres en esta nueva vida? Imagínate que estás con tu familia, en el trabajo, con tus hijos, almorzando mañana. ¿Puedes conservar este nuevo estado del ser? Si eres capaz de vivir tu vida con la misma energía con la que la has creado, ocurrirá algo distinto en tu mundo, así es la ley. Cuando tu conducta concuerda con tus intenciones, cuando tus acciones son coherentes con tus pensamientos, cuando estás siendo otra persona, te has adelantado a tu tiempo. El entorno ya no está controlando tus pensamientos y sentimientos, sino que son tus pensamientos y sentimientos los que lo están controlando. Ésta es tu grandeza y siempre ha estado dentro de ti...

Cuando eres quien aparentas ser, te liberas de la esclavitud de tu pasado. Y al liberar toda la energía que este estado consumía, la consecuencia indirecta de esta libertad se llama felicidad.

Demuéstralo: vive como tu nuevo yo

Cuando tu estado neuroquímico interior es tan ordenado y coherente que ningún estímulo del incoherente mundo exterior puede alterar la persona que estás «siendo», es que la mente y el cuerpo están trabajando armónicamente. Ahora eres un *ser* nuevo. Y al memorizar este estado del ser —una personalidad nueva—, tu mundo y tu realidad personal empiezan a reflejar tus cambios interiores. Cuando la expresión exterior de tu yo es como la de tu yo interior, te estás encaminando a un nuevo destino.

¿Puedes conservar este cambio en tu vida para que el cuerpo no vuelva a la misma antigua mente? Como las emociones se almacenan en el sistema de memoria del subconsciente, tu tarea consiste en mantener el cuerpo alineado con tu nueva mente para que nada de tu entorno te haga volver emocionalmente a la realidad de antes. Debes memorizar tu nuevo yo e insistir en serlo en la vida cotidiana para que nada de tu realidad presente te lo haga perder.

Recuerda que cuando te levantes de la sesión de meditación, si la has realizado bien, pasarás de pensar a ser. En cuanto te encuentres en este estado del ser, tiendes más a actuar y pensar de *acuerdo* con quien estás siendo.

Demostrarlo es «serlo» el resto del día

En resumen, demostrarlo es vivir como si tus plegarias ya hubieran sido escuchadas. Es alegrarte por tu vida nueva con una mayor expectación y entusiasmo. Es recordar que debes estar en ese mismo estado mental y físico en el que te encontrabas cuando creaste tu nuevo yo ideal. No puedes crear una personalidad nueva en tu meditación y vivir el resto del día como tu antiguo yo. Sería como tomar un desayuno muy sano por la mañana y pasarte el resto del día ingiriendo comida basura.

Para que la experiencia nueva se materialice en tu vida, tu conducta debe ser coherente con tu objetivo, tus pensamientos deben ser coherentes con tus actos. Las decisiones que tomas deben concordar con tu nuevo estado del ser. Cuando demuestras que has cambiado en la vida cotidiana, estás aplicando físicamente lo que has repetido mentalmente, implicando al cuerpo y haciéndole hacer lo que la mente ha aprendido.

Para ver aparecer las señales en tu vida, debes vivir y existir con la misma energía con la que creaste tu nuevo yo. Es decir, si quieres que el universo te responda de formas nuevas e inusuales, la energía y la mente que manifiestas en tu vida deben ser las mismas que la energía y la mente de tu meditación como ese nuevo yo ideal. Es entonces cuando estás conectado o entrelazado con la energía que creaste en una dimensión más allá del espacio y el tiempo, y así es como atraes el nuevo acontecimiento en tu vida.

Cuando ambos aspectos del yo están alineados, el «yo»» que vive en la «vida actual» es el mismo que construiste durante la meditación. Estás *siendo el yo futuro* que existía como una posibilidad en el campo cuántico. Y cuando el nuevo yo que has creado en tu meditación tiene exactamente la misma huella electromagnética que el futuro yo que ya estás siendo en tu vida, estás unido a este destino nuevo. Cuando físicamente «eres en el presente uno con tu futuro yo» con el que soñabas, vives la recompensa de una realidad nueva. El orden superior te responde.

Espera recibir una respuesta

Recibes una respuesta en tu vida cuando hay una coherencia entre el estado del ser/energía de tu proceso creativo y el estado del ser/energía de tu proceso de manifestación. Consiste en «ser» aquel yo que concebiste en el plano de la manifestación. En vivir en aquella línea del tiempo en la realidad física presente. Si mantienes este nuevo estado mental y físico a lo largo del día, algo distinto ocurrirá en tu vida.

¿Y qué clase de respuestas presenciarás en tu vida? Te llegarán sincronicidades, oportunidades, coincidencias, un estado de fluir, cambios espontáneos, una mejor salud, descubrimientos interiores, revelaciones, experiencias místicas y nuevas relaciones, por citar algunas. Y estas respuestas te inspirarán a seguir haciendo lo que has estado llevando a cabo.

Cuando el campo cuántico te responde por tus esfuerzos interiores, relacionas lo que has estado haciendo dentro de ti con lo que te ha ocurrido fuera. Es un momento nuevo en sí y de por sí. Te demuestra que ahora estás viviendo según la ley cuántica. Te quedas asombrado al ver que la respuesta que estás recibiendo viene de haber trabajado tu mente y tus emociones.

Cuando relacionas lo que has hecho en el mundo implícito con la manifestación explícita, te fijas en ello y recuerdas lo que hiciste para producir ese efecto en tu vida y vuelves a repetirlo. Y cuando relacionas tu mundo interior con los efectos en el mundo exterior, ves que ahora estás «causando un efecto», en lugar de vivir condicionado por la causa y el efecto. Estás creando tu propia realidad.

Averigua si eres la misma persona en el mundo exterior que la que estás siendo en tu mundo interior cuando meditas. ¿Puedes ir más allá del entorno presente ligado a tu personalidad, recuerdos y asociaciones del pasado? ¿Eres capaz de dejar de reaccionar como siempre ante las mismas situaciones? ¿Has condicionado tu cuerpo y moldeado tu mente para que se adelante a la realidad del presente que tienes delante?

Ésta es la razón por la que meditamos. Para convertirnos en otra persona en nuestra vida.

Demuestra el plan de tu nuevo yo en la ecuación de tu vida

No te olvides de manifestar durante el día la energía de tu nuevo yo. Sé consciente en los distintos momentos de tu estado de vigilia. Para tenerlo presente, incluye pequeñas notas mentales en el lienzo de tu vida. Por ejemplo:

Mientras me ducho por la mañana quiero agradecer los distintos aspectos de mi vida. Debo ser consciente mientras voy en coche al trabajo para sentirme feliz durante el trayecto. ¿Cómo seré como este nuevo yo ideal cuando vea a mi jefe? Cuando almuerce, debo acordarme de dedicar un momento a recordar quién quiero ser. Cuando vea a mis hijos por la noche, estaré animado, tendré un

montón de energía y conectaré realmente con ellos. Cuando me
vaya a acostar, dedicaré un minuto a recordar quién estoy siendo.

Preguntas del final del día

Estas preguntas son un sistema sencillo para averiguar al final del día si
has estando siendo tu nuevo yo:

- ¿Qué tal lo he hecho hoy?
- ¿Cuándo no he logrado mantener ese estado elevado y por qué?
- ¿Ante quién he reaccionado y dónde?
- ¿Cuándo «no he sido consciente»?
- ¿Cómo puedo hacerlo mejor la próxima vez que me ocurra?

Antes de acostarte es una buena idea reflexionar en qué momento
del día no has logrado ser tu nuevo yo ideal. En cuanto veas qué lugar de tu vida ha favorecido este olvido, hazte estas sencillas preguntas:
«Si la situación se repitiera, ¿actuaría de otra manera?» y «¿Qué información o conocimiento filosófico podría aplicar si esta situación se
volviera a dar?»

Cuando se te ocurra una buena respuesta y reflexiones sobre ella, estarás repasando mentalmente un elemento nuevo relacionado con otro
aspecto tuyo. Estarás creando una nueva red neural en tu cerebro para
prepararte para la situación en el futuro. Este pequeño paso te ayudará
a actualizar y perfeccionar el modelo de un nuevo yo y mejor. Y después puedes añadirlo a tu meditación matutina o vespertina.

Sé transparente: de dentro afuera

Cuando eres transparente, quien aparentas ser es quien eres, y tus pensamientos y sentimientos interiores se reflejan en tu entorno exterior.
Cuando alcanzas este estado, tu vida y tu mente son lo mismo. Es la re-

lación perfecta entre *tú* y todas tus creaciones exteriores. Significa que tu vida refleja tu mente en todos los ámbitos. Eres tu vida, y tu vida es un reflejo de ti. Si, como la física cuántica sugiere, el entorno es una prolongación de la mente, en este momento es cuando tu vida se reorganiza para reflejar tu *nueva* mente.

La transparencia es un estado sumamente poderoso en el que has alcanzado (hecho realidad) tu sueño de la transformación personal. La experiencia te ha dado sabiduría y ahora has ido más allá del entorno y de tu realidad del pasado.

Sabrás que te has vuelto transparente cuando no tengas demasiados pensamientos analíticos o críticos. No querrás pensar así porque esto te alejaría de tu estado actual. La consecuencia indirecta de la transparencia es una auténtica felicidad, y te permite disponer de más energía y de libertad de expresión, mientras que cualquier pensamiento relacionado con el ego reduce este sentimiento elevado en ti.

Llegará un momento...

Cuando en tu vida empiecen a darse situaciones nuevas y maravillosas, llegará un momento en que te sentirás inspirado, maravillado y sumamente lúcido cuando comprendas que ha sido tu mente la que las ha creado. En tu estado de arrobamiento, al mirar atrás, contemplarás tu vida entera y no querrás cambiar nada. No lamentarás ninguna acción ni te sentirás mal por nada de lo que te ha ocurrido porque en ese momento de tu manifestación todo tendrá sentido para ti. Verás cómo tu pasado te ha llevado a este maravilloso estado.

Gracias a tus esfuerzos, la conciencia de la mente superior ha empezado a ser tu mente consciente, su naturaleza se está transformando ahora en la tuya. Te estás volviendo un ser más divino. Éste es quien realmente eres. Tu estado natural del ser.

Del mismo modo, a medida que el otorgador invisible de vida empieza a fluir dentro de ti, te sientes más tú mismo de lo que te sentiste hace mucho tiempo. Los traumas que te dejaron cicatrices emocionales hicieron que tu personalidad perdiera el equilibrio. Te volviste más complicado, más polarizado, más dividido, más incoherente y más previsible. Pero al desmemorizar esas emociones de supervivencia que bajaron las vibraciones de tu mente y tu cuerpo, manifiestas una expresión electromagnética más elevada y al vibrar a una frecuencia más alta estás en consonancia con este poder superior. Te liberas al abrir las puertas para que él se convierta en ti.

Y al final tú eres él y él se convierte en ti. Sois uno. Es entonces cuando sientes circular en tu interior una energía sumamente coherente llamada amor. Es lo de *dentro* manifestándose en un estado incondicional.

En cuanto conectas con esta fuente de conciencia y bebes de ella, experimentas una auténtica paradoja. Lo más posible es que te sientas tan lleno que te cueste desear nada más. Esta dicotomía fue un auténtico descubrimiento para mí.

Tenemos necesidades y deseos porque sentimos que nos falta algo, alguien, algún lugar o alguna clase de tiempo. Pero cuando conecté con esta conciencia, me sentía tan bien que hubo momentos en los que incluso me costaba pensar en cualquier otra cosa. Me sentía tan completo que cualquier pensamiento que me sacara de ese estado no valía la pena para mí.

Y lo más curioso es que cuando llegas a este espacio desde el cual puedes crear cualquier cosa, ya no *necesitas* nada, porque el estado de carencia y vacío desde el que deseabas más ha sido reemplazado por una profunda sensación de plenitud. Por eso sólo quieres conservar esta sensación de equilibro, amor y coherencia.

Es el inicio de un auténtico amor incondicional. Para mí la libertad es tener en la vida una sensación de amor y maravilla sin necesitar nada del exterior. Es dejar de estar apegado a los elementos externos. Es sentir una sensación tan coherente que juzgar a los demás o reaccionar emocionalmente ante la vida y cambiar este estado tan maravilloso es contraproducente. Es el momento en que la conciencia superior a la que estamos conectados empieza a *salir* de nuestro interior y la expresamos *a través* de nosotros. Nos volvemos más afectuosos, más conscientes, más poderosos, más generosos, más motivados, más bondadosos y más sanos. Ésta es su mente.

Pero también empieza a suceder algo asombroso. Cuando te sientes elevado y feliz, la sensación es tan fabulosa que quieres compartirla con los demás. ¿Y cómo compartes estas maravillosas sensaciones? Dando. Piensas: *Me siento tan bien y tan lleno que quiero que tú también te sientas igual, así que aquí tienes este regalo.* Empezarás a dar para que los demás sientan el don que estás expresando de tu interior. Eres generoso. Imagínate cómo sería un mundo así.

Si logras crear una realidad nueva desde este estado de plenitud interior, no olvides que la estarás creando desde un estado del ser que ya no está separado de lo que deseas. Eres una absoluta unidad con la creación. Y si puedes entrar en este estado y olvidarte de todo cuanto te ataba a tu antiguo yo, te sentirás tan lleno de energía que empezarás a ver que la creación en la que estás volcado ya es tuya. Será como si golpearas la pelota de tenis sin esfuerzo o como si aparcaras el coche pegado al bordillo sin ayuda del retrovisor. Te sale redondo. De algún modo sabes que es así.

A continuación te ofrezco como sugerencia el texto con el que concluyo mi meditación diaria:

Ahora cierra los ojos. Sé consciente de la inteligencia que hay dentro de ti y a tu alrededor. Recuerda que es real. Esta conciencia te está observando y conoce tus intenciones. Recuerda que es una creadora que existe más allá del tiempo y del espacio.

En tu viaje más allá de los deseos del cuerpo y de la confusión de la mente del ego, has llegado hasta este último paso. Si esta conciencia es real y existe, pídele que te envíe la señal de haber contactado con ella. Dile: «Si hoy te he emulado de alguna forma como creador, envíame a mi mundo una señal en forma de respuesta para que sepa que has estado advirtiendo mis esfuerzos. Y mán-

damela de la manera más insospechada para que me despierte de este sueño y sepa que me la has enviado tú, y me sienta así inspirado a volver a hacerlo mañana».

Recuerda lo que comenté en el capítulo sobre el cuanto. Si la respuesta te llega de manera esperada o previsible, en este caso no es nada nuevo. Resístete a la tentación de considerar como novedoso e imprevisible lo que en el fondo de tu alma sabes que es conocido. En tu nueva vida, lo que te tiene que asombrar y, en cierto modo ser de lo más inesperado, no es lo que te ocurre, sino cómo te ocurre.

Cuando la experiencia te sorprende, despiertas del sueño y la novedad de lo que te sucede es tan emocionante que acapara toda tu atención. Te elevas por encima de tus sentimientos habituales. «No dejarte ninguna duda» significa que es tan maravilloso y asombroso que sabes que lo que estás haciendo te está funcionando. Sabes que esta situación inusual viene de esta mente superior y no de ninguna otra parte.

El experimento final

Ahora mantienes una relación con una conciencia superior porque te está respondiendo y sólo tú sabes que lo que estás haciendo en tu *interior* está afectando lo «exterior». Sabiendo esto, debes sentirte inspirado a repetirlo al día siguiente. Ahora puedes usar la emoción que te ha producido la nueva experiencia como una energía fresca con la que crearás tu siguiente resultado. Te vuelves como un científico o explorador experimentando con tu vida y evaluando los resultados de tus esfuerzos.

Nuestro propósito en la vida no es ser buenos, complacer a Dios, ser guapos, populares o exitosos, sino sacarnos las máscaras y las fachadas que impiden que esta inteligencia fluya en nuestro interior y que esta mente superior se exprese *a través* de nosotros. Ser más fuertes gracias a nuestros esfuerzos creativos y hacernos preguntas más importantes que nos lleven inevitablemente a un destino más enriquecedor. Esperar un milagro en lugar de la peor situación posible y vivir como si este poder superior nos estuviera apoyando en la vida. Reflexionar en lo poco común para ver los logros alcanzados al usar este poder invisible y abrir la mente a mayores posibilidades nos empuja a evolucionar por dentro, a dejar que esta mente se exprese a través de nosotros con más frecuencia.

Por ejemplo, curarte de alguna clase de enfermedad debería llevarte a hacerte preguntas más profundas como: «¿Puedo curar a otra persona con mis manos? Y si consigo esta hazaña, ¿es posible curar a un ser querido a distancia?» Y en cuanto dominas esta posibilidad porque has cambiado la materia física de esa persona, puedes preguntarte: «¿Puedo crear algo de la nada?»

¿Cuán lejos podemos llegar? Esta aventura es interminable. Sólo estamos limitados por las preguntas que nos hacemos, los conocimientos que abarcamos y nuestra capacidad de vivir con la mente y el corazón abiertos.

Epílogo
Mora en el yo

Una de las mayores mentiras que nos hemos llegado a creer sobre nosotros mismos y nuestra naturaleza verdadera es que no somos más que seres físicos definidos por una realidad material, carentes de dimensión y de energía vital, y separados de Dios. No obstante, estoy seguro de que a estas alturas ya sabes que Dios se encuentra en nuestro interior y a nuestro alrededor. No conocer la verdad sobre nuestra identidad real, además de esclavizarnos, reafirma que somos seres limitados viviendo una vida lineal carente de auténtico sentido.

La máxima de que más allá del mundo físico no existen reinos ni vida y que no tenemos ningún control sobre nuestro destino no es una «verdad» que debamos aceptar nunca. Espero que este libro te haya ofrecido algunos conocimientos para ver quién eres realmente.

Eres un ser multidimensional que crea su propia realidad. La finalidad de este libro es ayudarte a aceptar esta idea como tu ley y tu nueva creencia. *Deja de ser tú* significa que tendrás que despojarte de tu mente y crear otra nueva.

Pero cuando nos desprendemos de nuestra antigua vida o de nuestra mente conocida y empezamos a crear otra nueva, hay un momento entre los dos mundos que no se parece a nada de lo que conocemos, y la mayoría de las personas, al sentir este extraño vacío, nos apresuramos a volver a lo conocido. Ese lugar de incertidumbre —lo desconocido— es el que los inconformistas, los místicos y los santos conocen como la tierra fértil.

Vivir en el reino de lo imprevisible es ser todas las posibilidades a la vez. ¿Puedes sentirte cómodo en este espacio vacío? Si es así, te encuentras en la trama de un gran poder creativo, el «yo soy».

Al cambiar en el aspecto biológico, energético, físico, emocional, químico, neurológico y genético y dejar de vivir aceptando inconscientemente que la competitividad, las luchas, el éxito, la fama, la belleza física, la sexualidad, los bienes materiales y el poder lo son todo en la vida, nos liberamos de las cadenas de lo mundano. Me temo que esta llamada receta para triunfar en la vida nos ha hecho buscar las respuestas y la auténtica felicidad fuera, cuando las verdaderas respuestas y la auténtica felicidad siempre han estado dentro de nosotros.

¿Dónde y cómo podemos encontrar nuestro yo verdadero? ¿Creando una persona condicionada por las asociaciones con el mundo exterior que perpetúa la mentira, o identificándonos con algo en nuestro interior que es tan real como cualquier elemento del exterior y creando una identidad única con una conciencia y mente que podemos emular?

Así es, se trata de la fuente infinita de información e inteligencia, tanto personal como universal, inherente a los seres humanos. Es una conciencia energética llena de una coherencia tan profunda que cuando fluye por nuestro interior sólo podemos llamarla amor. Cuando la puerta se abre, la frecuencia de esta conciencia acarrea una información tan vital que cambia quién somos desde dentro. Es una experiencia para la que he aprendido humildemente a vivir.

Espero que sepas que siempre puedes acceder a ella, si decides hacerlo. Pero si vives la vida como un materialista, la existencia no te resultará fácil. ¿Por qué? Porque los realistas definen la realidad con los sentidos, y si no pueden verla, saborearla, olerla, tocarla u oírla, entonces no existe, ¿verdad? Esta dualidad es un plan perfecto para que la gente siga sumida en la ignorancia. Si sólo se fijan en una realidad exterior tan agradable o caótica sensualmente, les costará demasiado mirar en su interior.

Allí donde pones la atención, pones la energía. Si vuelcas toda tu atención en el mundo exterior y material, ésta será tu inversión en la realidad. En cambio, si intentas observar un aspecto más profundo de ti, tu energía ensanchará esta realidad. Tú, como ser humano, eres libre de poner la atención en lo que quieras. Estás dotado para desarrollar tu capacidad de manejar y usar adecuadamente esta abundancia de poder que hay en ti. Allí donde pones tus pensamientos y tu atención, se convierte en tu realidad.

Si dejas de creer que lo que piensas es real, volverás a caer en el materialismo y dejarás de llevar a cabo tu labor. Te limitarás a optar por alguna adicción emocional o hábito para recibir una gratificación inmediata, y te perderás todas las otras posibilidades.

Aquí está el dilema: la realidad futura que creamos en nuestra mente no nos da ninguna respuesta sensorial y, según el modelo cuántico, nuestros sentidos deberían ser los últimos en experimentar lo que creamos. Por esta razón, muchas personas volvemos a adoptar el materialismo como ley y a sumirnos en la inconsciencia.

Recuerda que todo lo material viene del campo invisible de lo inmaterial, más allá del espacio y el tiempo. Es decir, al sembrar las semillas en este mundo, ves que con el tiempo fructifican. Si eres capaz de vivir un sueño a nivel mental y emocional en el mundo interior de posibilidades infinitas con tanta plenitud, es que ya se ha hecho realidad. Así que entrégate sin más y no te preocupes, porque tu sueño se manifestará en tu vida exterior. Es la ley.

Pero la parte más difícil de este proceso es *encontrar el tiempo o reservarlo para que tu valiosísimo yo lo haga.*

Eso es. Somos creadores divinos. Es lo que hacemos cuando nos sentimos inspirados y presionados a aumentar nuestros conocimientos. Pero tú y yo también somos seres de costumbres. Adquirimos hábitos con facilidad. Poseemos tres cerebros que nos permiten evolucionar del *conocimiento* a la *experiencia* y la *sabiduría*. Al hacer cualquier cosa que aprendimos de forma implícita por medio de la repetición de la experiencia, enseñamos al cuerpo a convertirse en la mente; ésta es nuestra definición de hábito.

El problema está en que hemos adquirido hábitos que limitan nuestra verdadera grandeza. Las emociones de supervivencia, que tan adictivas son, nos hacen vivir limitados, sintiéndonos separados de la Fuente, y nos olvidamos de que somos creadores. En realidad, los estados mentales correspondientes relacionados con el estrés son las razones por las que nuestras emociones nos controlan, vivimos con una energía de una frecuencia más baja y estamos esclavizados por una serie de ideas arraigadas en el miedo. Estos estados psicológicos denominados normales son los que la mayoría hemos aceptado como habituales y comunes. Son los verdaderos «estados alterados» de conciencia.

Por eso quiero subrayar que la ansiedad, la depresión, la frustración, la ira, la culpabilidad, el dolor, la preocupación y la tristeza —emociones que miles de millones de personas expresan normalmente— son la razón por la que las masas llevan una vida desequilibrada y alejada del verdadero yo. Y tal vez los supuestos estados alterados de conciencia alcanzados en la meditación durante los auténticos momentos místicos son en realidad los estados de conciencia «naturales» que todos deberíamos intentar vivir a diario. Y yo comparto esta opinión.

Es hora de despertar y ser un ejemplo viviente de la verdad. No basta con adquirir estos conocimientos, es hora de vivirlos, manifestarlos y ser la «causa» en todos los aspectos de nuestra vida. Cuando tú y yo «encarnemos» tales ideales como la verdad y los convirtamos en un hábito, se volverán en parte de nosotros.

Dado que somos seres de costumbres, por qué no adquirir nuevos hábitos de grandeza, compasión, genialidad, ingenuidad, fuerza interior, amor, atención plena, generosidad, curación, manifestación cuántica y divinidad. Desprender las capas de aquellas emociones que decidimos memorizar como identidad, deshacernos de nuestras limitaciones egoístas a las que tanto poder hemos dado, abandonar las ideas y percepciones falsas sobre la naturaleza de la realidad y el yo, superar las habituaciones neurales de los rasgos destructivos que están socavando siempre nuestra evolución, y renunciar a las actitudes que nos han estado impidiendo conocer quién somos realmente forma parte de encontrar el yo verdadero.

Hay un aspecto del yo que es un ser bondadoso esperando tras todos estos velos. Es quien somos cuando no nos sentimos amenazados, ni nos da miedo perder algo, ni intentamos complacer a todo el mundo, ni nos apresuramos a triunfar, ni competimos por llegar a la cima a cualquier precio, ni nos arrepentimos del pasado o nos sentimos inferiores, abatidos, desesperados o ávidos. Cuando superamos y eliminamos lo que es un obstáculo para nuestro poder infinito y nuestro yo, estamos realizando un acto muy noble no sólo para nosotros mismos, sino para toda la humanidad.

El peor hábito que puedes eliminar es el de ser el mismo de siempre y el mejor que puedes adoptar es el de expresar lo divino a través de ti. En ese momento es cuando moras en tu naturaleza verdadera y en tu identidad. Cuando *moras en el yo*.

Apéndice A

Inducción de las partes del cuerpo
(Primera semana)

Advierte el espacio que ocupan tus labios en el espacio, siente la cantidad de espacio que precisan tus labios... en el espacio.[1]

Nota el espacio que ocupan tus mandíbulas en el espacio, advierte la cantidad de espacio que precisan tus mandíbulas... en el espacio.

Siente el espacio que ocupan tus mejillas en el espacio... y la cantidad de espacio del que se adueñan tus mejillas... en el espacio.

Nota el espacio que ocupa tu nariz en el espacio. Percibe la cantidad de espacio que precisa tu nariz... en el espacio.

Siente el espacio que ocupan tus ojos en el espacio y nota la cantidad de espacio del que se adueñan tus ojos... en el espacio.

Y ahora fíjate en el espacio que ocupa tu frente en el espacio, hasta las sienes... Percibe la cantidad de espacio que llena tu frente en... el espacio...

Advierte el espacio que ocupa tu cara en el espacio. Nota la cantidad de espacio que precisa tu cara en... el espacio.

Y ahora advierte el espacio que ocupan tus oídos en el espacio. Percibe la cantidad de espacio del que se adueñan tus oídos... en el espacio.

Siente el espacio que ocupa tu cabeza en el espacio. Nota la cantidad de espacio que precisa tu cabeza en... el espacio.

Y ahora advierte el espacio que ocupa tu cuello en el espacio. Y percibe la cantidad de espacio del que se adueña tu cuello... en el espacio.

Percibe el espacio que ocupa la parte superior del torso en el espacio, la densidad de espacio que ocupan el pecho, las costillas, el corazón y los pulmones, la espalda, los omoplatos y los hombros... Nota la cantidad de espacio del que se adueña la parte superior del torso en... el espacio.

Fíjate en el espacio que ocupan tus miembros superiores en el espacio y el peso del espacio en el que están... en el espacio... Desde los hombros y la parte superior de los brazos hasta los codos y los antebrazos, advierte la cantidad de espacio que ocupan tus muñecas y manos. Observa ahora el peso del espacio en el que tus brazos están... en el espacio...

Advierte la cantidad de espacio que invade la parte inferior de tu torso en el espacio... Desde el abdomen y los costados, hasta las costillas y la parte inferior de la columna y espalda... Nota la cantidad de espacio que ocupa la parte inferior de tu torso... en el espacio.

Siente el espacio que ocupan tus extremidades inferiores en el espacio... Desde las nalgas y las ingles hasta los muslos, percibe la densidad del espacio en el que están tus rodillas, el peso de las espinillas y las pantorrillas. Percibe la cantidad de espacio que ocupan tus tobillos y pies, hasta el dedo gordo en el espacio...

Nota el espacio que ocupa tu cuerpo en el espacio. Siente la densidad del espacio que tu cuerpo invade... en el espacio.

Y ahora advierte el espacio alrededor de tu cuerpo en el espacio, percibe la cantidad de espacio que ocupa el espacio alrededor de tu cuerpo en el espacio, y siente el espacio que toma ese espacio... en el espacio...

Percibe el espacio que la habitación ocupa en el espacio. Nota la cantidad de espacio del que se adueña esta habitación, en todo el espacio...

Y ahora percibe el espacio que todo el espacio ocupa en el espacio y la cantidad de espacio que ese espacio toma... en el espacio...

Apéndice B

Inducción del agua ascendiendo
(Segunda semana)

En esta inducción tu tarea consiste en dejarte llevar por tu cuerpo, en dejar que el agua templada te relaje los tejidos y te rodee. Te aconsejo que te sientes en una silla con la espalda derecha y los pies apoyados en el suelo, con las manos descansando sobre las rodillas.

Imagínate que en la habitación empieza a brotar agua templada... Primero te va cubriendo los pies y los tobillos, siente la calidez del agua que rodea tus pies sumergidos en ella...

El agua sigue ascendiendo cubriéndote las pantorrillas y las espinillas, y después las rodillas; siente el peso de las piernas desde los pies hasta las pantorrillas, debajo del agua...

Relájate ahora mientras el agua que te llega a las rodillas sigue ascendiendo hasta cubrirte los muslos... Mientras te rodea los muslos, siente las manos sumergidas en esta agua templada... Advierte la calidez del agua alrededor de las muñecas y los antebrazos...

Sé consciente ahora de la relajante agua rodeándote las nalgas, las ingles y la parte interior de los muslos...

El agua va ascendiendo hasta la cintura. Siente cómo los antebrazos y los codos están sumergidos en el agua...

Mientras el agua templada sigue subiendo hasta alcanzar el plexo solar, advierte cómo te cubre la mitad de los brazos...

Siente ahora el peso del cuerpo sumergido hasta la caja torácica en el agua templada, siente cómo te rodea los brazos....

Deja que el agua te rodee el pecho hasta llegar a los omoplatos...

El agua va subiendo hasta alcanzar el cuello, deja que te cubra los hombros... Desde el cuello para abajo, siente el peso y la densidad de tu cuerpo sumergido en el agua templada...

Mientras el agua te cubre el cuello, siéntelo, al igual que la barbilla, sumergido en el agua...

Deja que la relajante agua te cubra los labios y la parte posterior de la cabeza... Mientras te cubre la nariz, relájate y deja que te rodee. El agua templada te llega ahora justo por debajo de los ojos...

Deja que el agua te cubra los ojos y siente la parte del cuerpo de los ojos para abajo sumergida en el agua templada. Siente el agua ascendiendo hasta cubrirte la frente y la coronilla, mientras ésta se va sumergiendo poco a poco en el agua, hasta que también la cabeza está sumergida...

Y ahora abandónate a esta agua templada y relajante y siente la ingravidez de tu cuerpo rodeado de agua. Deja que tu cuerpo sienta su propia densidad, sumergido en el agua...

Nota la cantidad de agua que hay alrededor de tu cuerpo y el espacio que tu cuerpo ocupa bajo el agua. Percibe la habitación sumergida en el agua. Advierte el espacio que ocupa la habitación, rodeada de agua templada... Y durante unos momentos siente tu cuerpo flotando en ese espacio...

Apéndice C

Meditación guiada: todos los pasos
(De la segunda semana a la cuarta)

Si lo deseas, empieza la sesión con la inducción de las partes del cuerpo del apéndice A, la inducción del agua ascendiendo del apéndice B o con cualquier otro método que hayas empleado o creado en el pasado.

Cierra los ojos y respira de manera honda y lenta varias veces para relajar la mente y el cuerpo. Inhala el aire por la nariz y sácalo por la boca. Haz que tu respiración sea prolongada, lenta y regular. Inhala y exhala rítmicamente hasta moverte al presente. Cuando te encuentres en él, estarás entrando en un mundo de posibilidades...

Siente ahora dentro de ti la poderosa inteligencia que te da vida y que tanto te ama. Cuando tu voluntad sea afín a la suya, cuando tu mente sea afín a la suya, cuando tu amor por la vida sea afín al amor que ella siente por ti, siempre te responderá. Fluirá por tu interior y a tu alrededor, y gracias a tus esfuerzos verás en tu vida la evidencia de su existencia. Ir más allá de tu entorno, ir más allá de las condiciones de tu vida, ir más allá de los sentimientos que has memorizado en el cuerpo, pensar más allá del cuerpo, estar por encima del tiempo... significa cubrirte con el ropaje de lo divino. Es entonces cuando el destino que tú has creado junto con esta mente superior es un reflejo suyo. Quiérete lo suficiente para hacerlo...

Segunda semana

Reconoce. *Si no te desprendes de las emociones del pasado, no podrás crear un nuevo futuro. ¿Qué emoción era la que querías desmemorizar? Recuerda la sensación que te producía en el cuerpo... Y reconoce el estado mental habitual que te provocaba.*

Admite. *Es hora de contactar con el poder que hay dentro de ti, de conocerlo y decirle lo que quieres cambiar de ti. Empieza admitiendo quién has estado siendo y qué has estado ocultando. Háblale en tu interior. Recuerda que este poder es real. Ya te conoce. Aunque no te juzga, solamente te ama...*
Dile: «Conciencia universal que hay en mí y a mi alrededor, he estado siendo _____ y quiero cambiar de veras este limitado estado del ser».

Declara. *Es hora de liberar el cuerpo de la mente, de cerrar el vacío entre quien aparentas ser y quien eres, para liberar tu energía. Libera tu cuerpo de los vínculos emocionales habituales que te mantienen conectado a todo, a cualquier lugar y a todo el mundo de tu realidad pasada y presente. Es el momento de liberar tu energía. Quiero que digas la emoción que deseas cambiar en voz alta y que la liberes del cuerpo y del entorno. Di en voz alta qué emoción es... ahora...*

Entrega. *Y ahora ha llegado el momento de entregar este estado del ser a una mente superior y de pedirle que te lo resuelva del modo más adecuado para ti. ¿Puedes darle las riendas a una autoridad superior que ya tiene las soluciones? Entrégate a esta mente infinita y comprende que esta inteligencia es absolutamente real. Sólo espera llena de admiración y dispuesta a echarte una mano. Sólo te responde cuando le pides ayuda. Entrega tus limitaciones a una inteligencia omnisciente. Abre simplemente la puerta, dale tus limitaciones y abandónate por completo a ella. Deja que se las lleve. «Mente infinita, te doy mi _____ . Llévatela y resuelve esta emoción con tu mayor sabiduría. Libérame de las cadenas del pasado.» Siente ahora la sensación que te produciría saber que esta mente se está llevando la emoción que habías memorizado...*

Tercera semana

Observa y recuerda. *Asegúrate ahora de que ningún pensamiento, conducta o hábito te pase desapercibido y te haga volver a tu antiguo yo. Cerciórate de advertir esos estados inconscientes de la mente y el cuerpo: ¿qué solías pensar cuando te sentías de ese modo? ¿Qué te decías? ¿Qué voz en tu cabeza ya no quieres aceptar como tu realidad? Observa estos pensamientos...*

Empieza a distanciarte del programa. ¿Cómo te comportabas antes? ¿Qué era lo que decías? Sé consciente de esos estados inconscientes hasta el punto de que no se te vuelvan a pasar por alto nunca más...

Empezar a objetivizar la mente subjetiva, empezar a observar el programa, significa que tú ya no sigues siendo el programa. Tu objetivo es ser consciente. Recuerda quién no quieres seguir siendo, cómo no quieres seguir pensando, cómo no quieres seguir comportándote y cómo no quieres seguir sintiéndote. Conoce todos estos aspectos de tu antigua personalidad y simplemente obsérvalos. Con una firme intención, decide no seguir siendo esa persona y deja que la energía de tu decisión se convierta en una experiencia memorable...

Redirige. *Ha llegado la hora de jugar a «¡Cambia!» Imagínate tres escenarios de tu vida en los que podrías volver a sentirte como tu antiguo yo, y cuando lo hagas quiero que digas en voz alta: «¡Cambia!» Imagínate primero que mientras te duchas por la mañana adviertes de pronto ese sentimiento habitual empezando a surgir. Y en cuanto lo adviertes exclamas: «¡Cambia!», eso es, y lo cambias. Porque vivir con esa emoción no es quererte. Y no tiene sentido seguir enviando las mismas señales a los mismos genes. Las células nerviosas que no se activan juntas dejan de conectarse juntas. Controlas este aspecto...*

Ahora quiero que imagines que mientras estás conduciendo por una calle de repente te vienen a la cabeza esos pensamientos tan habituales. ¿Qué es lo que harás? Dices: «¡Cambia!» Eso es, y los cambias. Porque las recompensas de estar sano y ser feliz son mucho más importantes que volver a tu antiguo yo. Y cada vez que cambias tu estado, sabes que las células nerviosas dejan de activarse juntas, de seguir conectándose, y ya no continúas enviando las mismas señales a los mismos genes...

Juega a «¡Cambia!» una vez más. Imagínate que al ir a acostarte, mientras apartas la colcha para meterte en la cama, adviertes esa sensación tan conocida que te tienta a comportarte como tu antigua personalidad. ¿Qué es lo que haces? Dices «¡Cambia!» Eso es. Como esas células nerviosas no siguen activándose juntas, dejan de conectarse juntas. Enviar esas señales a los genes no es amarte, y no vale la pena hacerlo por nadie ni por nada. Controlas esto...

Cuarta semana

Crea. *¿Cuál es la mejor expresión de ti que puedes ser? ¿Cómo pensarías y actuarías si fueras esa gran persona? ¿Cómo viviría esa clase de sujeto? ¿Cómo amaría? ¿Qué sensación te produciría esta grandeza?*

Ahora quiero que pases a otro estado del ser. Es hora de cambiar tu energía y emitir una huella electromagnética totalmente nueva. Cuando cambias tu energía, tu vida cambia. Deja que el pensamiento se convierta en la experiencia y que esta experiencia produzca una emoción elevada para que tu cuerpo empiece a creer emocionalmente que tu yo futuro ya existe ahora...

Manda nuevas señales a nuevos genes, indícale al cuerpo que se adelante emocionalmente al evento deseado, enamórate de este nuevo yo ideal, abre el corazón y condiciona de nuevo a tu cuerpo a una mente nueva...

Deja que la experiencia interior se convierta en un estado de ánimo, después en un temperamento y, por último, en una personalidad nueva...

Adquiere un nuevo estado del ser... ¿Cómo te sentirías si fueras esta persona? No puedes levantarte siendo la misma persona que la que se ha sentado. Tienes que sentir tanto agradecimiento que tu cuerpo empiece a cambiar antes de que la situación acaezca y aceptar que tú ya eres este nuevo yo ideal que deseabas...

Conviértete en él...

Siéntete lleno de fuerza; eres libre, ilimitado, creativo, genial, divino...

Cuando te sientas de este modo, <u>memoriza este sentimiento</u>, recuerda este sentimiento. Ésta es la persona que eres...

A continuación, relájate y deja que esta creación se vaya al campo cuántico durante un momento, suéltala...

Repásalo. *Ahora, como los sujetos que cambiaron su cerebro tocando el piano mentalmente o los que cambiaron su cuerpo ejercitando los dedos, vuelve a hacerlo. ¿Puedes crear tu nuevo yo de la nada una vez más?*

Activa y conecta nuevos circuitos en tu mente y prepara tu cuerpo para una nueva emoción. Conoce este nuevo estado de la mente y el cuerpo. ¿Cuál es la mejor expresión de tu yo? Empieza a pensar de nuevo como tu yo ideal...

¿Qué te dirías, cómo andarías, cómo respirarías, cómo te moverías, cómo vivirías, cómo sentirías? Siéntete emocionalmente como este nuevo yo hasta tal punto que empieces a entrar en este nuevo estado del ser...

Es hora de volver a cambiar tu energía y de recordar la sensación que te produce ser esta persona. Ensancha tu corazón...

¿Quién quieres ser cuando abras los ojos? Ahora estás enviando nuevas señales a nuevos genes. Siéntete de nuevo lleno de fuerza. Vuelve a entrar en un nuevo estado del ser; un nuevo estado del ser es una personalidad nueva; una personalidad nueva crea una nueva realidad personal...

Es entonces cuando creas un destino nuevo. Desde este estado mental y físico elevado, es hora de dar órdenes a la materia como un observador cuántico de tu nueva realidad. Siéntete invencible, poderoso, inspirado y lleno de dicha...

Desde este nuevo estado del ser, crea una imagen de alguna situación que quieras vivir y deja que se convierta en el plano de tu futuro. Visualiza esta realidad y deja que las partículas, como ondas de probabilidades, colapsen en una situación llamada «una experiencia en tu vida». Contémplala, ordénala, mantenla y después crea otra imagen...

Deja que tu energía se entreteja con este destino. Esta situación del futuro tiene que encontrarte porque la has creado con tu propia energía. Déjate ir y crea el futuro que deseas confiando, sabiendo y estando seguro de que se materializará...

No lo analices, no intentes averiguar cómo sucederá. No es tu tarea controlar el resultado. Sólo crea el evento y deja que una mente superior se ocupe de los detalles. Mientras contemplas tu futuro como el observador, limítate a bendecir tu vida con tu energía...

Desde este estado de agradecimiento, sé una unidad con tu destino en este nuevo estado mental y físico. Da las gracias por tu nueva vida...

Siéntete como te sentirías si estas situaciones ya se hubieran manifestado en tu vida, porque vivir en este estado de agradecimiento es vivir en el estado ideal de recepción. Siente como si tus plegarias ya hubieran sido escuchadas...

Es hora de conectar con el poder que hay en ti y de pedirle que te mande una señal en tu vida: si hoy has emulado a esta mente superior como un creador que observa la vida materializándose y te has comunicado con ella, y si ha estado observando tus esfuerzos y tus intenciones, debería hacértelo saber en tu vida. Ten la certeza de que es real, de que existe y de que ahora la comunicación que mantienes con ella está abierta. Pídele que la señal que te envíe del campo cuántico te llegue de la forma menos esperada, que te sorprenda y te convenza de que esta nueva experiencia ha venido de la mente universal, para que te sientas inspirado a repetirla. Quiero que ahora le pidas una señal...

Y ahora entra en ese estado de vivir en un cuerpo nuevo, en un entorno nuevo, y en una línea del tiempo nueva. Y cuando ya estés preparado para ello, vuelve al estado beta. Ahora ya puedes abrir los ojos.

Notas

Introducción

1. Bohr, Niels, «On the constitution of atoms and molecules», *Philosophical Magazine*, n.º 26, pág. 1-24 (1913). Para rizar el rizo en cuanto al mundo subatómico, el volumen de un átomo (aproximadamente 1 angström o 10^{-10} metros de diámetro) es unas 15 órdenes de magnitud mayor que el volumen del núcleo (aproximadamente 1 femtómetro o 10^{-15} metros de diámetro). Significa que el átomo se compone de un 99,9999999999999 por ciento de espacio vacío. Si bien la nube de electrones alrededor del núcleo es la que forma la mayor parte del área del átomo, esta nube está constituida sobre todo de espacio vacío y los electrones que contiene son infinitesimalmente pequeños. En el densísimo núcleo del átomo es donde se encuentra la mayor parte de la masa. El tamaño relativo de un electrón comparado con el del núcleo sería como el de un guisante comparado con un todoterreno, y el perímetro de la nube de electrones sería, comparado con el de un todoterreno, como el tamaño del estado de Washington.

Capítulo 1

1. Por ejemplo, véase Amit Goswami, Ph. D., *The Self-Aware Universe* (Jeremy P. Tarcher, Nueva York, 1993). La «Interpretación de Copenhague» de la teoría cuántica de Niels Bohr, Werner Heisenberg, Wolfgang Pauli y otros afirma, entre otras cosas, que «la realidad es idéntica a la totalidad de los fenómenos observados (significa que la realidad no existe sin un observador que la observe)». Véase Will Keepin, «David Bohm», en: **www.vision.net.au/~apaterson/science/david_bohm.htm**.

2. Leibovici, Leonard, M. D., «Effects of remote, retroactive intercessory prayer on outcomes in patients with bloodstream infection: randomised controlled trial», *BMJ* (*Brithish Medical Journal*), vol. 323, pág. 1.450-1.451 (22 diciembre 2001).

3. McCraty, Rollin, Mike Atkinson y Dana Tomasino, «Modulation of DNA conformation by heart-focused intention», Centro de Investigación HeartMath, Instituto HeartMath, Boulder Creek, California, publicación nº 03-008 (2003).

4. *Christ Returns—Speaks His Truth,* AuthorHouse, Bloomington, Indiana, 2007.

Capítulo 2

1. Hebb, D. O., *The Organization of Behavior: A Neuropsychological Theory,* Lawrence Erlbaum Associates, Inc., Mahwah, Nueva Jersey, 2002.

2. Pascual-Leone, A., y otros, «Modulation of muscle responses evoked by transcranial magnetic stimulation during the acquisition of new fine motor skills», *Journal of Neurophysiology,* vol. 74(3), págs. 1.037-1.045 (1995).

Capítulo 3

1. Szegedy-Maszak, Marianne, «Mysteries of the Mind: Your unconscious is making your everyday decisions», *U. S. News & World Report* (28 febrero 2005). Véase también John G. Kappas, *Professional Hypnotism Manual,* Panorama Publishing Company, Knoxville, Tennessee, 1999. La primera vez que oí hablar de este concepto fue en 1981, cuando estudiaba hipnosis con John Kappas en el Hipnosis Motivation Institute. En aquella época, él afirmaba que la mente subconsciente formaba el 90 por ciento de la mente. Últimamente los científicos estiman que es el 95 por ciento. De cualquier manera, es un porcentaje muy elevado.

2. Sapolsky, Robert M., *Why Zebras Don't Get Ulcers,* Henry Holt and Company, Nueva York, 2004. [Edición en castellano: *¿Por qué las cebras no tienen úlceras?,* Alianza Editorial, S. A., Madrid, 2011.] Sapolsky es uno de los mayores expertos en estrés y en sus efectos sobre el cerebro y el cuerpo. Véase también Joe Dispenza, *Evolve Your Brain: The Science of Changing Your Mind,* Health Communications, Inc., Deerfield Beach, Florida, 2007. [Edición en castellano: *Desarrolla tu cerebro: la ciencia de cambiar tu mente,* Ediciones Palmyra, Madrid, 2008.] Además, la adicción emocional es un concepto que se enseña en la Ramtha's School of Enlightenment; véase JZK Publishing, la editorial de RSE, en: **jzkpublishing.com** o **www.ramtha.com.**

3. Church, Dawson, Ph. D., *The Genie in Your Genes: Epigenetic Medicine and the New Biology of Intention,* Elite Books, Santa Rosa, California, 2007. [Edición en castellano: *El genio en sus genes: la medicina energética y la nueva biología de la intención,* Ediciones Obelisco, Barcelona, 2008.]

4. Lipton, Bruce, Ph. D., *The Biology of Belief,* Hay House, Carlsbad, California, 2009. [Edición en castellano: *La biología de la creencia,* Ediciones Palmyra, Madrid, 2010.]

5. Rabinoff, Michael, *Ending the Tobacco Holocaust*, Elite Books, Santa Rosa, California, 2007.

6. Church, Dawson, Ph. D., *The Genie in Your Genes: Epigenetic Medicine and the New Biology of Intention*, Elite Books, Santa Rosa, California, 2007. [Edición en castellano: *El genio en sus genes: la medicina energética y la nueva biología de la intención*, Ediciones Obelisco, Barcelona, 2008.]

7. Murakami, Kazuo, Ph. D., *The Divine Code of Life: Awaken Your Genes and Discover Hidden Talents*, Beyond Words Publishing, Hillsboro, Oregón, 2006.

8. Yue, G., y K. J. Cole, «Strength increases from the motor program: comparison of training with maximal voluntary and imagined muscle contractions», *Journal of Neurophysiology*, vol. 67(5): págs. 1.114-1.123 (1992).

9. Cohen, Philip, «Mental gymnastics increase bicep strength», *New Scientist* (21 noviembre 2001).

Capítulo 4

1. Dispenza, Joe, *Evolve Your Brain: The Science of Changing Your Mind*, Health Communications, Inc., Deerfield Beach, Florida, 2007. [Edición en castellano: *Desarrolla tu cerebro: la ciencia de cambiar tu mente*, Ediciones Palmyra, Madrid, 2008.]

2. Goleman, Daniel, *Emotional Intelligence*, Bantam Books, Nueva York, 1995. [Edición en castellano: *Inteligencia emocional*, Editorial Kairós, S. A. Barcelona, 2009.] Véase también: Daniel Goleman y el Dalái Lama, *Destructive Emotions: How Can We Overcome Them?*, Bantam Books, Nueva York, 2004. [Edición en castellano: *Emociones destructivas: cómo entenderlas y superarlas*, Editorial Kairós, Barcelona, 2005.]

Capítulo 5

1. Bentov, Itzhak, *Stalking the Wild Pendulum: On the Mechanics of Consciousness*, Destiny Books, Rochester, Vermont, 1988. Véase también: Ramtha, *A Beginner's Guide to Creating Reality*, JZK Publishing, Yelm, Washington, 2005. El modelo cuántico de la realidad afirma que «todo» o «nada» son ondas de información vibrando a distintas frecuencias. Por esta razón, es lógico que cuanto más lenta sea la vibración, más densa sea la materia, y viceversa. Las emociones del estrés bajan nuestra vibración haciendo que sea más material y menos energía.

2. Wallace, B. Alan, Ph. D., *The Attention Revolution: Unlocking the Power of the Focused Mind*, Wisdom Publications Inc., Boston, 2006.

3. Robertson, Ian, Ph. D., *Mind Sculpture: Unlocking Your Brain's Untapped Potential*, Bantam Books, Nueva York, 2000. [Edición en castellano: *Modelar tu mente*,

Plaza & Janés Editores, S. A., Barcelona, 2000.] Véase también: Andrew Newberg, Eugene d'Aquili y Vince Rause, *Why God Won't Go Away: Brain Science and the Biology of Belief,* Ballantine Books, Nueva York, 2001.

4. Procedente de una conversación que mantuve con Rolin McCraty, Ph. D., director de investigación del Centro de Investigación HeartMath de Boulder Creek, en California, en octubre de 2008, sobre su investigación relacionada con el movimiento de la energía del cuerpo al cerebro a través del corazón durante un estado de coherencia. Véase: Rollin McCraty, y otros, «The coherent heart: heart-brain interactions, psychophysiological coherence, and the emergence of system-wide order», *Integral Review,* vol. 5(2) (diciembre 2009).

Capítulo 6

1. Dispenza, Joe, *Evolve Your Brain: The Science of Changing Your Mind*, Health Communications, Inc. Deerfield Beach, Florida, 2007. [Edición en castellano: *Desarrolla tu cerebro: la ciencia de cambiar tu mente,* Ediciones Palmyra, Madrid, 2008.]

Capítulo 8

1. Laibow, Rima, «Medical Applications of NeuroFeedback», en *Introduction to Quantitative EEG and Neurofeedback* de James Evans y Andrew Abarbane, Academic Press, San Diego, 1999. Véase también: Bruce Lipton, Ph. D., *The Biology of Belief,* Hay House, Carlsbad, California, 2009. [Edición en castellano: *La biología de la creencia,* Ediciones Palmyra, Madrid, 2010.]

2. Fehmi, Les, Ph. D. y Jim Robbins, *The Open-Focus Brain: Harnessing the Power of Attention to Heal Mind and Body,* Trumpeter Books, Boston, 2007.

3. Kappas, John G., Ph. D., *Professional Hypnotism Manual,* Panorama Publishing Company, Knoxville, Tennessee, 1999.

4. Murphy, Michael y Steven Donovan, *The Physical and Psychological Effects of Meditation: A Review of Contemporary Research with a Comprehensive Bibliography, 1931-1996,* 2ª edición, Institute of Noetic Sciences, Petaluma, California, 1997.

5. Lutz, Antoine, y otros, «Long-term meditators self-induce high-amplitude gamma synchrony during mental practice». *PNAS* (*Proceedings of the National Academy of Sciences*), vol. 101(46), págs. 16.369-16.373 (16 noviembre 2004). También mantuve una fantástica conversación con Richard Davidson en abril del 2008 en la Clínica Mayo durante la conferencia «Mind and Life» que impartió en Rochester, Minnesota.

Capítulo 10

1. Fehmi, Les, Ph. D. y Jim Robbins, *The Open-focus Brain: Harnessing the Power of Attention to Heal Mind and Body,* Trumpeter Books, Boston, 2007.

Apéndice A

1. En la inducción de las partes del cuerpo repito tanto la palabra *espacio* por una razón: en los electroencefalogramas se registró que mientras los sujetos escuchaban una meditación guiada, pasaron a un estado de ondas alfa al fijarse en el espacio que ocupaba su cuerpo en el espacio y el volumen que este espacio adquiría en el espacio. Estas palabras e instrucciones producían unas diferencias funcionales tan evidentes en los patrones de ondas cerebrales de los sujetos que se registraban en el acto. Véase: Fehmi, Les, Ph. D. y Jim Robbins, *The Open-Focus Brain: Harnessing the Power of Attention to Heal Mind and Body,* Trumpeter Books, Boston, 2007.

Agradecimientos

Lo que hace que nuestros sueños se hagan realidad (aparte de los temas que he tratado en este libro) son las personas de nuestra vida que comparten nuestra visión y unos propósitos similares, que nos apoyan de las formas más sencillas, que son responsables y altruistas. Durante el proceso creativo de esta obra he tenido la suerte de estar rodeado de personas maravillosas y competentes. Me gustaría presentártelas para rendirles homenaje.

En primer lugar, quiero agradecer a mi gente de Hay House que me ha apoyado de innumerables maneras. Os doy las gracias de corazón a Reid Tracy, Stacey Smith, Shannon Littrell y Christy Salinas. Agradezco la fe y la confianza que habéis depositado en mí.

Quiero expresar mi más sincero agradecimiento a Alex Freemon, mi editora de Hay House, por sus sinceras observaciones, su aliento y su experiencia. Gracias por ser tan amable y atenta. Y a Gary Brozek y Ellen Fontana, por contribuir en el libro a vuestra manera.

Deseo dar las gracias a Sara J. Steinberg, mi editora personal, por emprender de nuevo este viaje conmigo. Hemos vuelto a crecer juntos una vez más. Que Dios bendiga tu alma por ser una mujer tan comprensiva, dulce y entregada a tu trabajo. Eres un regalo para mí.

También quiero dar las gracias a John Dispenza por crear el diseño de la cubierta con tanta facilidad, como si fuera lo más sencillo del mundo. A la talentosa Laura Schuman, por realizar las bonitas tablas e ilustraciones del libro. Y a Bob Stewart, por contribuir en la cubierta con tanta paciencia, profesionalidad y generosidad.

Gracias, Paula Meyer, mi increíble asistente personal, eres capaz de hacer malabarismos con mil elefantes estando totalmente presente a la vez. Te agradezco lo detallista que eres. También quiero expresar mi más sincero agradecimiento al resto del equipo de Encephalon. A Chris Richard, por su cariñoso apoyo; a Beth y Steve Wolfson, os agradezco que os hayáis alineado con mi libro; a Cristina Azpilicueta, por ser una experta en edición tan meticulosa y pulida; y a Scott Ercoliani, por haber sido siempre un gran profesional.

Quiero dar las gracias a la plantilla de mi clínica. Me siento honrado por trabajar con Dana Reichel, mi directora, que tiene un corazón tan grande como la luna y que ha estado creciendo conmigo de tantas formas. Y entre otras personas de mi equipo, también deseo expresar mi profundo agradecimiento al doctor Marvin Kunikiyo, Elaina Clauson, Danielle Hall, Jenny Perez, Amy Schefer, Bruce Armstrong y Ermma Lehman.

Además, me han inspirado enormemente las personas de todas partes del mundo que han aceptado las ideas que presento en mi libro, al margen de la fuente de la que vinieran, y las han aplicado en su vida. Gracias por abrir vuestra mente una y otra vez a un mundo lleno de posibilidades.

Quiero expresar mi más cálido y genuino agradecimiento al doctor Daniel Amen por su gran contribución en el prólogo de este libro.

También quiero citar a mi madre, Fran Dispenza, que me ha enseñado a ser fuerte, lúcido y afectuoso y a estar lleno de determinación. Gracias, mamá.

Y a mis hijos, que me habéis enseñado a amar incondicionalmente más allá de lo descriptible, al darme el tiempo y el espacio para escribir otro libro mientras daba conferencias por todo el mundo. Me habéis apoyado siempre con generosidad en muchas distintas ocasiones. Gracias por ser tan buenos.

Y por último he dedicado este libro a mi mujer, Roberta Brittingham. Cariño, sigues siendo la persona más increíble que he conocido. Gracias por ser una luz en mi vida. Además de ser elegante, noble y afectuosa, eres una mujer hermosa.

Ecosistema digital

Floqq
Complementa tu lectura con un curso o webinar y sigue aprendiendo.
Floqq.com

Redes sociales
Sigue toda nuestra actividad. Facebook, Twitter, YouTube, Instagram.

Amabook
Accede a la compra de todas nuestras novedades en diferentes formatos: papel, digital, audiolibro y/o suscripción.
www.amabook.com